이야기 찬탄

김정훈

새미

머리말

찬탄讚歎이라고 하는 말은 이야기를 듣고 좋은 점을 들어서 감탄도 하고 칭찬도 함을 이르는 말이다. 유대인의 탈무드 처신 편에는 사람들을 만나서 유익한 이야기를 들으면 좋은 길이 열린다고 했다. 우리가 누구에게 이야기를 들으면 우리는 그 이야기가 나에게 주는 의미를 생각한다. 이야기는 내게 문제를 던져 주기도 하고 생각을 하게도 하고 내 가는 길의 방향을 전환하게 하는 힘이 있는 것이다.

누가복음 10장에는 예수님과 어떤 율법사의 이야기가 기록되어 있다. 내가 무엇을 하여야 영생을 얻겠습니까? 라고 묻는 율법사의 질문에 예수님께서는 율법에 무엇이라 기록되었느냐고 물었다. 이 질문에 율법사는 말을 했다. 네 마음을 다하며 목숨을 다하며 힘을 다하며 뜻을 다하여 주 너의 하나님을 사랑하고 네 이웃을 네 자신 같이 사랑하라고 하였습니다.

이 말에 예수님은 네 대답이 옳다 가서 이를 행하라 그러면 살리라 하자 율법사는 내 이웃이 누구입니까? 라고 또 물었다. 예수님은 여리고 도상에서 강도 만난 자를 이야기 하면서 자비를 베푼 자처럼 너도 그와 같이 살아가라고 했다.

우리가 이야기를 들으면 우리는 생각을 하게 되고 그 사고는 실천에로 향하게 하는 힘이 있다. 그래서 서로 이야기를 하다보면 생각을 하게 되고 마음이 뜨거워지기도 하고 눈이 밝아지기도 하고 가슴이 찡하기도 한다. 그래서 울고 웃다가 솟구치는 용기와 함께 희망을 가지고 주어진 자기처지를 약진의 발판으로 삼아 새로운 창조역사를 향한 자기 엑소더스를 하는 것이다.

좋은 이야기를 들으면 우리는 피곤을 잊기도 하고 위기에서 찬스를 가져오기도 하고 자기 삶의 현장을 희망의 발판으로 하여 재기를 하기도 한다. 그래서 이 찬탄의 이야기들을 여러분과 같이 나누고 싶었다. 이 이야기들이 여러분의 마음에 꽃동산이 되고 인간 삶의 불행을 치료하는 양약이 되었으면 한다.

글을 쓰다보면 늘 부족한 점들이 많이 있다. 지적을 받아야 할 점들이 많이 있는 줄을 알면서도 그보다는 사람들이 이야기를 읽고 좌절에서 일어나 걸어가기를 바라는 간절한 마음이 더 커서 용기를 가지고 쓴다. 이 이야기 칼럼이 읽는 모든 사람에게 찬탄이 되고 마음에 솟구치는 용기와 희망에 살아가는 길잡이가 되었으면 하는 마음이 간절하다.

2022. 1. 15. 북한산 밑에서
관동대학교 명예교수
목사 김정훈

차 례

제2부 성서의 명상

제1부
생각하는 이야기

오늘의 일기

2021. 1. 15. 맑음

작년엔 강원도에 사는 제자가 두릅이며 감자며 사과를 보내주어서 잘 먹었는데 금년에는 새해 안부 편지와 함께 제주의 감귤을 사 보냈다. 고향 특산물도 아니고 제주산인데 받고 보니 감사보다 미안한 마음이 앞섰다. 오늘은 식구들과 같이 천년고찰 흥국사를 찾아가서 보내준 감귤을 먹으면서 산행을 했다.

은퇴 후에 많은 세월을 지내고 보니 이제는 어디서 걸려오는 전화도 없고, 오라고 하는 초청장도 없고, 코로나19로 인해서 나들이도 어렵다. 식당도 못 가, 전철도 못 타, 친구도 못 만나, 밥만 먹고 방콕하고 지내자니 이제는 마음이 우울해지고 정신이 혼미해진다. 집안에서 돌밥돌밥 하고 있자니 한 끼 먹으면 일식이, 두 끼 먹으면 이 새끼, 세 끼 먹으면 삼 세끼가 된다. 이런 때에 한 통의 제자 편지는 반가움을 넘어 기적만 같다.

고려시대 중국에서 유학하고 돌아온 학자 우탁은 그의 탄로가歎老歌에서 이런 시조를 썼다.

한손에 가시들고 한손에 막대잡고,
늙는 길 가시로 막고 오는 백발 몽둥이로 치랴 트니,
백발이 제 먼저 알고 지름길로 오더라.

세월이 흘러 또 해가 바뀌고 80세를 지나고 보니 머리는 백발이 되었다. 시간은 사람을 기다려 주지 아니한다. 흰 머리에 염색을 해보려고 해도 인간은 한 터럭도 희고 검게 할 수 없다는 성서에서 인간의 나약함을 본다. 나는 내가 내 삶의 종착역을 모르기에 예수를 더욱 사랑하면서 살아가고 싶다.

어제는 뷰티숍을 운영하는 며느리가 나에게 얼굴 마사지를 하라고 전화를 했다. 그런데 마사지를 한다 해도 이 얼굴이 어떻게 달라지겠는가? 이런 저런 생각을 하다가 차라리 나무의 나이테처럼 이마에 고운 선을 만들어가면서 아름답게 늙어가는 늙음이 좋다고 생각되어 거절을 했다. 이 얼굴에 무엇을 쳐 바르고 문지른다고 해서 달라질 게 없으니까.

봄에 피는 봄꽃이 아름다우면 가을에 물든 단풍도 아름답고, 약산에 핀 진달래는 꽃보다 잎이 더 곱다고 했는데 밝아오는 동창이 웅장하고 멋있고 용감성이 있다면 해지는 저편 일몰의 저녁노을은 조용하고 수용적이고 잔잔함이 있기에 뜨는 해, 지는 해를 생각하면서 스스로를 위로도 해본다.

봄이 무엇인가는 겨울이 가르쳐 주고, 젊음이 무엇인가는 늙음이 교훈해 준다. 물고기가 낚시 밥을 삼키는 것은 죽음을 모르기 때문인 것처럼 늙은이가 자기를 모르고 실없이 노욕에 빠지면 자기 몸을 망친다.

이제는 산 넘어 화려한 무지개를 쫓아다니는 꿈을 버리고 불로초를 구한다며 산 계곡을 오르고픈 생각도 하지 말고 빈손으로 이 세상에 태어나 평생 공짜 밥을 먹고 살아왔는데 이제는 죽기 전에 세상으로 되돌려줄 것이 있으면 되돌려주고, 엎어놓을 물건도 없는데 만들어놓은 선반은 정리를 하고 세월의 강물에 나를 맡기고 남은 세월 조용조용히 살아가려고 다짐해본다.

누군가가 인생을 안개와 같이 쉬 사라지는 것 풀잎에 맺힌 아침의 이슬, 인생여조로人生如朝露라 했고 바람결에 날리는 티끌처럼 그 종적을 몰라 인생을 잠시 왔다가 돌아가는 나그네라고 했다.

인생 삶의 나날이 마치 베틀의 북과 같고 시간이란 쏜 화살과 같아서 다시 되돌아오지 아니한다. 흘러간 물로는 물레방아를 되돌릴 수가 없는 것처럼 인생 삶의 지나간 시간은 나에게 아무런 소용이 없다.

인생이란 참 묘해서 엄벙덤벙 20년은 나도 몰래 지나가고, 대학졸업, 군대생활, 이것저것 하다보면 20년이 또 지나고, 결혼 후에 가족이 늘면서 삶의 두려움에 빠져 살아보겠다며 아차차, 아차차 하면서 뛰다보면 20년이 또 지나간다.

자기가 자기의 나이 먹어감을 모르는 자는 젊은이이고 자기가 다시 젊어질 수 없음을 아는 자는 늙은이이다. 인생 60이 넘으면 삶의 속도가 얼마나 더 빠른지 눈 깜짝할 사이에 7~80이 된다. 이제는 늦게나마 인생 삶이 무엇인지 깨달아 세월을 아끼고, 모든 사람을 사랑하고 존중히 여기면서 살아가야겠다고 생각해본다.

서로가 서로를 사랑하고 살아가면 꽃길이 생기고, 서로가 서로를 미워하고 살면 사막길이 된다. 가다가 지치고 쓰러지면 희망을 가지고 일어나고, 역경이 닥치면 역경은 인간의 인내를 시험하는 신의 도구라 생각하면서 사람답게 살아야겠다고 거듭거듭 다짐해본다.

꿈을 가지고 사는 인생은 세월에 녹슬지 아니하고 유연성을 지닌 자는 아무리 나이를 먹어도 젊음에 산다기에 늙어도 내일에 대한 설렘 속에서 가슴에 작은 꿈을 가지고 오늘도 희망에 사는 것이다.

하메룬 시민의 비극

옛날 중세시대에 독일 라인강 부근에는 하메룬이라고 하는 도시가 있었다. 그런데 이 도시에는 엄청난 수의 쥐들이 있어서 하메룬 시민들에게는 큰 고통이었다. 이 쥐들은 들판을 황폐하게 하고 농작물을 마구 파헤쳤다. 그리고 많은 병균을 옮기기도 하고 창고의 벽에는 많은 구멍을 뚫고 들어와 곡간의 곡식을 먹었다. 이 때문에 하메룬 시민에게는 큰 고통이어서 모두가 야단을 치지만 뾰쪽한 해결 방법이 없었다.

그러던 어느 날 피리를 가진 한 사나이가 나타나 하메룬 시민들을 향해서 내가 이 도시의 모든 쥐들을 격퇴 시켜주겠다고 했다. 이 말에 시민들은 모두가 기뻐하면서 그렇게 해주시면 우리가 당신에게 감사하는 뜻으로 충분한 보수를 해주겠다고 스스로 약속을 했다.

사나이는 다음날 손에 피리 하나를 들고 하메룬시에 나타났다. 사나이가 피리를 불자 도시의 모든 쥐들이 피리소리를 듣고 그의 뒤를 따랐다. 사나이가 피리를 불면서 라인 강을 건너기 시작하자 쥐들도 그의 뒤를 졸졸 따랐다. 사나이가 라인 강을 건너가자 뒤따라 가던 쥐들이 모두 강에 빠져 죽었다.

그 후에 하메룬 시에는 쥐들이 사라지고 평화가 찾아왔다. 그런데 하메룬 시민들이 이 사나이와의 약속한 서원誓願을 이행하지 아니했다. 사나이에게 충분한 보수를 해주겠다고 한 약속을 하메룬 시민은 망각하고 말았다.

인간은 위험이 지나가면 신을 잊는다 Danger past God forgotten는 말이 있다. 우리말 속담에는 화장실 갈 때와 올 때의 마음이 다르다고 했다. 약속이란 장래의 일을 상대방과 미리 정하여 어기지 않을 것을 다짐함이다. 약속은 쌍방 간에 이루어지는 일이기 때문에 책임이 따른다.

사나이는 어느 날 또다시 말없이 피리를 들고 하메룬시에 나타났다. 사나이가 또 피리를 불자 이번에는 하메룬시의 모든 아이들이 뒤를 졸졸 따랐다. 사나이의 뒤를 따라가지 말라고 부모들이 필사적으로 아이들을 말렸으나 아이들은 사나이의 뒤를 계속 따라가다 모두가 라인강에 빠져 죽었다. 괴테의 시에 전해지는 이야기이다.

말에는 실천이 따라야 하고 약속은 지켜져야 하며 신앙에는 행함이 있어야 한다.
종교 지도자들이 많은 메시지를 선포하고
정치인들이 많은 공약을 발표하고
선생님이 학교에서 많은 교육을 해도
그들 자신이 실천이 없고 행함이 없을 때 모두는 많은 지탄을 받는다.

성서 야고보서는 신행을 강조한 책이다. 하나님을 믿는 아브라함은 아들 이삭을 모리아산에 가서 번제로 드리라는 하나님의 음성을 듣고 그

것을 실천하여 믿음의 조상이라고 하는 칭함을 받은 사람이다.(약2:21
~22) 믿음은 행함으로 온전해지는 것이다. 그래서 야고보 선생은 사
람이 행함으로 의롭다 하심을 받고 믿음으로만 아니라 했고 영혼 없는
몸이 죽은 것 같이 행함이 없는 믿음은 죽은 것이라고 했다.(약2:26)

파기는 계약이나 약속 따위를 일방적으로 깨뜨려 무효로 만듦이다. 파
기는 곧 깨진 그릇이고, 땅에 쏟은 물이다. 그래서 서원은 지체 하지 말
고 지키라는 것이다.(전5:4) 하메룬 시민은 사나이와의 약속 서원을 이
행하지 아니했다. 바울은 사람이 마음으로 믿어 의에 이르고 입으로 시
인하여 구원에 이른다고 했다.(롬10:10) 이 말은 신행일치의 신앙을 강
조하는 말이다. 사람은 예스 뒤에는 언제나 행동이 따라야 하는 것이다.

성서 히브리서 11장에는 신행일치의 신앙에 살아간 용장들의 감동적
인 많은 이야기가 있다.
아벨은 행함으로 가인보다 더 나은 제사를 하나님께 드렸다.
에녹은 행함으로 하나님을 기쁘시게 하여 죽음을 보지 않고 하늘나라
로 옮겨졌다.
노아는 행함으로 하나님의 말씀에 순종하여 방주를 만들어 자기의 모
든 식구를 살렸다.

모세는 행함으로 바로공주의 아들이라 칭함 받기를 거절하고 백성과
함께 고난을 받았다.
기생 라합은 행함으로 정탐꾼을 평안히 잘 영접하고 구원함을 받았다.
사사 입다는 행함으로 하나님께 희생제로 드리겠다는 서원의 약속을
지키기 위해서 자기의 사랑하는 딸을 번제로 드렸다. 기드온, 바락, 삼

손, 다윗 및 사무엘과 여러 선지자들 이 모두는 행함으로 신행일치에 살아간 사람들이다.

이들은 모두가 믿음의 실천으로 살면서 나라들을 이기기도 하며,
의를 행하기도 하며, 약속을 받기도 하며,
사자들의 입을 막기도 하며, 불의 세력을 멸하기도 하며,
칼날을 피하기도 하며, 연약한 가운데서 강하게 되기도 하며,
전쟁에서는 용감하게 이방 사람들의 진을 물리치기도 했다.

이들은 믿음을 지키기 위해서 조롱과 채찍질뿐 아니라 결박과 옥에 갇히는 시련도 받았다. 돌로 치는 것과 톱으로 켜는 것과 시험과 칼로 죽임을 당하기도 했다. 양과 염소의 가죽을 입고 유리하며 궁핍과 환난과 학대를 받았다.

믿음은 바라는 것들의 실상이요 보이지 않는 것들의 증거니 선진들이 이로써 증거를 얻었다. 선진들은 모두가 신행일치의 신앙인들이었다. 예수를 믿는 오늘 우리는 공짜근성에서 벗어나 행함으로 믿음이 온전하게 된다는 야고보 선생의 말에 귀를 기울였으면 한다.

인간은 위험이 지나가면 신을 잊는다는 이 말을 오늘 우리는 귀담아 들어야 한다.
서원을 지키지 못한 하메룬 시민의 비극의 이야기가
오늘 우리의 마음에 큰 교훈을 준다.

심마니 온보와 농부 빠홈

우리는 간혹 TV에서나 신문에서 심마니들이 깊은 산속에 들어가 산삼을 캐는 모습을 본다. 심마니가 산삼을 발견하면 "심봤다!" 하고 외친다. "심봤다"의 의미는 심마니가 산삼을 발견했을 때 주위에 알리기 위해서 크게 세 번 외치는 소리를 말한다.

나는 어린 시절 친구들과 같이 고구마를 수확 하고 난 부농의 밭들에서 고구마 이삭줍기를 한 적이 있었다. 삽을 가지고 가서 여기저기 땅을 파다가 고구마가 발견되면 기뻐서 "고구마다" 하고 소리친다. 이때 친구들이 모두가 달려와서 고구마를 캔다. 그런데 내가 발견했는데도 힘세고 먼저 캔 놈이 모두를 가져가 버린다.

이 어처구니없는 현실을 보면서 나는 빈 바구니를 들고 쓸쓸히 집으로 돌아왔다. 분명히 내가 발견한 고구마인데 남의 땅에서 캔 소득이라서인지 주인의식이 희박하고 강자의 몫이 되었다. 그 후로 나는 남의 밭에 가서 이삭줍기를 하지 아니했다.

1982년 KBS TV 문학관에서는 「심마니」라고 하는 드라마를 방영했다. 착하고 순박한 강원도 두메산골 사람들을 배경으로 하여 제작된 이 드라마는 마을의 심마니들이 산에 산삼을 캐러 가면서부터 이야기가 시작이 된다. 평소에 산나물이며 약초를 채취해서 팔아 생계를 유지하며 살아가는 이 마을에서 산삼을 캐러 갈 때 전에는 원앙메를 했는데 이날은 독메를 하기로 하고 괭이와 바구니를 들고 모두가 입산을 했다.

산속에 들어가 산삼을 찾기가 얼마나 어려운지 마치 하늘을 나는 헬기에서 산속에 던진 작은 동전 하나를 찾는 것처럼 어렵다고 하는 말이 있다. 이런 산삼을 찾기 위해서 모두가 깊은 산속에 들어가 눈을 크게 뜨고 이산저산을 열심히 헤매는 것이다.

그런데 주민 온보는 깊은 산속을 이리저리 헤매다 뜻밖에 산삼을 발견했다. 그는 기뻐서 "심봤다"를 외치고 산삼을 캐보니 70년 묵은 큰 산삼이다. 이 모습을 바라본 동료 심마니들은 온보에게 축하를 하지만 그 축하는 잠시 잠깐뿐이고 모두가 산삼에 눈독을 들인다. 그리고 저 산삼을 내가 어떻게 내 소유로 하나 하고 서로는 궁리를 한다.

산삼을 캔 온보는 산삼을 조심스럽게 보자기에 싸서 기뻐하면서 집으로 돌아왔다. 그리고 그 날 밤 사랑하는 식구들과 같이 잠을 자면서 나도 이제 부자가 되었구나 하는 생각을 하면서 무척도 행복해한다. 부인도 잠자리에 들면서 우리도 이제 양지바른 언덕에 큰집 하나 짓고 문전옥답 많이 사서 식구들과 같이 행복하게 사는가보다 하고 흐뭇해한다.

날이 새면서 온보는 산삼을 팔기 위해서 조심스럽게 산삼을 가슴에 안고 시내에서 한약방을 경영하는 양 주사를 찾아갔다. 그런데 양 주사는 산삼을 보자마자 깜짝 놀라면서 공짜근성에 산삼을 헐값에 취해보려고 온보에게 온갖 아양을 다 떤다. 처음에는 쌀 18가마를 주겠다고 하더니 온보가 거절하자 20, 30, 40가마로 올라간다.

그런데 적당한 선에서 팔았으면 좋으련만 온보는 쌀 수백 가마는 받을 수 있다면서 팔기를 거절을 하고 산삼을 가지고 다시 집으로 돌아왔다. 이 사실을 안 마을의 주민이나 건달들은 저 산삼을 내가 어떻게 빼앗나 하고 궁리를 한다. 이제 여기서부터 산삼의 비극이 시작되는 것이다.

산삼의 주인 온보는 밤중에 주민들의 습격을 받을까 두려워서 집에서 잠을 잘 수가 없다. 그래서 그는 식구들과 같이 깊은 산속으로 들어가 은둔의 생활을 하면서 지낸다. 그러다가 산속의 생활에서 어린아이가 몸이 아파오고 이를 불평하는 아내와 딸이 집으로 내려가자고 온보를 재촉한다.

하지만 온보는 조금만 더 참으면 우리도 부자가 될 수 있다면서 가족에게 참으라고 야단을 친다. 병든 아이부터 살리고 보자며 집으로 내려가자고 보채는 딸과 아내를 온보는 구박하면서 산삼만을 껴안고 있다. 이 산삼 때문에 찰떡같은 부부의 사랑도 말라빠진 개떡같이 비틀어져 갔다.

아들의 병이 점점 더 심해지고 산속의 생활을 더 이상 참을 수가 없자 온보의 부인은 생각다가 아이를 등에 업고 딸과 같이 마을 집으로 내려왔다. 이때부터 온보의 거처가 건달들과 주민들에게 알려지게 되고 주민 모두는 산삼 빼앗기에 혈안이 되어갔다.

마을 사람들은 산속의 온보를 찾아갔다. 그리고 산삼을 껴안고 있는 온보을 보자마자 모두가 달려들어 서로가 먼저 산삼을 차지하려고 이전투구泥田闘狗가 벌어졌다. 발로 차고 머리로 박고 주먹으로 때리고 서로가 땅에 뒹굴면서 산삼을 차지하려고 사생결단의 싸움이 벌어졌다.

산삼이 싸인 보자기를 서로가 당기는 바람에 보자기가 확 찢어지면서 산삼은 하늘로 팽 날려 산 밑 아무도 모르는 이름 모를 골짜기 풀잎이 무성한 숲속에 묻히고 말았다. 싸움 뒤에 모두에게 남은 것은 피 묻은 옷과 상처투성이 그리고 몸에 흐르는 피와 찢어진 보자기 외에는 아무것도 없었다.

온보는 허탈해하면서 울며 집으로 돌아왔다. 그리고 병으로 숨진 아들의 장례를 마치고 아이 옷들을 불태운 다음, 지개에다 이삿짐을 챙겨 짊어지고 식구들과 같이 정들었던 고향 산골마을을 뒤로하고 떠난다. 심마니의 산삼이 가지고 온 씁쓸한 이 비극의 이야기가 우리의 마음을 슬프게 한다.

심마니 온보의 산삼을 생각하면서 「사람에게는 얼마의 땅이 필요할까?」라는 톨스토이의 글이 생각이 난다. 옛날에 땅을 많이 가지고 싶어 하는 빠흠이라고 하는 농부가 있었다. 어느 날 지나가는 상인이 빠흠을 보고 말을 했다. 저 바쉬키르에 사는 사람들은 마음이 너그러워서 약간의 선물만 사다주면 원하는 만큼의 땅을 얼마든지 얻을 수 있다는 것이다.

이 말을 들은 빠흠은 상인의 말대로 선물을 사가지고 바쉬키르로 갔다. 바쉬키르 사람들은 무척도 기뻐했고, 촌장은 빠흠에게 원하는 것이 무

엇인가를 물었다. 이때 빠홈은 많은 땅을 가지고 싶다고 했다. 이 말을
들은 촌장은 말을 했다. "그럼 내일아침 당신이 가지고 있는 지팡이를
들고 들판으로 나와서 땅에다 원하는 만큼의 선을 그으시오."

이 말을 들은 빠홈은 기뻐하면서 다음날 촌장과 같이 들판으로 갔다.
들판에서 빠홈은 지팡이를 땅에다 대고 뛰기 시작했다. 가도 가도 끝없
는 넓은 들판에 선을 그으면서 앞으로, 앞으로 달렸다. 땅에 대한 애착
을 가진 빠홈은 열심히 뛴다. 뛰다가 더위를 참다못해 윗도리도 벗어
던지고, 거추장스럽다며 신발도 벗어 버리고 맨발로 뛰다보니 온 몸이
통통 부었다.

땅에 대한 욕심 때문에 목마르면 마시라고 부인이 챙겨준 물통도 버리
고 배고프면 먹으라고 챙겨준 점심 도시락도 버렸다. 먹고 마시는 시간
을 절약하여 조금이라도 더 많은 땅을 차지하기 위해서 빠홈은 쉬지 않
고 앞으로, 앞으로 계속 달린다.

가다가 뒤를 돌아보니 출발점이 까마득했다. 해가 서산을 기우는데 해
질녘까지 돌아오라는 촌장의 말을 생각하면서 이제는 뒤돌아가야겠다
는 생각을 했다. 초조함과 불안감속에서 라운딩rounding을 하면서 다시
원점을 향하여 달리고 또 달린다.

한참을 뛰어오는데 저 멀리 언덕위에서 촌장과 바쉬키르 사람들이 손
을 흔들며 어서 오라고 재촉을 한다. 빠홈은 전심전력을 다하여 달린
다. 정한 시간에 접선을 하기 위해서는 힘을 다하여 달려야만 했다. 그
는 달리고 또 달렸다. 결국 빠홈은 정확한 시간에 자기의 땅이라고 하

는 접선 점에 골인을 하면서 땅에 쓰러졌다. 그런데 촌장이 빠홈을 보고 일어나시오 했지만 불행하게도 빠홈은 심장마비로 죽고 말았다.

빠홈의 하인들은 주인의 장례를 위해 2미터의 땅을 팠다.
그리고 모두들 이런 말을 한다.
"요만한 땅이면 족한데........."
6피트의 땅이면 족하다고 했다.

농부 빠홈과 심마니 온보를 보면서 성경에 기록된 말씀이 생각난다. 인간이 온 천하를 얻고도 제 목숨을 잃으면 무엇이 유익하리요 사람이 무엇을 주고 제 목숨과 바꾸겠느냐.(마16:26) 사람이 시험을 받는 것은 자기 욕심에 끌려 미혹됨이니 욕심이 잉태한즉 죄를 낳고 죄가 장성한즉 사망을 낳느니라.(약1:13~15)

들어라! 너희 중에 누가 말하기를 오늘이나 내일이나 우리가 어떤 도시에 가서 거기서 일 년을 유하며 장사하여 이익을 보리라 하는 자들아 내일 일을 너희가 알지 못하는 도다. 너희 생명이 무엇이냐 너희는 잠깐 보이다가 없어지는 안개니라.(약4:13~14)

비록 가난하게 살아도 모두가 행복했던 조용한 산골 마을이었는데 산삼에 대한 인간의 욕심 때문에 마을의 평화가 깨어지고, 가난하게 살아도 웃으면서 아내와 행복하게 살았던 빠홈이 땅에 대한 지나친 욕심 때문에 심장마비로 비참하게 죽어간 모습을 보면서 오늘 우리는 생각을 해본다.

우리는 먹을 것과 입을 것이 있은즉 족한 줄로 알아야 하고(딤전6:8)
내 은혜가 네게 족하도다(고후12:9)고 하는 말씀을 잘 알았으면 한다.
인생 삶이 뜬 구름이요, 풀잎에 맺힌 아침의 이슬, 잠시 왔다가 돌아가
는 나그네, 잠속의 꿈같음을 이들은 몰랐나보다.
안개와 같은 인생아 살면 얼마나 사는가? 내일아침 해가 뜨면 사라져.

심마니 심봤다 온보의 산삼과 땅 때문에 심장마비로 죽어간 빠흠의 땅
이야기가 오늘 우리로 하여금 많은 생각을 하게 한다.

배은망덕背恩忘德한 왕

중세 페르시아의 실천 도덕實踐道德의 시인 사아디 우화에는 은혜를 망각한 왕의 이야기가 기록되어 있다.

옛날에 전사戰士인 왕이 있었다. 왕을 태운 흑마가 길을 가다 군중의 소리에 놀라서 발버둥을 치는 바람에 왕이 낙마를 했다. 그래서 그만 왕의 목이 비틀어졌다. 왕이 궁중으로 돌아와서 나라의 수많은 의원들을 불러 모아 자기의 목을 고쳐 보라고 했지만 의원 모두는 고치는 사람이 아무도 없었다.

그러던 어느 날 초라한 그리스의 한 의원이 궁궐 앞에 나타나서 자기가 왕의 비틀어진 목을 고칠 수 있다고 했다. 이 소식에 목을 고쳐달라는 왕명이 떨어지자 그는 왕에게 가서 달려들어 왕의 머리를 자기의 두 다리 사이에 끼우고 두 팔로 사정없이 왕의 목을 비틀면서 고개를 바로 돌렸다.

의원이 왕의 고개를 비틀 때 왕이 죽는다는 비명을 지르자 신하들이 달려와서 칼을 뽑아 의원의 목을 치려하자 갑자기 왕은 소리를 쳤다.
"멈추라!" 그리고 일어나서 고개를 좌우로 자유로이 돌리면서 싱긋이

웃었다.
왕의 목이 정상화 된 것이다.

그런데 고침을 받은 왕은 그리스 의원을 향해서 아무런 말이 없었다.
수고했다는 말도
고맙다는 말도
의술이 놀랍다는 칭찬도
감사하다는 인사도 없이 왕은 당당히 자기 궁궐로 돌아갔다.

다음날 또다시 왕의 사열식이 있었다. 많은 군중 앞에서 왕이 자유로이
고개를 돌리자 군중 모두는 환호성을 울렸다. 그런데 이 군중 속에서
그리스 의원은 혹시나 왕이 자기에게 눈길을 주는가 하고 기다렸다. 그
러다 마침 눈길이 마주쳤다. 그러나 왕은 의원을 외면하고 말았다.
곧 못 본 체 한 것이다.

그 후 며칠이 지나도 왕으로부터 아무런 소식이 없자 의원은 자기 가방
에서 식물 씨앗 하나를 꺼내서 자기가 쓴 편지와 함께 왕의 신하에게
주면서 말을 했다. "이것을 왕에게 전해주시오." 그 편지에는 이렇게
적혀 있었다. 왕께서 사랑과 은혜와 사역事役이 무엇인가를 알고 싶으
면 이 씨앗을 향로에 넣고 불태우며 그 향내를 맡으시오!

왕이 씨앗을 향로에 넣고 불태우자 향이 피어올랐다. 그리고 왕이 코로
향내를 맡는 순간 왕의 목이 다시 비틀어졌다. 이때 왕이 부하를 부르
면서 소리를 쳤다.

"여봐라! 여봐라!
저 그리스 의원을 찾아라!
저 그리스 의원을 찾아라!
아마 아직도 그는 이 성안에 머물고 있을 것이다.
그리고 빨리 그를 나에게 데려 오라."

내가 그에게 원하는 모든 것을 주리라!
내가 그에게 원하는 모든 것을 주리라!
내가 그에게 원하는 모든 것을 주리라!
..........................."

왕명에 신하들이 나가서 그리스 의원을 찾아 보았으나 성내에서 그 그리스 의원은 찾을 수가 없었다. 그 후에 왕은 비틀어진 목으로 괴롭게 여생을 살아가야만 했다.

오늘날 우리 기독교 신자들은 이 이야기를 귀담아 들었으면 한다. 구원을 갈망하는 인간들에게 예수 그리스도는 수고하고 무거운 짐 진 자들아 다 내게로 오라 내가 너희를 쉬게 하리라고 했다.(마11:28)

이 예수의 초청에 의해서 우리는 우리의 영혼이 무거운 죄의 고통에서 벗어나고 사냥꾼의 올무에서 벗어난 새 같이 되었다.
병든 자들은 고침을 받고, 무지한 자들은 지혜를 얻으며,
굶주린 자들은 배부르며, 귀신이 들린 자는 정상화 되었다.

교회에 가서는 설교자의 은혜의 말씀을 듣고 설교 뒤에는 목사님의 축

도도 받는다.

"이제는 십자가에 달려서 우리의 죄를 구속하신 예수 그리스도의 은혜와, 독자 예수 그리스도를 이 땅에 보내어 주신 하나님의 극진하신 사랑과, 굳은 마음도 녹여 우리를 예수 그리스도에게로 인도하시는 성령님의 역사가 모든 성도위에 항상 함께 있을 지어다." 하는 이 축도에 성도 모두는 아멘을 한다.

그렇다면 그 후에 성도들의 삶이 어떻게 해야 함을 우리는 똑똑히 알아야 한다. 하나님의 뜻을 분별하는 새 생활로 들어가서 우리의 몸을 하나님이 기뻐하시는 거룩한 산 제물로 드려야하고 이 세대를 본받지 말고 오직 마음을 새롭게 함으로 변화를 받아 하나님의 선하시고 기뻐하시고 온전하신 뜻이 무엇인지 분별하며 살아야 한다.(롬12:1~2)
그리고 항상 기뻐하고
쉬지 말고 기도하고
범사에 감사해야 하는 것이다.(살전 5:16~18)
감사하지 아니하고 행함이 없는 믿음은 죽은 것이니까.

은혜를 외면하고 감사가 없는 배은망덕한 왕이 비틀어진 목을 가지고 괴롭게 인생을 살아가야만 하는 모습을 보면서 오늘 우리의 삶을 생각해본다.
배은망덕한 왕의 서글픈 이야기가 오늘 우리의 이야기가 되지 말았으면 한다.

배은망덕背恩忘德한 종

1675년 북아메리카 뉴잉글랜드 필립왕은 자기가 신임하는 용감한 병사를 데리고 있었다. 그런데 어느 날 이 병사가 바다를 항해 하다 폭풍우에 휩쓸려 배가 전복이 되었다. 죽을 고비에 처해 있을 때 해안가의 한 농부의 도움으로 그는 가까스로 겨우 생명을 구할 수가 있었다.

그런데 그 병사는 왕에게 돌아와서 자기의 생명을 구해준 농부의 은덕에 대해서는 한마디의 말도 하지 아니하고 해안가에 좋은 농장이 하나 있다는 말만을 하면서 자기가 그 농장을 가지고 싶다는 것이다.

이 말에 필립왕은 물었다. "그 농장이 누구의 소유인가?"
이 질문에 병사는 인색하기로 소문난 악질 같은 농부가 그 주인이라고 하면서 거짓말을 했다. 필립왕은 이 말을 진심으로 듣고 "그렇다면 내가 너의 충정을 고려해서 네 소원을 들어주마. 그 농부를 몰아내고 네가 그 농장을 가져라."

왕의 승낙이 떨어지자 병사는 즉시 그 농부를 찾아가 쫓아내고 자기가 그 농장을 가로챘다. 그런데 하루아침에 거지가 된 이 농부는 너무나 억울하고 원통해서 곧 필립 왕을 찾아가 자초지종自初至終을 다 이야기

했다.

농부로부터 자세한 이야기를 듣고 난 왕은 믿었던 병사의 야비한 행동에 화가 났다. 그래서 왕은 병사를 다시 불렀다. 그리고 신하들을 명하여 "은혜를 망각하고 은혜를 원수로 갚는 이 병사의 이마에다 '배은망덕'背恩忘德이란 화인火印을 찍으라."고 명했다. 그래서 그 병사는 죽을 때까지 이마에다 '배은망덕'이란 화인을 가지고 모든 사람들로부터 증오의 따돌림 속에서 지탄을 받으며 멸시의 인생을 살아가야만 했다. 그는 원수는 모래 위에 새기고, 은혜는 바위 위에 새기라는 말을 몰랐나 보다.

배은망덕이란 감사로써 은혜에 보답을 해야 하는 자에게 그 은혜를 망각하고 도리어 해를 끼친다는 말에서 온 말이다. 성경에도 은혜를 망각한 종의 이야기가 잘 기록되어 있다. 일만 달란트 빚진 종이 갚을 것이 없다고 하자 주인이 불쌍히 여겨 그 빚 모두를 탕감하여 주었는데 그 종은 자기에게 백 데나리온 빚진 동료를 용서하지 못하고 옥에 가두었다고 했다.(마18장)

이 사실을 안 주인이 그를 다시 불러서 말을 했다. 악한 종아 네가 빌기에 내가 네 빚을 전부 탕감하여 주었는데 내가 너를 불쌍히 여김과 같이 너도 네 동료를 불쌍히 여김이 마땅하지 아니하냐 하고 노하여 그 빚을 다 갚도록 하고 그를 옥졸들에게 넘겨주었다는 이야기이다.
우리말 속담에 물에 빠진 놈 건져 주었더니 보따리를 내 놓으라고 하는 놈과 같은 것이다.

일찍이 우리인간은 금단의 열매를 따먹고 불순종의 죄인이 되었다.
이 죄로 인하여 우리 모두는 죽어야 했다.
그런데 예수 그리스도의 구속의 은혜로 우리가 살았다는 것이다.
그렇다면 오늘 우리의 삶이 어떠해야 함을 우리는 잘 알아야 한다.
은혜를 망각하고 은혜를 원수로 갚으면 천벌을 받는다.

배은망덕背恩忘德 은혜를 배반하지 말고
결초보은結草報恩 은혜를 잊지 말고
보원이덕報怨以德 원한을 은덕으로
갚음에 살아가는 사람이 되어야 한다.

배은망덕한 종의 이야기가
오늘 우리로 하여금 감사하며 겸손히 인생을 살아야 한다는 교훈을
준다.

두드림이 문을 연다

영국의 미술가 윌리엄 홀만 헌트William Holman Hunt는 밝은 등불 든 예수님이 육중한 돌문을 두드리는 「세상의 빛」 그림을 그렸다. 내가 문 밖에 서서 두드리노니 누구든지 내 음성을 듣고 문을 열면 내가 그에게로 들어가 그와 더불어 먹고 그는 나와 더불어 먹으리라는 말씀(계 3:20)을 소재로 하여 그린 그림이다. 여기 육중한 돌문은 인간의 굳은 마음을 상징한다. 오늘도 예수님은 우리 인간의 돌문 같은 마음 문을 두드리고 계신다.

두드림의 사전적 의미는 어디엔가 들어가기 위해서 요구하는 행동을 말한다.
성서는 우리에게 두드림의 교훈을 준다.
구하라 그리하면 너희에게 주실 것이요,
찾으라 그리하면 찾아낼 것이요,
문을 두드리라 그리하면 너희에게 열릴 것이다.(마7:7~8) 라고 했다.

갈보리 산상에서 예수 그리스도가 십자가에 달릴 때 같이 십자가에 달린 두 강도가 있었다. 그중 한 강도가 예수 그리스도를 바라보며 "당신의 나라에 임하실 때에 나를 기억하소서." 하는 이 간절한 기도에 예수님은 오늘 네가 나와 함께 낙원에 있으리라고 했다.
천국의 문은 구하고 두드리는 이에게 언제나 열리는 것이다.

톨스토이의 『인생독본』에는 회개한 죄인의 이야기가 있다. 옛날에 한 里老가 살고 있었다. 그는 평생을 살면서 선행이라고는 찾아볼 수 없는 온갖 죄 속에서 살았다. 그가 이제 늙어감에 병이 들고 죽음이 닥쳐온 최후의 순간에 과거의 자기 죄를 슬퍼하면서 하나님께 간절한 기도를 드리고 난 후에 조용히 눈을 감고 세상을 떠났다.

里老의 영혼은 하나님을 그리워하면서 천국 문에 이르렀다.
里老는 천국 문 앞에서 천국의 문을 두드렸다.
이때 천국 문 저쪽에서 누군가의 음성이 들려왔다.
"지금 문을 두드리는 자가 누구며 그대는 세상에서 무슨 일을 하였는가?"

이 질문에 里老는 말을 했다.
"죄 많은 노인입니다. 천국이 그리워 천국을 왔습니다.
저를 천국에 넣어주십시오. 저를 천국에 넣어주십시오.
이 里老의 간절한 부탁입니다." 하면서 애원을 했다.
이 말에 천국 문 저쪽에서 음성이 들려왔다.
"그대는 물러가라! 죄인은 천국에 들어올 수가 없노라."

里老는 물었다.
"천국에 들어올 수 없다고 말하는 당신은 뉘십니까?"
이 질문에 "나는 사도 베드로다."라고 했다.

里老가 또 말을 했다.

"사도 베드로님, 저를 불쌍히 여겨 주십시오. 인간은 약하고 신은 자비하신 분이 아닙니까? 당신은 예수의 제자로서 직접 교육을 받았는데도 예수님께서 번민하고 마음이 괴로울 때 당신에게 기도하라 하셨으나 당신은 졸음을 참지 못하고 잠들고 말았습니다.

그리고 당신은 죽을 때까지 예수님을 부인하지 않겠다고 굳게굳게 맹세하고서도 예수님께서 가야바법정으로 이끌려갈 때 세 번씩이나 예수를 모른다고 부인 하셨죠? 고백도, 장담도, 실수도, 잘하는 당신인데 지금 당신은 천국에 계시네요!
나는 왜 못 들어가게 하십니까?
이 里老의 간절한 부탁입니다.
저를 천국에 넣어주십시오."
이 말에 베드로는 말없이 뒤로 사라지고 말았다.

里老가 또 문을 두드리자 천국 문 저쪽에서 또 누군가의 음성이 들려왔다. "그대는 누구며 세상에서 무슨 일을 하였는가?"
里老가 말을 했다. "나는 죄인입니다."
천국 문 저쪽에서 또 음성이 들린다.
"그대는 물러가라. 죄인은 천국에 들어올 수가 없노라."
里老는 말을 했다. "나에게 물러가라고 말한 당신은 뉘시오?"
"나는 통일 유다의 임금 다윗 왕이다."

"다윗 왕이시여! 당신이 세상에서 유다의 임금으로 계실 때 명예도 재물도 권세도 모두를 다 가진 왕으로서 당신은 당신의 충성된 신하 우리

아를 죽이고 그의 부인 바세바를 가로챘지요. 살인자요 간음한 당신이
아닙니까?

하지만 나단선지의 충고에 죄를 회개하고 슬퍼하셨지요?

저도 세상에서 그런 성정을 가지고 살아온 인간입니다.

제발 저를 천국에 넣어주십시오? 제발 저를 천국에 넣어주십시오?”

里老의 이 간절한 요구에 다윗왕도 말없이 뒤로 사라지고 말았다.

里老는 또 문을 두드렸다.

또 두드렸다.

또 두드렸다.

또 두드렸다.

里老는 계속해서 천국의 문을 두드렸다.

이제는 예수의 사랑하는 제자 사도 요한이 나왔다. 그는 자기가 자기
스스로를 먼저 소개하면서 “당신은 뉘시오?”라고 물었다.

里老가 말을 했다. “사랑의 사도 요한님, 저를 천국에 넣어주십시오. 당
신은 일찍이 하나님은 사랑이라 하셨죠? 그리고 사랑하는 자들아 우리
가 서로 사랑하자 사랑은 하나님께 속한 것이니 사랑하는 자마다 하나
님으로부터 나서 하나님을 알고 사랑하지 아니하는 자는 하나님을 알
지 못하나니 이는 하나님은 사랑이심이라.(요일4:7~8)고 하셨습니다.

그리고 만일 우리가 서로 사랑하면 하나님이 우리 안에 거하시고 그의
사랑이 우리 안에 온전히 이루어진다(요일4:12) 하셨죠? 당신이 하신
이 말씀들을 저버리지 마시고 저를 천국에 넣어주시기를 바랍니다.”

이때 아무런 말이 없이 조용히 하늘 문이 활一짝 열리고 사랑하는 주님의 음성이 들려왔다.

수고하고 무거운 짐 진 자들아 다 내게로 오라 내가 너희를 쉬게 하리라.(마11:28) 너희는 마음에 근심하지 말라 하나님을 믿으니 또 나를 믿으라.(요14:1) 내 아버지 집에 거할 곳이 많도다.(요14:2) 나는 마음이 온유하고 겸손하니 나의 멍에를 메고 내게 배우라 그리하면 너희 마음이 쉼을 얻으리니 이는 내 멍에는 쉽고 내 짐은 가벼움이라 하시니라.(마11:29~30)

시온의 영광이 빛나는 아침 어둡던 이 땅이 밝아오네
슬픔과 애통이 기쁨이 되니 시온의 영광이 비쳐오네
시온의 영광이 빛나는 아침 메였던 종들이 돌아오네
오래전 선지자 꿈꾸던 복을 만민이 다같이 누리겠네

우렁차게 울려 퍼지는 찬송과 함께 회개한 죄인 里老는 하나님의 거룩한 품안에 안겼다. 하늘 문이 활짝 열리고 은혜의 빗줄기 단비는 이렇게 내렸다. 里老의 입에서는 다음과 같은 찬송이 나왔다.

나를 사랑 하시고 나의 죄를 다 씻어
하늘 문을 여시고 들어오라 하시네
날 사랑하심 날 사랑하심
날 사랑하심 성경에 쓰였네..........."

두드림이란 무엇인가? 두드림은 열리는 것이다.
구하라 그리하면 너희에게 주실 것이요

찾으라 그리하면 찾아낼 것이요
문을 두드리라 그리하면 너희에게 열릴 것이다.
구하는 이마다 받을 것이요,
찾는 이는 찾아낼 것이요,
두드리는 이에게는 열릴 것이니라.
예수 그리스도가 지금 우리에게 주시는 복음이다.

우리 함께 기도해 주 앞에 나와 무릎 꿇고
긍휼 베푸시는 주 하늘을 향해 두 손 들고
하늘 문이 열리고 은혜의 빗줄기 이 땅 가득 내리도록
마침내 주 오셔서 의의 빗줄기 우리 위해 부으시도록

우리의 삶속에서 이런 은혜의 복음송이 늘 흘러나왔으면 한다.
왜냐하면 하늘문은 믿고 두드리는 이에게는 언제나 열려 있는 것이다.

두드림이 천국의 문을 연다.

희망이 생명이다

1997년에 92세로 사망한 오스트리아 정신과의사인 빅토르 프랑클은 그의 책 『죽음의 수용소에서』 인간에게 가장 무서운 질병은 죽음의 세균 바이러스가 아니고 희망과 용기를 잃어버리는 것이라고 했다. 희망의 사전적 의미는 좋은 결과가 나오거나 이루어지기를 기대하고 바라는 것이고 용기는 굳세고 씩씩한 기운을 말하는 것이다.

유대인들의 잠언에는 우유 통속에 빠진 세 마리 개구리에 대한 우화가 있다. 세 마리 개구리 가운데
한 마리는 하나님의 뜻이라면 죽어야지 하고 죽었다.
한 마리는 살기를 포기하고 스스로 죽었다.
한 마리는 희망을 가지고 뒷발로 점핑을 계속했다.
개구리가 점핑을 할 때마다 다리로 휘젓는 우유는 버터로 변했다.
그래서 이 개구리는 버터를 밟고 통속에서 살아 나왔다는 것이다.

죽는 것이 하나님의 뜻이 아니다.
포기는 하나님의 뜻이 아니고 죄다.
인간은 늘 희망을 가지고 살도록 노력해야 한다.

하나님의 역사는 창조의 밝은 빛으로부터 시작이 된다. 빛이 있어라 하니 빛이 있었다.

인간의 역사는 불순종의 어두운 역사로부터 시작이 된다.

어두움의 4대 이벤트를 보면

아담과 하와의 실낙원 사건,

가인과 아벨의 살인사건,

노아시대 하나님의 홍수 사건,

이스라엘 민족의 바벨탑 사건이다.(창1~11장)

이 사건들을 보면 인간의 등 뒤에서는 늘 전능의 하나님이 인간의 삶을 항상 지켜보고 계신다는 사실을 알 수 있다. 그리고 바른길 가기를 원하는 것이다. 사랑의 하나님이 계셔서 우리에게는 늘 희망이 되는 것이다.

희랍 신화에 나오는 판도라의 상자 이야기를 보면 하늘의 제우스신이 사람들에게 선물로 나누어 주려고 상자에다 기쁨과 즐거움과 행복을 가득 담았다. 제우스신이 급한 볼일이 있어서 판도라 여인에게 내가 올 때까지 이 상자를 절대 열지 말고 잘 보관 하고 있어라 했는데 호기심을 이기지 못한 판도라는 제우스신이 없는 사이에 그만 그 상자의 뚜껑을 열었다.

잠깐만 열었다가 닫아야지 했는데 여는 순간 상자안의 모든 선물은 다 사라지고 말았다. 판도라가 무엇이 남았나 하고 그 상자 안을 자세히 살펴보았더니 그 안에는 희망이란 두 글자가 있었다. 돌아온 제우스신이 이 사실을 보고 말을 했다. "어쩔 수 없군. 이제 내가 너희에게 줄 수 있는 선물이란 '희망'뿐이다." 그래서 인간은 어제도 오늘도 또 내일도 잃었던 기쁨과 즐거움 그리고 행복을 다시 찾을 수 있다는 희망에 살아가야 하는 것이다.

실낙원 사건에서 아담과 하와가 낙원에서 추방을 당하고,
가인이 자기 가족으로부터 추방을 당하고,
노아 홍수의 사건에서 노아의 식구 외에 모두가 죽고,
바벨탑의 사건에서 인간에게 언어의 혼돈이 와서 백성들이 모두가 흩어진다 해도 인간은 절대로 좌절할 수가 없다. 왜냐하면 우리는 그 언제인가 하나님께서 약속하신 구원의 메시지 펜터코스트Pentecost가 있기 때문이다.

의료계에서도 환자를 치료할 때 인간의 희망이 치료에 많은 영향을 준다는 것이다. 암 환자의 경우에 있어서 절망을 하는 자는 저항력이 일찍 떨어져 죽지만 낙관적이고 강하고 희망을 가진 자는 암과 같이 사는 것을 보면 희망은 모든 질병의 해독제이고 질병을 이기는 강력한 무기라는 것이다.

우리나라 유행가에 「젊은 그대」라는 희망의 노래가 있다.

거칠은 들판으로 달려가자 젊음의 태양을 마시자
보석보다 찬란한 무지개가 살고 있는 저 언덕 넘어
내일의 희망이 우리를 부른다...... 젊은 그대.

미지의 세계로 달려가자 젊음의 희망을 마시자
영혼의 불꽃같은 숨결이 살아있는 아름다운

강산의 꿈들이 우리를 부른다...... 젊은 그대.

찬송가에서는 예수는 나의 힘이요 내 생명이라고 했다.

예수는 나의 힘이요 내 생명 되시니
구주 예수 떠나 살면 죄 중에 빠지리
눈물이 앞을 가리고 내 맘에 근심 쌓일 때
위로하고 힘 주실 이 주 예수

모두가 희망을 담은 참 좋은 노래다.
예수를 믿는 우리에게는 그리스도가 우리의 희망이다.
인간은 희망에 산다.

생각하는 유머 7題

유머humor란 익살스럽게 웃음을 자아내는 표현이나 요소이면서도 듣는 사람으로 하여금 자기를 살피고 생각하게 하고 반성하게 하는 힘이 있다. 그래서 유머는 단순한 웃음만을 주는 것이 아니고 각성을 촉구하는 것이다. 생각하는 유머 공통점을 살펴본다.

1. 인간 임종 시 후회의 공통점
내가 충분히 인내하지 못 했어—오래 참았어야 했는데.
내가 베풀고 헌신하지 못 했어—너무나 인색했어.
내가 성급하고 여유롭지 못 했어—너무나 각박하게 살았어.

2. 정치인과 개의 공통점
정치인은 가끔 주인도 몰라보고 개 같이 짖거나 덤빈다.
정치인은 먹을 것만 주면 개 같이 아무나 좋아한다.
정치인은 무슨 말을 해도 거기서 거기, 개 짖는 소리 같다.
정치인이나 개는 자기 밥그릇은 절대로 빼앗기지 아니한다.
매를 맞아도 그때뿐 버릇을 못 고친다.
족보가 있다지만 믿을 수가 없다.
미치면 약도 없다.

3. 교수와 거지의 공통점
교수와 거지는 출퇴근 시간이 일정하지 않다.
교수와 거지는 깡통 아니면 가방을 가지고 다닌다.
교수와 거지는 처음 되기가 어렵지만 되고나면 쉽다.
교수와 거지는 작년에 한 말 또 한다.(교수는 재탕강의, 거지는 각설이)

4. 인생 삶의 공통점
인생 50대 지식의 평준화 (알고 모르고 학벌에 관계없음)
인생 60대 미모의 평준화 (모두가 감자같이 거기서 거기)
인생 70대 성性의 평준화 (남녀 미모에 별 관심 없음)
인생 80대 재산의 평준화 (있으면 병원 침대, 없으면 집 침대)
인생 90대 생사의 평준화 (살았으면 살았어? 죽었으면 죽었어?)
인생 100대 신인神人이 하나다. (귀신인지? 사람인지?)

5. 침묵이 최고인 공통점
부산 태종대나 강릉 하조대를 대학이라고 고집하는 사람.
갈매기살과 제비추리를 새고기라고 우기는 사람.
탑골공원과 파고다공원을 서로가 다르다고 우기는 사람.
LA와 나성은 같은 도시라고 해도 서로 다른 도시라고 우기는 사람.
으악새는 새가 아니고 풀이라고 해도 새라고 고집하는 사람.
구제역은 가축들이 잘 걸리는 전염병이라 해도 전철역이라고 계속 우
기는 사람.
바로 가르쳐 주어도 아니라고 빡빡 씌우는 이런 사람에게는 침묵이 최
고다. 무응답도 대답이고 교육이다.

6. 텔레토비와 국회의원의 공통점!

돔형의 지붕으로 된 집에서 산다.

텔레비전에 자주 출연한다.

항상 떼 지어 몰려다닌다.

색깔로 구별한다.

그 얼굴이 그 얼굴이다.

남이 뭐라던 항상 웃는다.

똑같은 말을 자주 반복한다.

가슴 한 복판에 번쩍번쩍하는 것을 하나씩 달고 다닌다.

말로 먹고 살지만 가끔 몸으로 때운다.

자기들끼리 결정하고 나서 매우 즐거워한다.

하는 일도 없는 것 같은데 그래도 밥은 굶지 않고 산다.

사람인 척! 한다.

배가 나왔다.

머리카락이 적다.

지능이 낮다.

둘 다 인간되기는 힘들다.

7. 텔레토비와 국회의원의 차이점

텔레토비는 보고 있으면 슬그머니 미소가 나온다.

국회의원은 보고 있으면 슬그머니 욕이 나온다.

텔레토비는 소형 붕붕카를 직접 몰고 다닌다.

국회의원은 기사 달린 3천cc가 아니면 타지 않는다.

텔레토비는 어린 나이에 절제를 안다.(해설자가 "이제 그만~" 하면 노는 것을 멈춘다)

국회의원은 나이 값을 못해 절제는커녕 일하라고 해도 노는 것을 멈추지 않는다.
텔레토비는 색깔은 달라도 늘 사이좋게 지낸다.
국회의원은 정당은 물론 계보만 달라도 천날만날 치고받고 싸운다.

생각하는 유머, 우리에게 반성을 촉구한다.

충성심이 나라를 지킨다

충성심이란 나라와 민족을 위해서 마음속에서 우러나오는 정성스러운 마음이다. 이스라엘의 다윗왕은 부하를 지극히 사랑하고 또 그 부하들은 충성을 맹세하고 살았다. 블레셋 군인들이 르비딤 골짜기에 진을 치고 있을 때 다윗은 산채山寨에 있었다.

다윗이 목이 타서 베들레헴 성문 곁 우물물을 누가 내게 가져와 마시게 하겠는가 하자 다윗이 나라를 세울 때 큰 공을 세운 장군들이 블레셋 군대를 돌파하고 지나가서 베들레헴 성문 곁에 있는 우물에 가서 물을 길어 왔다.

그런데 다윗왕은 부하들이 가져온 그 물을 마시지 아니하고 여호와 하나님께 부어드렸다. 그 이유는 생명을 돌아보지 아니하고 전투적인 정신으로 길어 온 이 우물물이 장군들의 피와 다름이 없거늘 내가 어찌 이 물을 감히 마실 수가 있겠는가? 이 물을 내가 마시다니 천벌 받을 일이다 하면서 사양을 했다.

우리들은 여기에서 병사를 사랑하는 위대한 다윗과 충성되고 훌륭한 부하들의 모습을 본다. 다윗이 병사들을 극진히 사랑하고 부하들이 다윗을 위한 충성심은 이스라엘이 블레셋과의 전투에서 큰 승리를 가져오는 이벤트가 되었다.

다윗의 전투기록을 보면 어디를 가나 그는 싸움에서 승리를 했다.
강국 블레셋을 쳐서 항복을 받기도 하고 거기에 딸린 마을들을 모두 빼앗았다.
모압을 쳐서 속국으로 만들고 그들에게 조공을 받았다.
소바 왕 하닷에셀의 신복들이 가진 금 방패를 모두 빼앗아 예루살렘으로 가져왔다.
아람군대를 쳐부수고 그들의 병사 이만 이천 명을 죽이고 조공을 바치는 속국으로 삼았다.
다윗이 어디를 가든지 하나님은 다윗에게 승리를 안겨 주었다.

1970년도에 나는 최전방부대에서 군종장교로 활동을 했다. 어느 날 새로 부임해 온 연대장님의 취임식이 있었다. 군목의 기도가 끝이 난 후에 단상에 선 연대장은 병사들을 향해서 한번은 오른쪽을 한번은 왼쪽을 한참 바라보다가 고개를 푹 숙이고 호주머니에서 수건을 꺼내 눈에 눈물을 닦았다. 그리고 아무런 말도 없이 단에서 내려왔다.

후에 안 일이지만 그는 병사들을 바라보면서 이런 생각을 했다고 했다.
제대로 입지도 못하고,
제대로 먹지도 못하고,
제대로 잠도 자지 못하고,
검게 그을린 병사들의 얼굴을 보면서 너무나 안타까워 말없이 울었다고 했다.

그 후에 이 부대는 지휘관에 대한 병사들의 태도가 달라졌다. 연대장님에 대한 존경심과 나라를 사랑하는 충성심은 더 커졌다. 부대는 병사들의 식사를 자율배식으로 했다. 상사에 대한 병사의 예의범절이 마음에서 우러났다. 작전훈련에서는 모범 부대로 지정되어 표창을 받는 부대가 되었다.

1970년대 일군 사령관 한신 장군의 사령훈訓을 보면 다음과 같이 되어있다.
제일은 잘 먹여라.
제이는 잘 입혀라.
제삼은 잘 재워라.
제사는 훈련을 철저히 하라.
먹이고 입히고 재우고서 전투적인 훈련을 철저히 하라는 것이다.

군이 부대에서 항상 좋은 환경만을 기대할 수는 없지만 그래도 빵조각하나로 생일케이크를 대신 한다던가 식판이 부실하면 문제가 있다. 제대로 먹지도 못하고, 입지도 못하고, 잠을 제대로 자지 아니하면 전쟁은 불가능하기 때문이다. 그러면서 한신 장군은 휴전선 안 비무장지대에는 많은 송아지 떼를 방목해서 황소로 자라면 남쪽으로 오는 소는 우리가, 북쪽으로 가는 소는 북에서 잡아먹으면 된다면서 군인들의 영양 공급을 위해서 비무장지대 방목 론을 펴기도 하고, 정신교육과 신앙의 전력화를 위해서 군목들의 기동성 강화를 위해 일군에 있는 모든 군목들에게 오토바이를 지급하기도 했다.

애국심이란 지휘관이 먼저 병사에 대한 관심을 가지고 아끼고 사랑해야 한다. 군화가 발에 맞지 않는다며 발을 아파하는 병사에게 신에 발을 맞추라고 때리고 옷에 몸을 맞추라고 들고차면 상관에 대한 충성심도 없어지고 애국심도 사라지고 전쟁이 나면 상관이 먼저 죽는 것이다.

이북의 장교들은 자기 병사가 발이 아프다고 하면 장교는 냄새나는 발을 두 손으로 어루만지면서 입술을 대고 호호 불면서 "얼마나 아플까?" 하고 관심의 눈물부터 흘린다고 했다. 거기에서 병사는 민중의 기 붉은 깃발을 높이 올리라 노래하고, 자기들은 그 밑에서 전사하리라고 충성을 맹세하는 것이다. 상관의 사랑의 행위가 병사로 하여금 충성심을 일으키고 그 충성심이 나라를 지키는 것이다.

그리고 나라의 병사들은 군에 몸담고 있는 한 국가의 몸임을 알아야 한다. 뿐만 아니라 민주국가에서의 군은 정부가 허락한 독재다. 그래서 군은 상관의 명령에 절대복종해야 한다. 영국의 수상이었던 처칠은 국가가 요구할 때 젊은이는 국가를 위해서 노력의 땀과 나라 사랑하는 정성의 눈물과 희생의 붉은 피를 기꺼이 흘릴 줄 아는 군인이 되어야 한다고 했다.

다윗이 한때 기스의 아들 사울을 피해 시글락에 가 있을 때에 그를 찾아가 도움을 준 용사들이 있었다. 다윗을 위한 이 용사들의 고백을 보면 곧 충성의 맹세다. 다윗 장군님, 우리는 장군님 부하입니다. 이새의 아드님, 우리는 장군님 편입니다. 장군님은 천운을 타신 몸, 장군님도 만사형통하시고 장군님을 돕는 우리도 만사형통할 것입니다 라고 했다.

이 고백에 다윗은 그들을 받아들여 특공대 지휘관으로 삼고, 가는 곳마다 싸워 승리를 했다.

부하를 사랑하는 지휘관 밑에는 항상 충성을 맹세하는 군인이 있는 것이다. 부하를 사랑하는 다윗왕을 보면서 우리나라 군 지휘관들도 병사를 사랑하고 또 모든 병사는 나라를 위해서 충성을 다하는 군인들이 되었으면 한다.

충성심이 나라를 지킨다.

에티켓이 없는 사회

에티켓Etiquette이란 남에게 지켜야 할 예절이나 예법을 말하는 것이다. 1960년대 우리나라는 육군 사관학교 졸업생으로는 초급장교의 수를 다 채울 수가 없었다. 그래서 고등학교를 졸업하고 육군 관보후보생 시험에 합격하면 광주보병학교에 가서 단기훈련을 마친 후에 소위로 임관되는 제도가 있었다. 그래서 장교의 자질이 문제가 되기도 했다. 그리고 당시에는 장교의 나이 보다 사병의 나이가 더 많은 경우도 많았다.

어느 날 갓 임관한 젊은 육군 소위가 부대 배치를 받고 이발관을 찾았다. 그는 나이 많은 이발사 병사를 보고 말을 했다.
"야! 인마 나 이발 좀 하자."
이 말에 이발병은 "예! 장교님 여기 앉으세요."

사병이 머리를 자르고 난 후에 면도를 하려고 의자를 뒤로 젖혔다. 그리고 면도를 하기 전에 난로 위 대야에서 따뜻한 물수건을 건져 짜서 장교의 얼굴에 올리려 하자 장교가 말을 했다.
장교: 야 이 새끼야! 너 이 수건으로 네 X구멍 닦은 수건이지?
사병: 아! 장교님 왜 그런 말씀을 하세요? 이 물수건 어제 제가 비눗물에 삶아서 깨끗이 세탁한 타월입니다.

....

이발이 다 끝이 나고 아무런 말도 없이 장교가 문을 발로 탁 차고 나가자 문 유리창 너머로 돌아가는 장교의 뒷모습을 바라보면서 병사가 말을 했다. "야. 이 D—새끼야! 수건으로 X구멍 닦지 손가락으로 닦나? X구멍만 닦아—?"

행동이 불순하면 그 사람에 대한 겸손과 존경심도 사라진다.
가는 말이 고와야 오는 말도 곱다.
쏜 화살은 다시 돌아오지 아니하고
땅에 쏟아 버린 물은 다시 대야에 담을 수가 없으며
한번 내뱉은 말은 다시 담을 수도 없고 되돌릴 수가 없는 것이다.
가는 말 오는 말 장교와 사병의 오고 가는 씁쓸한 대화다.

에티켓이란 남에게 지켜야 할 예절이나 예법을 말하는 것이다. 유교사상에서 공자의 중추적인 5대 핵심은 인仁, 예禮, 덕德, 문文, 군자君子로 되어 있다.

첫째 인이다. 이 말은 사람과 사람사이에 있어야할 이상적인 인간관계를 말한다. 곧 사람다움을 말하는 것이다. 사람은 사람다워야 한다. 사람이 사람이면 사람이냐 사람이 사람이라야 사람이란 말도 그래서 나온 말이다. 인간이 상식선에서 벗어나면 사람답다는 말을 들을 수가 없다.

둘째 예이다. 예는 연장자에 대한 존경을 말하는 것이다. 곧 질서와 순서를 말하는 것이다. 오륜五倫중에는 3개가 가정과 관계되어 있는데 이 모두는 연장자에게 해야 할 존경으로 되어 있다. 이 순서가 파괴되면 사회혼란을 가져온다.

셋째 덕이다. 덕은 신뢰성으로써 곧 믿을 만한 바탕이나 성질을 잉태한 말이다. 지도자나 우두머리가 인덕을 갖추면 이 인덕에는 모든 사람들이 다 이끌려가게 되어 있는 힘이 있는 것이다. 신뢰성을 상실하면 따르는 사람이 없다.

넷째 문이다. 문은 싸움이 아닌 평화의 예술을 말하는 것이다. 곧 시, 음악, 그림 등 심미적 의미의 총체를 가리키는 말이다. 아름다움을 분별하여 밝히는 힘을 말한다.

다섯째 군자이다. 군자란 이상적인 인간관계 속에 있는 사람을 칭하는 말이다. 영어의 에티켓Etiquette이라고 하는 말은 예절이란 뜻으로써 그 의미가 소포의 딱지라는 뜻이다. 소포는 딱지만 보면 내용물을 안다. 마찬가지로 사람을 보면 그 사람의 인성을 알게 된다는 것이다. 곧 군자정신에 살아가고 있는 사람을 칭하는 말이다. 소인은 타인의 약점만을 이야기하지만 군자는 타인의 좋은 점을 이야기한다.

이 에티켓은 인간이 살아가는데 활력소가 된다. 모든 사람이 다 군자가 될 수는 없겠지만 그래도 상식선에서 살아가야 한다. 요즘 우리가 길을 갈 때나 버스나 전철을 탈 때 가로채기, 앞지르기, 끼어들기, 새치기, 뛰어넘기를 하는 사람들이 많이 있다. 이런 사람들에게는 도움의 말을 해 주어도 그 입에서는 늘 불평의 말이 나온다.
왜요?

왜 그래요?

난 몰라요?

누가 그래요?

좀 조용히 해요?

간섭하지 말아요?

이런 말을 하는 사람들은 내 이웃에 대한 관심이나 배려가 전혀 없는
사람들이다.

미국에서 공원길을 걷거나 등산을 하다보면 많은 사람들을 만난다.

그들은 언제나 먼저 보는 사람이 웃으면서 헬로 Hello, 또는 하이 Hi

또 서로가 옷깃만 좀 스쳐도 익스큐즈 미 Excuse me

길을 앞지르면 파돈 미 Pardon me

양보하면 탱큐 Thank you

잘해주면 원더풀 Wonderful 또는 베리 나이스 Very nice 라고 한다.

이런 말들이 우리에게 피곤을 덜어주고 용기와 활력소를 주는 것이다.

오늘 우리가 살아가는 삶에서

사랑합니다. 감사합니다.

덕분입니다. 미안합니다.

제가 하겠습니다. 이런 말을 사용하면 삶의 활력소가 된다.

옛날 시골장터에 나이가 많은 백정이 살고 있었는데 어느 날 두 양반이
고기를 사러 왔다.

한 양반은 "이 봐 백정, 나 고기 한 근 다오." "예. 알겠습니다."

또 한 양반은 "여보게, 김 서방, 나도 한 근 주게나." "예. 알겠습니다."

두 양반이 고기를 받고 보니 후자의 고기가 훨씬 더 많았다.

화가 난 전자前者 양반이 소리치며 따졌다. "이 봐 백정, 내 고기는 왜 이렇게 적은가?"

이때 백정이 말을 했다. "손님 고기는 백정이 자른 것이고, 저 손님 고기는 김 서방이 잘랐습니다."

가는 말이 고우면 오는 말도 곱고, 좋은 말을 하면 좋은 말을 듣는다.

우리 모두 삶의 용기를 주는

인, 예, 덕, 문, 군자 정신에 살아갔으면 한다.

착각錯覺의 비극

옛날 깊은 산속 산사山寺에서 매일매일 연자 맷돌을 돌리는 나귀가 있었다. 이 나귀가 자기의 무미건조한 생활에 싫증이 났다. 그래서 나귀는 산사를 벗어나고 싶었다.
그런데 기회는 나귀가 생각한 것보다 더 빨리 찾아왔다.

어느 날 승려가 도시에 있는 불상을 산사로 가져오기 위해서 나귀를 몰고 산 아래로 내려갔다. 그리고 나귀의 등에 불상을 싣고 산사로 돌아오는데 많은 사람들이 무릎을 꿇고 머리를 숙인다. 나귀는 자기를 보고 모두가 절을 하는 줄로 생각하고 의기가 양양했다.

산사에 돌아온 나귀는 그때부터 연자 맷돌을 돌리고 싶지 아니했다. 그래서 승려는 하는 수 없이 나귀를 산 아래로 놓아주었다. 나귀가 산 아래로 내려오자 저 앞에서 풍류를 울리며 춤을 추고 오는 사람들이 보였다. 나귀는 자기를 환영하는 줄로 생각하고 고개를 쳐들고 버티고 서 있었다.

그런데 풍류를 울리며 춤을 추고 오는 사람들은 자기 동리로 시집오는 신부를 맞이하려고 나온 사람들이었다. 나귀가 길을 막고 서있자 사람들은 몽둥이로 나귀를 두들겨 팼다. 나귀는 다시 산사로 돌아와서 승려에게 말을 했다.

"스님! 어제는 사람들이 나를 보고 예의를 갖춰 절을 하더니 오늘은 몽둥이로 나를 때리네요." 이때 승려가 말을 했다. "이 바보야, 어제는 네 등에 실린 불상佛像을 보고 사람들이 절을 했지만 불상이 없는 나귀에게 누가 절을 해?"

저 그리스 델포이 아폴론 신전 앞마당에는 그리스의 철인 소크라테스가 말했다는 "네 자신을 알라"는 말이 새겨져 있다. 이 말은 인간이 어떤 존재인지, 무엇이 인간을 인간답게 하는지를 알아야만 바람직한 인간 삶의 방식을 알 수 있다는 말이다.

인간은 살아가면서 가끔 삶의 방향을 잃고 혼란에 빠질 때가 많다. 지금까지 내가 믿고 의지하던 지식이나 신념의 기반을 두고 살아온 인간관계가 갑자기 제자리를 잃고 비틀대는 순간이 있다. 이때 삶은 어지러움과 혼란의 모습으로 다가와 우리의 마음에 방황을 준다.

자기 자신을 안다는 것은 현재의 자신에 대해 정확히 인식하는 것이다. 다른 사람의 지혜를 아는 사람은 지혜롭고 자기 자신을 아는 사람은 명철하다는 말이 있다.

교목실장시절 학교의 총장님과 학생 한 명과 같이 차를 타고 나갔다. 총장님의 차가 지나갈 때마다 학훈단 학생들이 차려 자세로 경례를 했다. 이때 차 앞좌석에 앉은 학생이 자기에게 인사를 하는 줄로 생각하고 고개를 끄덕끄덕하면서 인사를 받는다. 이때 나는 학생에게 말을 했다. 저 학훈단 학생의 경례는 총장님을 보고 하는 경례이지 학생을 보고 하는 인사가 아니니까 학생은 고개를 끄덕이지 말라고 했다.
우리는 간혹 착각을 할 때가 많이 있다.

군종 장교로 있을 때 육군본부에서 군종교육이 있었다. 용산 미8군 앞을 지날 때면 다는 아니라 해도 많은 미군들 특히 흑인병사들이 내가 누구인지도 모르는데 나를 보고 경례를 잘 붙인다. 그들이 나를 보고 경례를 하는 것은 나와 지면知面이 있어서가 아니고 제복에 달린 십자가 군장 배지badge를 보고 내가 성직자임을 알고 경례를 하는 것이다.

오늘날 목사님들도 목사라는 그 이름 때문에 모두가 존경을 한다. 그래서 이름에 걸맞게 목사의 행동도 따라 주어야 한다. 그렇지 아니하면 지탄의 대상이 되고 산사의 나귀같이 몽둥이로 두들겨 맞는다.

인간은 자기 자존심을 너무 과도하게 강조하지 말아야 한다.
인간의 최대 불행은 자기를 인식하지 못하는 데 있다.
인간이 자기 자신을 안다고 하는 것이 명철이다.
인간은 함부로 잘난 척 해서도 안 된다. 인간은 경솔하지 말고 겸손해야 한다.

착각에서 벗어나려면 네 자신을 알아야 하는 것이다.

처지處地가 발판

2차 대전 중 크라이톤 아브람스 장군이 부하들과 같이 적군에 포위되었을 때 독 안에 든 쥐나 다름이 없었다. 그러나 아브람스 장군은 이 급박한 상황에서 부하들을 향하여 "여러분, 우리는 사상 처음으로 적을 공격할 수 있는 가장 유리한 위치에 서있다." 하면서 "돌격이다!" 하고 싸웠다. 그 결과는 승리로 끝이 났다. 처지가 승리의 발판이다.

여호와는 마음이 상한 자를 가까이 하시고 충심으로 통회하는 자를 구원 하신다고 했다. 그리고 의인은 고난이 많으나 여호와께서 그의 모든 고난에서 건지신다고 했다.(시34:18~19) 고난의 참된 의미는 옛 창조가 고난으로 파괴를 가져오지만 그 고난은 또 하나의 새 창조의 기회가 되어 자신을 새롭게 한다는 것이다.

독일의 철학자 에리히 프롬은 「Man for himself」에서
생산적 사랑은 어려움을 이겨내는 사람
생산적 사고는 전체를 생각하고 미래를 보는 사람
생산적 행복은 창의력이 있는 사람
생산적 양심은 자유로운 양심의 사람이라고 했다.

성 아우구스티누스는 신의 도성에서 모든 사람에게 고통은 다 있는데 사람에 따라서 그 결과는 전혀 다르다는 것이다. 악인은 불평하고, 비방하고, 원망하고, 내가 왜 하고 거부를 한다. 그러나 선인은 찬양하고, 인내하고, 의미를 찾고, 하나님을 더욱 가까이 한다.

고통을 포기하는 사람은 저주로 나타난다. 고통의 의미를 찾는 사람은 축복으로 나타난다. 그래서 믿는 자에게는 쓰라린 고통도 인간의 인내를 실험하는 하나님의 도구요 하나님의 축복이다. 구약 창세기에는 자기의 삶을 약진의 발판으로 삼아 성공을 거둔 야곱의 아들 요셉의 생애와 고난의 이야기가 있다. 요셉은 자기의 처지를 약진의 발판으로 삼아 인생을 살아갔다.

요셉은 꿈이 많은 청년이다. 꿈이 없이는 찬란하게 세워지는 문명도 없고, 고상하게 만들어지는 인격도 없다. 별을 보고 걸어가야 산을 오르고 구름을 따라가야 바다를 건넌다는 말이 있다. 이 말은 희망을 가지고 살아가라는 말이다. 꿈은 인간을 천국으로 인도하는 길이요 아골 골짝 빈들을 지나가게 하는 등불이다. 꿈은 싸움에서 승리를 주는 힘이고 사탄의 목을 치는 칼이다.

요셉은 어린 시절 꿈 때문에 형들에게 미움을 받아 멸시를 당하고 애굽의 노예로 팔려갔다. 그러나 곡절 많은 인생을 신앙으로 극복하고 칠전팔기하는 신앙으로 애굽의 국무총리가 된 사람이다.

유혹을 물리친 청년이다. "돼지와 땅콩"에 관한 이야기가 있다. 미국에서는 돼지농장에서 돼지를 도살장으로 운반하는 데는 많은 비용이 든

다. 그래서 생각다가 돼지를 차로 운반하지 아니하고 돼지를 유혹한다. 곧 돼지에게 땅콩을 던져주면서 농장에서 돼지를 도살장으로 인도하는 것이다. 땅콩을 먹으며 따라가는 돼지는 곧 도살장으로 가서 도살되고 잠시 후에는 소시지sausage로 변한다.

유혹이란 입에 꿀을 물고 꼬리에 침을 가진 벌과 같아서 소가 도수장으로 가는 것과 같고 새가 그물에 걸려 생명을 잃어버리는 것과 같은 것이다. 이런 이치를 잘 아는 요셉은 자기에게 찾아오는 유혹을 과감히 물리치는 청년이었다.

용기와 신앙의 사람이다. 목적이 있는 사람은 용기가 있다. 하나님 앞에서 자신을 깨끗하게 하는 사람만이 의의 병기로 쓰임을 받는다. 이런 사람을 우리는 용기와 신앙의 사람이라고 한다.

지혜와 덕과 신앙의 사람이다. 요셉은 주워진 상황을 제대로 깨닫고 그것에 현명하게 대처할 줄 아는 지혜의 사람이다. 은혜를 베풀 줄 아는 덕인이고, 하나님을 신봉하고 사는 신앙인이다.

경남 김해에 가면 천문대가 있다. 여기에 가면 캄캄한 긴 굴속을 통과하게 한다. 그 이유는 캄캄한 어두운 터널을 통과하지 아니하면 별을 볼 수가 없기 때문이다. 요셉은 지금의 자기 처지에서 저 멀리 미래를 보고 사는 사람이다. 어두운 밤이라야 별을 본다.

겸손한 사람이다. 겸손은 자기가 자기 자신을 부풀리지 아니하고 자기를 비우는 사람을 말한다. 자기가 애굽의 국무총리가 되어도 그는 자기를 자랑하지 아니한다. 자기를 팔아버린 형들이 기근으로 인해 곡식을 사러 애굽으로 오지만 요셉은 기꺼이 형들을 잘 모신다. 요셉은 보복이 아닌 사랑의 삶을 살아갔다.

꿈을 가진 자는 주어진 처지를 약진의 발판으로 삼고 고난의 의미를 잘 읽는다. 가다가 넘어지면 일어나고, 부활을 믿고 기꺼이 죽음도 각오하고 살아가는 사람이다. 하늘이 무너져도 솟아날 구멍이 있다고 하는 이 말은 어려운 처지에서도 벗어날 수 있는 길이 있다는 말이다.

정말 강한 위력은 칼이나 창에서 나오는 것이 아니고 혀에서 나오는 말이다.
우리는 고난의 삶에서도 좌절하지 말고,
고난을 약진의 발판으로 삼아서 승리의 역사를 창출하는
모두의 삶이 되었으면 한다.

형장으로 가는 자세

우리나라 조선시대에는 왕에게 충성을 다한 신하들이 많이 있다. 세조가 왕의 전제권을 확립하려 하자 집현전 출신의 유신들은 즉각 반발을 했다. 세조를 몰아내고 단종을 복위시키려는 계획에 목숨을 바친 사육신들이었다. 우리는 죽음의 형장으로 끌려가는 성삼문의 자세를 그의 시조와 수형시에서 볼 수 있다.

이 몸이 죽어서 무엇이 될 것인가
남산 봉우리에 큰 소나무 되었다가
흰 눈 세상에 가득 찼을 때 홀로 푸르고 푸르리라.

죽음의 형장으로 끌려갈 때 읊었던 수형시受刑詩

북소리 둥둥 이 목숨을 재촉하는데 (격고최인명 擊鼓催人命)
돌아보니 지는 해는 서산을 넘네   (회수일욕사 回首日欲斜)
저승으로 가는 길엔 주막도 없다   (황천무일점 黃泉無一店)
이 밤은 어느 집에서 쉬어갈 건가   (금야숙수가 今夜宿誰家)

조선조 7대왕 세조는 어린 조카 단종이 즉위한 후로 대신들에게 권력이 집중되고 왕권이 약화되자 1453년에 계유정난을 일으켜 반대파를 숙청하고 스스로 왕위에 올랐다. 왕권과 중앙집권체제 강화를 위해 집현전을 폐지하고, 군현제 정비, 직전법 시행 등의 여러 사회 경제 정책들을 시행했을 때 이를 반대하고 단종의 복위에 앞장섰던 성삼문을 고문하고 죽였다. 39세의 나이로 형장의 이슬로 사라지면서 그는 이런 시조를 읊었다.

우리는 이런 사람을 나라와 임금을 위해서 충성을 다한 사람이라고 칭한다. 충성이란 국가나 임금, 윗사람 등을 위해 몸과 마음을 다함이고 순교란 종교를 가진 사람이 자기의 신앙을 지키기 위해서 목숨을 다 바침이다.

성서에는 충성이라고 하는 말이 많이 있다. 충성의 의미는 누군가를 위해서 진정한 마음에서 우러나오는 지극한 정성을 바치는 마음을 말한다.
예수님은 지극히 작은 것에 충성된 자는 큰 것에도 충성되고 지극히 작은 것에 불의한 자는 큰 것에도 불의하다고 했다.(눅16:10)
바울은 맡은 자들에게 구할 것은 충성이라고 했다.(고전4:2)
오직 성령의 열매는 충성과 온유와 절제라고 했다.(갈5:22)
요한은 죽도록 충성하는 자에게는 하나님이 생명의 면류관을 준다고 했다.(계2:10)

국가나 민족을 위하여 또 누군가를 위하여 정성을 다하는 사람들이 있다. 성서는 죽도록 충성을 다하는 자에게 생명의 면류관을 준다는 것이다.

우리나라의 주기철 목사는 신학교를 졸업하고 목사로 부임하여 성경학원을 세워 후진교육에 힘써다가 신사참배 반대로 일본경찰에 구속되고 감옥에서 5년을 지내다가 순교자의 신앙을 따라 죽도록 충성을 다한 순교목사다.

그의 옥중 기도문을 보면 예수를 믿고 순교를 한다는 의미로 가득 찼다. 소나무는 죽기 전에 찍어야 푸른 것이고, 백합화는 시들기 전에 떨어져야 향기롭습니다. 이 몸도 시들기 전에 주님 제단에 드려지길 바랍니다. 어떤 이는 나에게 왜 괜한 일로 목숨을 거느냐고 말합니다.

또 다른 이는 가족 생각은 않고 자기 의지만을 주장한다고 말합니다. 또 한 친구는 이제 적절히 타협하고 먼 훗날을 기약해서 한걸음 물러서자고 합니다. 그러나 어찌 죽음이 무섭다고 주님을 모른 체 하겠습니까?

바울은 우리 중에 누구든지 자기를 위하여 사는 자가 없고 자기를 위하여 죽는 자도 없도다. 우리가 살아도 주를 위하여 살고 죽어도 주를 위하여 죽나니 그러므로 사나 죽으나 우리가 주의 것이로다(롬14:7~8)라고 했다.
우리는 주기철 목사의 기도에서 예수를 믿고 순교를 한다는 그 의미가 무엇인가를 잘 알 수가 있다.

소설가 김은국 씨는 「순교자」라고 하는 소설을 썼다. 한국 전쟁이라는 극한 상황에서 신앙과 인간적 삶의 고뇌와 이념의 대립적 갈등을 통해 실존과 구원의 문제를 다루고 있다. 6·25가 일어나기 직전 열네 명의 목사가 공산당에 체포되었는데 그 중 열두 명의 목사는 살기 위해 신을 거부하며 죽어갔고 다른 두 명의 목사는 공산당에 맞섰다가 살아남았다는 것인데, 과연 진실은 무엇인가를 추리 기법으로 그려내고 있다.

살아남은 목사 중 한 사람인 신목사는 살아남은 것에 괴로워하며 신앙적인 회의를 느끼면서도 스스로 유다 같은 비난을 감내하며 교인들 앞에서 속죄의 고백을 하며 배교한 목사들을 순교자로 만든다. 그럼으로써 시대적 절망과 신앙적 좌절에 놓여 있는 교인들에게 새로운 희망을 갖게 한다.

이 소설은 절대적인 신앙을 말하고자 하는 것이 아니고 순교자 모두는 순교자가 아니고 살기 위해 몸부림치며 죽어간 나약한 사람들을 보여주고 있는 것 같다. 이러한 인간적인 나약함과 추악함을 낱낱이 드러내면서 실존과 구원 앞에서 신앙인이 가야할 길을 그려내고 있는 것이다.

그럼에도 이 소설을 보면서 여기 목사님들도 조선시대 집현전 학자 성삼문을 비롯한 사육신 같은 모습이었으면 하고 주기철 목사님과 같은 신앙인이었다면 하는 마음이 간절해진다.

그런데 오늘 우리가 성서를 읽으면 초대교회 집사 스테반의 순교의 모습을 볼 수 있다. 그 모습을 보면서 예수를 믿는 신앙인의 자세가 저래야 하는데 하면서도 그렇게 죽기가 쉽지 않다.
누가 나에게 순교할 각오가 되었는가? 물으면 순교자들을 존경하면서도 '예스' 할 용기가 없다. 목사로서 정말 부끄럽다.

세월을 지나면서 세조의 왕권탈환을 부정하며 단종을 위해서 죽도록
충성한 사육신들과 그리스도의 신앙에서 신앙의 순수성을 지키다가
순교한 주기철 목사처럼 우리도 예수 그리스도를 위해서 죽도록 충성
하는 생애가 되었으면 하는 마음이 간절하다.

하나님을 믿는 신앙을 입으로 시인하고 실천함으로써
구원에 이르는 삶이 되었으면 한다.

신뢰성 상실의 비극

일본의 소설가 오에 겐자부로Oe Kenzaburo는 소설 「사육」을 썼다. 전쟁
이라는 참혹한 배경을 바탕으로 이를 바라보는 어린아이의 시선 변화
를 그리고 있다. 2차 대전 때 자연재해로 단절된 시골마을에 커다란
비행기 한 대가 떨어진다. 여기에서 마을 사람들은 흑인 병사를 발견
한다.

마을 사람들은 이 흑인 병사를 쇠사슬로 묶고 창고에 가두고 짐승처럼
대한다. 그러던 어느 날 이 마을에 사는 한 소년이 이 흑인 병사를 도와
주어 흑인 병사는 자유를 누리며 살았다. 그런데 어느 날 국가로부터
이 흑인을 데려오라는 명령이 내려졌다.

흑인 병사는 불려가기가 싫어서 자기에게 자유를 준 이 아이를 인질로
잡고 아이를 죽이려 하면서 부름에 불응한다. 그러다가 결국 아이의 아
버지에 의해 이 흑인은 죽임을 당한다. 이 이야기는 자신에게 배려와
도움을 준 어린아이를 인질로 삶고 배신행위를 하는 자는 결국 자멸한
다는 교훈을 우리에게 준다.

신뢰란 믿고 의지함의 뜻이다. 타인의 미래행동이 자신에게 호의적이

거나 또는 최소한 악의적이지는 않을 가능성에 대한 기대와 믿음을 말하는 것이다. 사람이 신뢰를 잃으면 곧 자기를 잃어버리는 것이다.

우리나라에도 신뢰성을 상실한 배은망덕한 속담들이 많이 있다.
믿는 도끼에 발등을 찍힌다.
기르던 개에게 다리를 물린다.
내 밥 준 개가 내 발등을 문다.
까마귀를 기르다가 까마귀에게 눈알을 패인다.
이런 말들은 모두가 신뢰를 상실한 사람을 두고 하는 말이다.

유대계 종교 철학자 마르틴 부버Martin Buber는 인간은 서로가 물건처럼 대하지 말고 나와 너의 인간적 만남을 중시하라는 의미에서 「나와 너」라는 책을 썼다. 이 책의 주체는 인간은 홀로 설 수 없고 오직 타자들과의 관계에서만이 그 존재 의의를 지닐 수 있다고 말한다. '나'와 '너'는 상호 인격적 주체로서의 만남, 곧 대화를 통해서만이 인간으로서의 의미를 가질 수 있다는 것이다.

그는 현대인의 인간관계를 다음 3가지로 구분한다.
제일은 그것과 그것의 관계다. 이 말은 서로가 서로를 물건처럼 대하는 인간관계를 말한다. 제이는 나와 그것의 관계다. 이 말은 한편은 인간적으로, 다른 한편은 이용만 하는 관계다. 제삼은 나와 너의 관계다. 이 말은 서로의 신뢰를 바탕으로 하는 인간과 인간의 관계다.

이 세 가지 인간관계 중에서 우리가 세 번째 관계에 해당한다면 참 좋은 관계다. 하지만 그렇지 아니하고 그것과 그것, 나와 그것의 관계라면 반성하고 회개해야 한다. "너는 네 세상 어디에 있는가? 너에게 주어진 몇몇 해가 지나고 몇몇 날이 지났는데, 너는 네 세상 어디쯤에 와 있는가?" 이 말은 마르틴 부버가 「인간의 길」에서 한 말이다.

법정 스님은 이 글을 눈으로만 스치고 지나치지 말고 나직한 자신의 목소리로 또박또박 자신을 향해 소리 내어 읽어보라고 했다.

자기 자신에게 되묻는 이 물음을 통해서 우리 각자 지나온 세월의 무게와 빛깔을 얼마쯤은 가늠할 수 있을 것이라는 것이다.
바울은 고린도 교회 성도들에게 회개를 기뻐하면서 내가 범사에 너희를 신뢰하게 된 것을 기뻐하노라고 했다.
인간이 신뢰성을 상실하면 죽는다. 인간은 신뢰에 살아야 한다.

카타콤과 두문동 사람들

두문동은 경기도 개풍군 공덕산 기슭에 있는 마을의 이름이다. 조선 초기에 고려의 충신(선비 72명, 무관 48명)들이 이성계가 쿠테타로 세운 왕조를 거부하고 두문동에 들어갔다. 이들은 밖으로 나오지도 아니하고 그 속에 살다가 죽어갔기에 우리는 이들을 두문동 사람들이라고 칭한다. 이 사람들은 두문동에 들어가 살면서 주려 죽을지라도 쿠테타로 정권을 탈취하여 나라를 다스리는 이성계 세력에는 동참하지 아니 하겠다는 것이다.

이성계는 이들에게 새 왕국의 건설에 벼슬을 주겠다며 사람들을 여러 번 보내면서 나와서 같이 일을 하자고 권고를 했으나 응하지 아니하자 그곳에다 불을 질렀다. 이로 인해서 고려의 충신들은 이곳에서 모두가 불에 타 죽었다.

오늘날 두문불출杜門不出이라는 말이 있는데 이 말은 여기에서 유래된 말이다. 외출을 전혀 하지 않고 집에만 콕 처박혀 있는 사람을 칭하는 말로도 쓰인다.

로마에 가면 초기 기독교 신자들의 비밀 지하 공동묘지 카타콤catacomb

이 있다. 이 카타콤은 라틴어의 "무덤들 가운데"라는 의미이다. 지하의 무덤으로 사용하기 위하여 좁은 통로로 이리저리 파서 이루어진 지하 묘지를 말한다. 성지 여행을 하면서 들어가 보니 이곳에서 어떻게 사람이 살았는가? 하는 생각이 들었다.

이 카타콤은 초기 기독교인들이 로마 제국의 박해를 피해서 숨은 곳이고, 여기 들어가 살면서 예배도 드렸다. 그 크기는 제각각 다르지만 아주 넓고 어두운 곳이다. 기독교인들이 이곳에서 찬송을 하고 신앙생활을 이어갔다. 전염병이 돌 때면 이곳에서 삼분의 일의 사람들이 죽어가기도 했다며 성지를 여행할 때 그곳에서 일하는 한국계 신부가 열심히 설명을 잘 해주었다.

콘스탄티누스가 로마의 황제로 등극한 이후 AD313년 밀라노 칙령을 발표하면서 기독교에 대한 박해가 사실상 끝나게 되었지만 기독교인들이 핍박을 받지 않고 나왔다가도 세상의 타락상을 보고 후회한 기독교인이 다시 이곳으로 들어가 생활하였다고도 한다.

기독교에 대한 박해가 이루어지는 동안 이들은 이곳에서 익스투스 I $X\theta\Upsilon\Sigma$를 암호로 하여 살았다. 익스투스는 예수, 그리스도, 하나님, 아들, 구원이라는 뜻이다. 물고기는 1세기 로마의 카타콤의 프레스코 벽화에서 발견된 후 고대 그리스도인의 상징이 되었다. 그리스도인의 상징으로 물고기에 대한 언급은 알렉산드리아의 클레멘스의 저술인 파이도고구스Paedogogus에도 잘 기록되어 있다.

고려의 충신들이 초기 조선을 거부하고 벼슬을 마다하며 두문동에 들어가 살다가 불에 타죽은 충신 무관들의 삶이 마치 초기 기독교인들이 신앙을 위해서 카타콤에 들어가 살다가 죽은 성도의 모습을 연상하게 한다.

오늘날 우리나라 관직에서 일을 하는 사람들을 보면 소신들이 없다. 국가의 막강한 권리와 의무를 수행하라고 자리를 임명하면 직職보다 자기의 집을 챙기는 어처구니없는 사실을 본다. 국가와 민족을 위해서 일하는 사람들이 아니고 국가로부터 돈을 벌어서 자기와 자기식구의 호의호식에 인생을 살겠다는 사람들이다.

이런 사람들은 돈이면 양잿물도 마다하지 않고 자기에게 주는 자는 누구에게나 개처럼 꼬리를 흔든다. 이런 사람들이 이 나라 관직에 앉아서 정치를 하는 한 이 나라의 희망은 없는 것이다. 아무런 충성심도 없으면서 간에 가 붙었다 쓸개에 가 붙었다 한다. 그러면서도 국민의 녹을 먹고 살고 있다. 이들은 하루속히 회개하든지 죽든지 아니면 그 자리를 떠나야 한다.

언제인가 예비역 군목회의가 있어서 참석을 하고 돌아오는데 목사님 한 분이 나를 보고 질문을 했다. "목사님! 목사님은 공산주의를 어떻게 생각하십니까?" 이 질문의 내용은 공산주의와 우리 자유민주주의와 대화를 해야 하는가? 하지 말아야 하는가? 이다. 나는 말을 했다. "목사님! 천사와 마귀가 둘이 마주 앉자 토론을 하면 어떤 결론이 나겠습니까?"라고 물었다. 그 목사님은 말없이 고개만 끄덕였다.

고려의 충신들이 새 조선에 타협하지 아니하고 두문동에 들어가 불에 타 죽는 인생길을 택하고 초기 그리스도인들이 황제 숭배나 로마가 인정한 이방 종교들을 거부하면서 엄청난 박해와 죽음을 맞이하는 것같이 오늘 우리기독교인들은 세상의 악과 타협하지 말고 싸워 승리하는 신앙인이 되었으면 한다.

카타콤과 두문동 사람들의 이야기에서 오늘 우리 신앙의 삶을 생각해 본다.

정도正道를 가야 한다

인간은 자기 집 담장 밑에 불로초를 두고 깊은 산중을 헤매기도 하고 정원에 핀 진달래꽃을 보고도 봄을 찾으러 다니기도 하는데 인간은 헛된 욕망을 버리고 자기의 처지가 곧 희망의 발판임을 알고 정도에 살아갔으면 한다.

옛날 인더스강변 마을에 알리 하페드라는 페르시아 농부가 살고 있었다. 그러던 어느 날 노객이 찾아와서 신비한 이야기를 했다. 어디에 가서 다이아몬드 하나만 찾으면 이런 시골에서 이렇게 고생하며 살아갈 이유가 없다고 한 것이다.

알리 하페드는 이 이야기를 듣는 순간 갑자기 자기가 가난한 사람이라는 생각이 들고, 이런 농촌의 삶에서 벗어나고 싶었다. 그는 생각다가 자기의 농장을 모두 팔고 다이아몬드 줍기에 나섰다. 유럽을 위시한 중동 여러 나라를 돌아다니면서 다이아몬드를 찾는다며 돌아다녔다. 그러는 동안 가지고 있든 모든 자산을 다 허비하고 거지가 되었다. 그리고 결국 그는 자기의 몸을 바다에 던지고 말았다.

그런데 하페드 농장을 산 사람은 어느 날 마당 가운데로 흐르는 작은 개울에서 낙타의 물을 먹이는데 낙타가 코를 개울바닥에 내밀자 이상한 빛이 반짝였다. 무지개 색깔의 돌이다. 그 돌이 바로 다이아몬드였다. 그곳을 계속 파고 들어갔다. 알리 하페드 농장은 모두가 다이아몬드 광이었다. 알리 하페드는 다이아몬드 집에 살고 있으면서도 자기 집을 버리고 다이아몬드 찾으러 다니다가 거지가 되고 죽고 말았지만 이 농장을 산 사람은 부자가 되었다.

명심보감에는 마음가짐의 글 존심편存心篇에서 백 살을 사는 사람이 없는데 부질없이 천년의 계획을 세운다고 했다. 자기 분수를 지키라는 글 안분편安分篇에서는 사람이 자기 자리에 있지 아니하면 그 정사를 도모하지 못한다고 했다. 사람은 자기 자리에서 자기의 본분을 다할 때 가장 아름다운 것이다.

사람이 자기 본분을 넘어서 엉뚱한 희망을 가짐은 헛된 욕망이다.
중국 가브리엘 치Gabriel Chi는 헛된 욕망의 무익함을 이렇게 노래했다.

헛된 욕망 길을 가며 방황하는 사람아
세상쾌락 따라가니 그 생명을 어이해
천하 얻고 생명 잃어 유익함이 무엇인가?

앞일에 대하여 좋은 결과를 기대하는 희망에 사는 것은 좋으나 정도가 아닌 것을 지나치게 탐내거나 누리고자 하는 마음의 욕심은 금해야 한다.
우리말 속담에는 등잔 밑이 어둡다는 말이 있다.
이 말은 가장 어두운 곳이 바로 촛대 밑이라는 말이다.

동물의 우화에 보면 두더지 혼인에 관한 이야기가 있다. 땅속의 두더지 한 마리가 결혼할 때가 되자 배우자를 선택한다면서 저 높고 푸른 하늘을 택했다.

두더지는 높은 하늘을 향해서 말을 했다.

"하늘 님, 저와 결혼을 해 주십시오."

두더지의 이 간절한 요구에 하늘은 대답을 했다.

"두더지님, 나는 해가 없으면 푸른 하늘은 간 곳도 없고 캄캄한 어두움이 있을 뿐입니다."

두더지는 다시 해님을 향해서 청혼을 했다.

두더지의 간절한 요구에 해님이 대답을 했다.

"두더지님, 나는 구름이 가리면 내 존재를 알 수가 없습니다."

두더지는 구름을 향해서 또 청혼을 했다.

두더지의 간절한 요구에 구름이 말을 했다.

"두더지님, 나는 동풍이 불면 이리로 서풍이 불면 저리로 가는 신세입니다."

두더지는 바람을 향해서 또 청혼을 했다.

두더지의 간절한 요구에 바람이 말을 했다

"두더지님, 나는 바다도 요동시키나 땅에 세워진 돌부처는 이길 길이 없습니다."

두더지는 돌부처石佛를 향해서 또 청혼을 했다.

돌부처는 두더지의 간절한 요구에 말을 했다.

"두더지님, 나는 세상에서 두려운 것이 없지만 땅속에 있는 두더지가 땅을 파면 나는 벌렁 넘어지고 맙니다."

이 말을 들은 두더지는 세상에 두더지보다 더 나은 것이 없음을 확인하고 두더지와 결혼을 했다는 것이다. 헛된 욕망 길을 가며 방황하는 사람들 귀담아 들어야 한다. 사람이 땅에 콩을 심어서 잘 안 되면 사과나무를 심을 수 있고 보리를 뿌렸는데 잘 안 되면 다른 농작물을 심을 수가 있다. 하지만 물고기가 하늘에 미련을 두고 새가 바다 속에 미련을 두면 헛된 욕망이 되는 것이다.

사람이 사람이면 다 사람이야 사람이 사람이라야 사람이라는 말도 인간이 인간으로서 자기 본분을 따라서 살아가라는 말이다. 인간이 신이 되어서도 안 되고, 인간이 짐승으로 전락해서도 안 된다.

바울은 너희는 유혹의 욕심을 따라 썩어져 가는 구습을 따르는 옛 사람을 벗어 버리고 오직 너희의 심령이 새롭게 되어 하나님을 따라 의와 진리의 거룩함으로 지으심을 받은 새 사람을 입으라고 했다.(엡4:22~24) 그리고 야고보 선생은 욕심이 잉태한즉 죄를 낳고 죄가 장성한즉 사망을 낳는다고 했다.

헛된 욕망에 관한 일언이다.

지도자선택의 기준과 사명

어느 날 정치가들이 해변을 걸어가다가 게를 잡아 바구니 속에 담는 어부를 보고 말을 했다. "여보시오, 게들이 기어올라 도망을 가겠습니다. 바구니 뚜껑을 닫으시지요?" 이 말에 어부가 말을 했다. "이 게들은 정치가들을 닮아서 한 마리가 기어오르면 다른 놈이 모두 달려들어 끌어내리기 때문에 괜찮습니다."
이 말을 오늘 정치하는 사람들 귀담아 들었으면 한다.

지도자란 특정한 집단이나 사회를 앞장서 거느리고 이끄는 사람을 칭하는 말이다. 우리나라 20대 국회를 시민들은 동물국회 식물국회라고들 한다. 이 말은 아마도 이들이 4년 내내 여당과 야당이 갈등이 심해지고 법안 하나 제대로 통과 시키지 못하고 몸싸움과 폭력이 난무했기 때문에 동물의 싸움에 비유해서 나온 말이다. 그리고 식물처럼 아무것도 하지 아니하고 자리만을 차지하고 있어서 그 기능을 다하지 못하는 국회였기 때문이다.

여기에서 동물이라고 할 때는 소나 돼지를 말하기보다 개를 연상하게 되고 식물이라고 할 때는 소나무나 밤나무가 아닌 꼭꼭 찌르는 겨울가시나무를 연상하게 된다. 싸움을 해도 손에는 빠루, 망치, 몽둥이가 등장 되고 서로가 싸우는 모습이 물고 뜯는 개 같기도 하고, 말을 할 때면 톡톡 쏘고 찌르는 가시나무 같기도 해서 동물은 개로 식물은 가시나무로 비쳐지기도 했다.

지도자가 되기 위해서는 최소한의 지도자의 선택기준이 있어야 한다.
지도자는 일구이언을 하지 말고 자기 말에 책임을 지는 사람
의리가 철석같이 강하여 솔과 대나무같이 동하지 않는 사람
한 시대나 사회 속에서 독특하게 나타나고 이념에 불타는 사람
작은 일도 큰일같이 충성을 다하는 사람

이기적인 삶을 살지 아니하고 이타적인 삶을 사는 사람
기회를 잡는데 민첩한 사람
용기와 과단성이 있는 사람(모세와 같이)
어디를 가든지 특색을 잃지 않은 사람(인도의 간디와 같이)
실패를 해도 낙심하지 아니하고 재기에 노력하는 사람
무슨 일을 하든지 자기 직업에 소명의식을 가지고 사는 사람이다.

옛날 영국에서 바울 성전을 지을 때 얼굴을 변장한 사장이 일터에 가서 일하는 일꾼들에게 다음과 같은 질문을 했다.
"당신은 여기에서 무엇을 합니까?" "보면 몰라요 먹고살려고 일해요!"
"당신은 여기에서 무엇을 합니까?" "어디에 사용하는지 몰라도 5치 3자의 돌을 다듬고 있어요."
"당신은 여기에서 무엇을 합니까?" "예! 이 죄인이 바울선전을 짖는데 일조하고 있습니다. 정말 하나님께 감사합니다."
노동자가 일을 해도 이 사람처럼 자기 소신을 가지고 감사하며 즐겁게

일하는 일꾼이 되어야 한다.

우리나라 국회의원이 출마를 할 때는 나라를 위해서 충성을 다 하겠다 외치지만 당선만 되면 공약公約은 공약空約이 되고, 나라사랑은 망각하고 봉사정신도 없고, 국민을 외면한 채 오직 자기 자신만을 위해서 살아간다. 입만 열면 친절히 사랑한 적도 없으면서 친애하는 국민여러분 하고, 국민 편에 서 있지도 않으면서 저는 여러분의 편에 서 있다고 한다. 자기들 마음대로 법안을 처리하고 국민의 요구에 따라 했다고 한다.

정책도 자기에게 유리하게 마구 바꾼다. 자기 명예에 불타고 자기 권력에 도취되고 자기 재력에만 애착을 가지고 직職보다 집宅을 더 좋아한다. 정치가들은 누구를 끌어 올리는 데는 인색하고 끌어내리는 데는 익숙해져 있다.

우리나라 국회도 이제는 세계에서 존경받는 국회로 이 나라의 자랑거리로 등장하는 국회로 성장해나갔으면 하는 마음이 간절하다. 우리나라 국회의원도 이제는 높은 사회적 신분에 상응하는 도덕적 의무에 살아가면서 자기 벼슬만을 자랑하지 말고 국민봉사정신에 살아갔으면 한다.

교회의 지도자들도 신학교에 다닐 때는 주여, 주여 하고 외치면서 나의 생명 나의정성 내가 가진 모든 보화 주께 다 드리고 환난이 오고 핍박이 와도 주님만을 위해 살겠다고 거듭거듭 다짐하고도 교역자가 되고 나면 생각들이 달라진다. 사람들이 교회 목사님들을 보면 교회에 가고 싶은 마음이 없어진다는 말을 귀담아 들어야 한다.

옛날 초기 로마시대에는 왕과 귀족들이 투철한 도덕의식과 솔선수범하는 공공정신이 있었고, 또 나라가 총체적 국난을 맞이할 땐 국민을 통합하고 역량을 극대화하기 위해서 자기들이 먼저 솔선수범을 했다. 우리나라 국회도 이제 국회의 참모습으로 돌아가서 국민에게 헌신의 자세를 보여 주었으면 한다.

세계 제1차 대전, 제2차 대전에서 영국의 고위층 자제들은 그들이 먼저 참전하고 전사했고 포클랜드전쟁 때는 영국 여왕의 둘째아들 앤드루가 참전하기도 했다. 우리나라 6·25전쟁 때에는 미군 장성의 아들들이 참전해서 많은 생명을 잃었다. 지도자는 이런 정신이 있어야 한다. 그런데 우리나라 국회의원의 자녀들은 다는 아니라 해도 미꾸라지 같이 요리조리 빠지면서 잘도 군필을 면한다.

성경에는 무화과나무의 비유가 있다. 열매 맺지 못하는 무화과나무의 비극이다.(눅13:6) 한 사람이 포도원에 무화과나무를 심었다. 때가 되어도 열매를 구하지 못하자 열매 없는 무화과나무는 찍어버리라고 했다. 열매 맺지 못하는 무화과나무는 찍어버려지는 것이다.

오늘 우리는 이 말씀을 귀담아 들어야 한다.

지혜인의 명 재판

우리나라 고사성어에 파부균분破釜均分이라고 하는 말이 있다. 이 말은
『태평어람』에 나오는 말인데 그 의미는 "가마솥을 부숴 반씩 나누어
주다"라는 말이다. 그런데 가마솥을 부숴 반씩 나누어 가지면 과연 그
가마솥을 어디에다 사용하겠는가? 버려지는 것이다.

이스라엘의 왕 솔로몬은 지혜의 왕이요 "파부균분"의 재판으로 유명
하다. 한 아이를 두고 서로가 자기의 아이라고 논쟁을 하는 두 여인에
게 어차피 아이는 하나뿐인데 엄마는 둘이라니까 칼을 가져오라 명하
여 산 아이를 둘로 나누어 반씩 가지라고 명했다.

이때 친엄마는 친권을 포기하고 아이를 죽이지 말고 차라리 저쪽으로
주라고 했고, 한쪽의 엄마는 내 것도 되게 말고 네 것도 되게 말고 나누
라, 나누라 했다. 이때 솔로몬왕은 "아이의 생명을 살리려고 하는 이 여
자가 친 엄마니라."라고 재판했다. 솔로몬의 "파부균분"의 재판이다.

조선시대에는 함우치咸禹治라고 하는 전라도 감사가 있었다. 그도 파부
균분의 재판으로 유명하다. 어느 날 지체 높은 가문의 형제가 소송을
했다. 내용인즉 큰 가마솥과 작은 가마솥을 두고 서로가 싸우는 것이

다. 감사 함우치는 노하여 아전을 불러서 크고 작은 가마솥을 모두 부
셔 저울로 달아 반씩 나누어 가지라고 명했다,

이 말을 들은 형제는 그때 정신이 반짝 들고 정심으로 돌아가서 서로가
소송을 취소했다는 것이다. 솥을 부셔 반으로 나누면 그 솥을 어디에다
사용하겠는가? 있어도 그뿐 없어도 그뿐인데 그것 때문에 형제가 목숨
을 걸고 싸울 이유도 없고, 작은 탐욕 때문에 천륜을 등질 이유도 없음
을 그들은 깨달았다.

옛날 중국 한 나라 때에는 태수 설선이 파부균분의 재판을 했다. 임회
에 사는 사람이 비단을 팔려고 시장에 갔는데 갑자기 소낙비가 쏟아졌
다. 그래서 그는 자기가 가지고 있는 비단을 펼쳐 비를 피하고 있었다.
그런데 잠시 후에 한 사람이 뛰어와서 자기도 비를 좀 피하게 해달라고
했다. 그래서 비단 장사는 한쪽 끝을 그 사람에게 내주면서 비를 피하
게 해 주었다.

비가 그치자 비단 장수가 젖은 비단을 거두어 정리를 하는데 비를 피한
사람이 갑자기 태도를 바꾸면서 이 비단이 원래 자기 것이라고 주장을
하는 것이다. 비단 주인은 하도 기가 막혀서 참다못해 서로가 싸웠다.
이때 태수 설선薛宣이 지나가다가 두 사람을 불렀다. "왜들 싸우십니
까?" 이때 두 사람은 태수 앞에서 서로가 기세 등등이 싸우면서 이 비
단이 자기 것이라고 주장을 했다.

이 모습을 바라본 태수 설선이 관리를 시켜서 비단을 절반으로 잘라 나
눠 가지도록 "파부균분"의 재판을 했다, 그리고 관리들에게 두 사람의

반응을 잘 살펴보라고 했다. 사람이 입은 속여도 눈빛과 표정은 속일 수 없기에 관리들이 살펴보니 비단 주인은 원통해 죽겠다며 펄펄 뛰고 있는데, 비를 피하고 비단을 가지게 된 사람은 나리의 은덕이라며 호호 헤헤 하하 웃으면서 감사를 했다는 것이다.

이 모습을 본 관리들이 본대로 들은 대로 태수 설선에게 보고를 했다. 이때 설선은 자기에게 고맙다고 말한 사람을 끌어다가 고문 끝에 자백을 받고 죽여 버렸다. 어차피 비단은 하나뿐인데 주인은 둘이니까 둘 중 하나는 거짓말쟁이라는 것이다.

비를 피하게 해준 은공도 잊고 남의 비단을 가로채 자기의 것이라고 우기다가 절반을 거저 얻은 것이 기뻐서 자기도 몰래 나리의 은공이라며 웃다가 죽었다. 비록 작은 비단 한쪽이지만 풍속의 문제라며 설선은 그를 죽이고 고을의 기강을 바로 세웠다.

1960년대 한국교회는 보수(NAE)와 진보(WCC)의 대립으로 갈등의 골이 깊었다. 교회는 이분화 되고 싸움이 심했다. 서울 한 복판에 자리 잡고 있는 S 교회가 갈등을 견디다 못해서 법정에 소송을 냈다. 서로가 이 교회의 주인을 가려달라는 것이다.

여러 해를 두고 서로가 싸우면서 자기에게 유리한 판단을 받고 싶어서 서로는 담당판사를 여러 번 찾아갔다. 나는 광주 보병학교에서 군종교육을 받을 때 이 사건을 담당한 판사를 만날 수가 있었다. 왜냐하면 그때 그는 군 법무관 입대교육을 받으려 왔기 때문이다. 당시에는 군목과 계리사와 법무관은 모두 특수병과이기 때문에 같이 교육을 받았다.

교육도중 몸이 불편해서 의무병실에 입원을 했는데 그때 그 판사도 나와 같은 병실에 와있었다. 서로가 이야기를 나누다가 내가 목사임을 알고는 그때 자기가 그 S교회의 재판을 맡았다고 했다. 나는 궁금증을 참다못해 먼저 물었다. "판사님! 그 판결을 어떻게 내렸습니까?" 이 질문에 그는 말했다. "하나의 교회를 두고 서로가 주인이라고 해서 한 층은 보수가, 한 층은 진보가 사용하라고 했지요................."
역시 "파부균분"이다.

그리고 이야기 도중에 진보가 더 강하다는 말도 했다. 여기에서 강하다는 말의 의미가 무엇인지는 독자가 이해하고 들어야 한다. 그는 양쪽에서 주는 대로 다 받고, 먹을 것 다 먹고, 공정한 재판을 했다. 오늘날 교회는 반성해야 한다.

그 후에 그 교회는 늦게나마 깨닫고 한쪽 편 사람들은 교회를 나와서 다른 곳에 새 교회를 다시 잘 건축하고 대형교회로 성장해 갔다.

지혜인들의 명 재판을 본다.

겸손이 자기를 높인다

베들레헴 말구유에 초라하게 태어난 예수 그리스도는 예나 지금이나 꺼지지 않는 하나님의 사랑의 불씨요 영원히 마르지 아니하는 하나님의 사랑의 샘이다. 낮아지고 낮아진 예수 그리스도는 세상에서 구세주로 높임을 받는다. 인간이 자기 자신을 비우면 하나님은 희망의 불꽃을 피워 주신다.

옛날에 한 병사가 나폴레옹에게 편지를 전해주기 위해서 말을 타고 달렸다. 그런데 너무나 빠른 속도로 가다가 말이 죽었다. 병사는 가까스로 편지를 전해주고 다시 나폴레옹의 회신을 받아들고 오려고 하는데 나폴레옹은 자기의 말을 주면서 병사에게 타고 가라고 했다.

이때 병사는 나폴레옹의 명마를 보자마자 주눅이 들었다. 졸병 자기에게는 이렇게 화려한 준마駿馬는 어울리지 않는다고 사양을 했다. 나폴레옹이 병사를 보고 말을 했다. "프랑스 병사에게 어울리지 않는 것은 아무것도 없네." 이 말을 들은 병사는 자기의 낮아짐과 겸손에 대망의 불빛을 주는 말로 받아들였다.

성서에는 자기를 비하해서 말하는 여러 가지 표현들이 많이 있다.

다윗은 자기를 개만도 못한 종이라고 하고(삼하7:21) 또 자기를 벌레라고 했다.(시22:6)

빌닷은 자기를 구더기 같은 인생이라고 했다.(욥25:6)

바울은 자기를 만물의 찌꺼기라고 하고(고전4:13) 배설물이라고 했다.(빌3:8)

그래도 하나님은 다윗이 골리앗장군을 죽이게도 하고 이스라엘의 임금으로 살아가게도 하시며 빌닷은 수히족속으로 아브라함의 아들 수아의 자손으로 욥의 절친한 친구로 살아가게도 했다. 그리고 바울은 예수 그리스도의 제자로서 이방인의 사도가 되었다. 인간은 하나님 앞에서 자기를 낮출수록 더 커지는 겸손의 힘을 본다.

자신감은 성공의 기적을 창출하는 힘이 있다. 인간은 자기를 낮추면서 커지는 겸손의 힘으로 나도 승리할 수 있다는 자신감을 가지고 살아야 한다. 인간을 구더기, 벌레, 버러지, 만물의 때라고 표현하지만 이런 말은 하나님 앞에서 자기를 낮추고 자기를 비우라는 말이지 자기 자신을 무시하라는 말은 결코 아니다.

우리인간은 하나님의 형상을 가지고 태어난 존재다. 그리고 만물의 영장이다. 그래서 우리는 이 땅의 주인의식을 가지고 살아야 한다. 하나님 안에서 모든 것을 할 수 있다는 자신감에 불을 붙여야 한다.

영국의 수상 윈스턴 처칠은 유년시절 아버지의 괄시, 어머니의 무관심, 선생님의 꾸중, 자기 자신은 폐렴을 앓고 있었다. 그러나 그는 자기의 처지에서 절대 굴하지 아니하고 나는 할 수 있다는 자신감을 가지고 인생을 살아갔다. 결국 그는 희망의 불꽃을 피워가며 살았다. 처칠은 불을 붙일 수 없는 눅눅한 성냥이 아니라 메마른 장작에 불타는 인생을 살아갔다.

개, 만물의 때, 지렁이, 벌레 같은 인간의 마음속에 하나님은 모두에게 자신감이라고 하는 재능의 꽃씨를 주었다. 꽃씨가 땅속에서 깊이 잠들면 죽는다. 자신감이라고 하는 영양분을 가지고 자기 자신을 엑소더스 해야 아름다운 꽃이 되는 것이다.

출애굽의 지도자 모세는 젊은 시절 바로의 궁전에서 40세까지 모든 학술을 배웠다.(행전7:22) 미디안 광야에서는 목자의 생활을 하면서 40년간을 수련했다.(출2:16~22) 이런 모세가 호렙산 가시덤불 불꽃 속에서 하나님의 부름을 받았을 때 모세는 다음과 같은 말을 한다.

자기에게는 구변이 없다고 했다.(출4:10)
병거가 없다고도 했다.(출3:13)
저희가 내말을 안 믿을까 한다고 했다.(출4:1)
자기 아닌 다른 사람을 보내라고 했다.(출4:13)
나는 못가겠다고 했다.(출3:11)
그런데 모세는 계속 해서 자기비하만을 하고 있을 수는 없었다.

여기에서 모세는 하나님이 자기에게 주시는 사명감을 가지고 구변 좋은 형 아론과 같이 출애굽의 지도자로 나선다. 하나님께서 함께하시면 할 수 있다는 자신감을 발견하고 출애굽 지도자로 나서는 것이다. 위대한 지도자는 자기의 재능을 실천으로 이끈다.

'나는 부족합니다.'라고 말하는 사람들은 하나님이 그를 높이시고 힘을 주신다. 자기비하는 겸손을 가져오고 겸손의 힘은 자신감으로 나타난다. 하나님을 믿고 실천하는 모세는 애굽에 10가지 재앙을 내려 이스라엘 민족의 위대한 엑소더스의 지도자가 되었다.

바울이 우리가 지금까지 세상의 더러운 것과 만물의 찌꺼기 같이 되었다고 고백 하지만 하나님은 사람이 마땅히 우리를 그리스도의 일꾼이요 하나님의 비밀을 맡은 자로 여긴다 하시며 맡은 자들에게 구할 것은 충성이라고 했다.

인간은 자기를 낮출수록 더 높아지는 겸손의 힘을 본다.
당신이 당신을 낮추면 하나님은 당신을 높이신다.

내 모습 이대로 사랑 하시네

우리나라 조선 초에 관인문학을 좌우했던 변계량卞季良은 20년동안이
나 성균관을 장악하면서 외교문서를 쓰거나 문학의 규범을 잘 마련한
학자다.

변계량은 다음과 같은 시조를 썼다.

내해 좋다 하고 남 싫은 일 하지 말며,
남이 한다 하고 의義 아니면 좇지 마라.
우리는 천성天性을 지키어 삼긴(본성) 대로 하리라.

이 시조는 하늘이 명하는 것을 천성天性이라고 하고
천성을 따르는 것이 도道고
도를 닦는 것이 가르침訓이고
가르침에서 의義를 강조한다.
생긴 대로 하라는 것은 자기 달란트대로 살아가라는 말이다.

사람의 성격이란 각 개인이 지니고 있는 특유한 성질이나 품성을 말하
는 것이기 때문에 나를 나로 태어나게 해주신 하나님께 감사해야 한다.

자기와 똑같은 존재는 이 지구상에 하나도 없다. 이 세상에 살아있는 사람의 수만큼 삶의 종류도 많은 것이다. 그래서 자기 자신이 그만큼 중요하고 소중한 것이다.

바울은 로마교회에 보내는 편지에서 영으로 몸의 행실을 죽이면 산다고 했다. 여기에서 말하는 영은 성령을 말하는 것이고, 몸의 행실 죽임은 외형적 금욕 생활을 가리키는 것이 아니고 육의 삶에 따르는 본질적 충동을 없이하는 것을 가리킨다. 성질의 급하고 느림의 속도를 말하는 것이 아니고 삶이 선한의지에로 방향전환을 하라는 말이다.

사도 바울은 길리기아 다소의 부유한 가정에서 태어났다. 열심 있는 바리새파교인으로서 예루살렘의 석학 가말리엘 문하에서 수학을 했다. (빌3:5~6, 행22:3) 그는 최초의 순교자 스데반을 죽일 때 동참한 사람이고(행7:59, 8:1~3) 그리스도인들에 대한 핍박을 더 가하기 위해서 다메섹으로 가다가 부활하신 주님의 음성을 듣고 회개하고 아나니아에게 세례를 받고 이방인의 사도가 된 사람이다.

아라비아 사막에서 조용히 정신적인 준비를 한 후에 예루살렘으로 상경하여 베드로와 주의 형제 야고보와 예루살렘 교회의 중심인물들을 만나고 주의 제자들의 반열에 들었다. 그 후에 바울은 그의 삶이 선한 의지에로의 믿음으로 살아가는 인생 방향전환을 한 사람이 되었다.

사도 베드로는 갈릴리호수 북쪽 벳세다의 어부다. 그리스도의 부름을 받아 사도의 반열에 들고 반석이라고 하는 이름의 칭호를 얻었다. 그의 급한 성격은 예수를 따르기 전이나 후나 별다름이 없이 급한 성격 그대로다. 고백도 잘하고, 장담도 잘하고, 배신도 잘하면서 살았다.

단호한 결심과 순간적인 공포에 동요도 잘하고, 열정적이고 활동적이면서 실수를 많이 한 사도다. 예수를 세 번이나 모른다고 했음에도 예루살렘교회의 기둥이 되고 할례 받은 자의 사도이고(갈2:8~9) 여행을 할 땐 꼭 부인을 동반했다.(고전9:5) 전설에 의하면 사도 베드로는 AD 64년에 로마에서 네로황제의 박해로 순교했다고 전해진다.

바울이나 베드로가 예수를 믿고 신앙의 의지에로 변화를 가지고 살았지만 결코 그들의 성질이 변한 것은 아무것도 없다. 생긴 모습 그대로, 급한 성격 그대로, 그 모습 그대로, 주님은 제자로 삼으시고 사랑하시고 돌보시고 축복 하셨다. 하나님은 오늘도 우리의 모습 이대로 우리를 사랑하시는 것이다.

「내 모습 이대로 사랑 하시네」라는 복음송이 있다.

내 모습 이대로 사랑 하시네 / 연약함 그대로 사랑 하시네
나의 모든 발걸음 / 주가 아시나니 / 날 인도 하소서
내 모습 이대로 사랑 하시네 / 연약함 그대로 사랑 하시네
나의 모든 발걸음 / 주가 아시나니 / 날 인도 하소서

주의 날개 아래 거하는 것 / 주의 임재 안에 거하는 것
나의 가장 큰 소망 / 나의 가장 큰 은혜
주와 함께 동행 하는 일 / 내 모습 이대로 사랑 하시네
연약함 그대로 사랑 하시네

하나님은 우리를 미리 아시고, 정하시고, 부르시고, 의롭다 하시고, 영화롭게 하셨다고 했다.(롬8:29~30) 하나님의 소명은 내가 깨끗하기에 부르신 것이 결코 아니고 하나님의 예정이다.

나는 예수를 믿기 전에 많은 사람들에게 성질이 급하다고 하는 말을 많이 들었다. 그리고 교회에 가면 간혹 사람들이 목회를 하려면 성질을 좀 죽이라고 하는 말도 들었다. 그러나 나는 급한 성격을 고친 적이 없다. 빠른 시계는 늦은 시계보다 낫다는 말대로 살았다. 토끼는 토끼대로 거북이는 거북이대로 다람쥐는 다람쥐대로 곰은 곰대로 자기 속성에 살아가는 것이다.

성질이 급하다고 하는 나는 목사가 되어 은퇴한 지금도 급하다. 그렇다고 그것 때문에 지탄의 대상이 된 적도 없다. 신학교를 졸업한 후에 군목으로 입대해서 3년간 용감히 군 업무에도 충실했고, 전역 후에는 군인정신으로 새로운 교회도 잘 건축했다. 그리고 대학에서는 30년의 긴 교수생활도 소신껏 하고 무사히 마쳤다.

이 지구상에서 자기와 똑같은 사람은 하나도 없다. 각자는 유일무이한 존재다. 그래서 내 모습 이대로 천성을 가지고 사는 것이다. 주님은 내 모습 이대로 사랑 하시고 연약함 그대로 사랑하신다.

지방에서 목회하던 동기 목사가 있었다. 그는 무슨 일로인지는 몰라도 알렉산더가 단칼에 잘랐다는 고르디온의 매듭처럼 교회의 일에 매사에 이유 없이 브레이크만 거는 장로 다섯 명을 제명한 후에 그 교회는 급성장하여 대형교회로 성장했다는 것이다.

교회를 위해서 충성하는 장로는 우리가 위해서 항상 기도하고 배나 존경해야 하지만 아무런 이유도 없이 매사에 목사가 하는 일에 방해만을 일삼고 상식선에서 벗어나는 장로가 있다면 빨리 정리하는 것이 좋다.

알렉산더 대왕이 단칼에 잘랐던 고르디온의 매듭이나 달걀을 깨서 상위에 세웠다는 콜럼버스처럼 자르고 깨는 데는 많은 문제가 있는 것도 사실이다. 그러나 자를 때는 잘라야 하고 깰 때는 깨야 한다. 사람이 싸울 때는 싸워야 하고 옳다, 옳다 아니라, 아니라 하는 주장을 해야 한다. 매사에 목사라서 죽어주고 져주고 양보만 한다고 해서 잘한 일은 결코 아니다. 하나님은 내 모습 이대로 사랑하시는 것이다.

바울을 보면 바울은 바울의 성격대로 살아갔고 베드로를 보면 베드로는 베드로의 성격대로 살아갔다. 하나님은 내 모습 이대로 사랑하시는 것이다. 목사님들의 목회도 누구를 따라하는 목회가 아니고 자기 소신을 가지고 자기 달란트대로 해 가는 목회가 되었으면 한다.

하나님은 내 모습 이대로 사랑하시기 때문이다.

누가 누가 잘하나

우리나라에는 어린이들이 잘 부르는 다음과 같은 재미있는 동요가 있다.

무엇이 무엇이 똑같은가 젓가락 두 짝이 똑같아요.
무엇이 무엇이 똑같은가 윷가락 네 짝이 똑같아요.

이런 동요를 통해서 우리 주변에는 다양한 말놀이가 생겼다.
똑같은 물건의 모양을 찾아보면서 노래를 하는 것이다.

무엇이 무엇이 똑같은가 안경알 두 짝이 똑같아요.
무엇이 무엇이 똑같은가 내 양말 두 짝이 똑같아요.
무엇이 무엇이 똑같은가 귀걸이 두 짝이 똑같아요.
무엇이 무엇이 똑같은가 자전거 바퀴가 똑같아요.

그리고 우리 주변에 있는 동·식물을 관찰하면서 가사를 바꾸어 노래를 하기도 한다.

무엇이 무엇이 똑같은가 잠자리 날개가 똑같아요.

무엇이 무엇이 똑같은가 올챙이 꼬리가 똑같아요.
무엇이 무엇이 똑같은가 개나리 꽃잎이 똑같아요.

참 재미있는 동요다. 그런데 우리나라에서는 21대 국회가 시작 되면서 국회 상임위원회 자리를 두고 서로가 차지하려고 싸움을 많이 한다. 싸움을 하면서 서로가 자기들의 정당함을 모든 국민들이 다 알고 있다고 하면서 싸운다. 그러나 아는 국민은 아무도 없다. 법을 지켜야 하는 국회가 법 시한을 넘기기가 일쑤고 만들어 놓은 법도 자기들의 편리에 따라 이리저리 잘도 바꾼다.

우리나라 조선시대에 서민의 넋두리와 푸념을 담은 당시 정치사회를 풍자한 작자미상의 시조가 있다. 그 내용을 보면 우리나라 국회를 잘 이해하게 된다.

중놈은 승년의 머리털 잡고 승년은 중놈의 상토 쥐고
두 꾸니 맛멧고 이왼고 져왼고 작쟈공이 천난듸
뭇 쇼경이 구슬 보니 어디서 귀머근 벙어리는 외다 올타 하나니.

비구比丘는 비구니比丘尼의 머리틀을 잡고 비구니는 비구의 상투를 쥐고 두 끄트머리를 마주 매고 이편이 잘못이냐 저편이 잘못이야 야단법석하는데 여러 맹인들이 구경을 하니 어디선가 귀먹은 벙어리가 옳다 틀렸다 말을 한다는 뜻이다.

스님들이 무슨 머리가 있어서 서로가 머리를 마주 매겠는가?
눈이 없는 장님들이 어떻게 싸움구경을 하겠는가?

귀먹고 말 못하는 벙어리가 어떻게 옳다 틀렸다 말을 하겠는가?
그래서 이 시조는 정도正道에서 벗어나고 부조리하고 불합리에 가득
찬 당시 카오스의 정치사회를 비꼬는 풍자적인 시조다.

오늘날 우리나라 정치가들도 서로가 싸움을 하면서 내 말이 옳다, 네
말이 옳다 하지만 국민들은 말없이 누구의 잘못임을 다 잘 알고 있다.
우리는 옳다 옳다 하고, 아니라 아니라 하는 정직한 양심가가 되어야
한다. 바른 양심을 가진 사람다운 국회로 성장해 갔으면 하는 마음이
간절하다.

우리나라 국회는 국민들을 향해서 어린아이들의 동요처럼 이렇게 물
어 보았으면 한다.

누가 누가 잘하나? 누가 누가 잘하나?
똑같아요 똑같아요! 둘이가 서로 똑같아요!
무엇이 무엇이 똑같은가? 무엇이 무엇이 똑같은가?
야당과 여당이 똑같아요. 여야당이 똑같아요.

무엇이 무엇이 똑같은가? 무엇이 무엇이 똑같은가?
이 말과 저 말이 똑같아요. 두 말이 모두가 똑같아요.
무엇이 무엇이 똑같은가? 무엇이 무엇이 똑같은가?
때리고 차고 부수고 욕하는 모습이 똑같아요.
때리고 차고 부수고 욕하는 국회가 똑같아요.

우리나라 정치인들, 귀 기울여 경청했으면 하는 동요다.

기원지수期願之壽 영생의 문턱

기원지수란 사람의 수명 중 최상의 수명을 뜻하는 말이다. 청춘과 노인의 차이가 무엇일까? 청춘은 힘차고 활력이 강하며, 인생 전체로 볼 때 이상과 희망과 기쁨이 차고 넘치는 가장 아름다운 때이다. 청춘은 신체적으로나 정신적으로 한창 성장하거나 무르익은 시기에 있는 사람이다.

청년은 푸름의 계절이란 의미에서 청춘세대라고도 부른다. 세포의 대사 활동이 가장 활발하고 운동신경이 매우 발달한 사람이다. 청년은 자신감에 따라 그만큼 젊어지고 희망에 따라 그만큼 젊어진다.

1930년대 우보 민태원은 「청춘예찬」이라는 글을 썼다. 청춘의 피는 끓는다. 끓는 피에 뛰노는 심장은 거선의 기관과 같이 힘 있다. 지혜는 날카로우나 갑 속에 든 칼이다. 청춘의 끓는 피가 아니면 인간이 얼마나 쓸쓸하랴? 얼음에 싸인 만물은 죽음이 있을 뿐이라고 하면서 청춘을 묘사했다.

그런데 노인의 삶은 어떨까? 제1차 세계대전 이후에 삶의 좌표를 잃고 방황하는 세대를 대표하는 작가로 잘 알려진 헤밍웨이가 쓴 『노인과 바다』를 보면 노인이 바다에서 대어大漁를 낚았으나 돌아와서 보니 상어 떼가 다 뜯어먹고 고기 대가리와 앙상한 뼈만을 건졌다고 했다. 이 소설은 인생 삶의 최후 노후를 잘 묘사했다.

인생 삶의 과정을 보면
20대는 피곤을 느낀다.
30대는 배가 나온다.
40대는 머리카락이 희어지고 머리가 빠진다.
50대는 하늘의 뜻을 안다는 지천명知天命이고, 기억력이 떨어진다.
60대는 듣는 대로 이해한다는 이순耳順이고, 노화현상이 나타난다.
70세는 드물다는 뜻으로 고희古稀라 하고,
88세는 미수米壽
99세는 백수白壽
100세는 상수上壽
111세는 황수皇壽
120세는 타고난 수명 천수天壽라고 부른다.

기원지수期願之壽는 인생 삶의 마지막 과정이다.
늙음은 두려움의 양에 따라 그만큼 늙어 가고
늙음은 낙망의 양에 따라 그만큼 늙어간다.

해마다 늘어나는 나무의 나이테가 아름다운 것 같이 늙음은 인생의 무게를 더해준다. 고운 자태로 거듭 태어나는 노년의 삶은 아름다운 것이다. 몸은 비록 늙었지만 마음만은 언제나 새로움으로 살아간다면 평생을 살아도 늙지 않는다. 곱게 늙어 간다는 것은 참으로 아름다운 인생이다. 그리고 늙음에는 새로움이 있는 것이다.

곧 정신적 나이는 다르다는 사실이다. 그래서 늙은이라고 스스로 주저하지 말고, 어떤 일에 포기하지 말고, 늘 웅크리고 있지도 말고 일어나 걷고 뛰고 달리면 젊어질 수도 있다. 늙어도 꿈을 가지고 도전하는 자는 언제나 청춘이다. 꿈은 녹슬지도 아니하고 꿈은 나이를 먹지 아니한다. 그렇다고 해서 산 너머 오색찬란한 무지개를 잡는다고 쫓아가지 말고 봄 찾아 들판을 뛰어 다니지도 말고 자기 얼굴에 책임을 지는 자세로 늙어가는 소박한 꿈을 가지고 조용히, 조용히 인생을 살아가라는 말이다.

인생 늙음이란 사람으로서는 어찌할 수 없는 천리天理를 말하는 것이다.
열녀 춘향의 「수절가」에는
오는 백발 막으려고 우수에 도끼 들고 좌수에 가시들고
오는 백발 두드리며 가는 홍안이라고 했는데
아마도 고려시대 학자 우탁의 영향을 많이 받은 것으로 생각된다.

노인은 늙음을 두려워하지 말고, 거부하지 말고, 세월을 순순히 끌어안으면서 세월에 자기를 맡기는 것이 늙음에서의 탈출, 출애굽이 아닌가 하는 생각이 든다. 뒤돌아가 보려고 젊어져 보려고 아무리 발광을 해도 흘러간 물처럼 시간은 되돌릴 수가 없는 것이다. 생로병사를 수용하면서 해탈과 거듭남, 부활과 영생을 바라보면서 당신의 삶이 초연했으면 한다.

성서에 기록된 늙음에 대한 표현을 살펴보면 다양하다.
손자는 노인의 면류관이요 아비는 자식의 영화니라.(잠17:6)
백발은 영화의 면류관이라 공의로운 길에서 얻으리라.(잠16:31)

젊은 자의 영화는 그의 힘이요 늙은 자의 아름다움은 백발이니라.(잠 20:29)

보라 형제가 연합하여 동거함이 어찌 그리 선하고 아름다운고. 머리에 있는 보배로운 기름이 수염, 곧 아론의 수염에 흘러서 그의 옷깃까지 내림 같고, 헐몬의 이슬이 시온의 산들에 내림 같도다. 거기서 여호와께서 복을 명령하셨나니 곧 영생이로다.(시133:1~3)

기원지수 슬퍼만 하지 말고 기뻐하면서 영생의 문턱에 서야 한다.

담소談笑 4題 (1)

1. 하나님을 속이고 사는 사람들

랍비와 신부 그리고 목사, 이 세 사람이 하나님의 사업을 위해서 기부금을 모으기로 했다. 기부금을 모은 다음 이 금액 가운데 얼마를 하나님께 드리고 얼마를 자기들의 수고비로 할까를 의논했다. 먼저 랍비가 말을 했다.

랍비: 우리가 땅에다 선을 하나 긋고 모금한 돈을 공중으로 날립시다. 그래서 선 오른쪽에 떨어지는 돈은 하나님께 드리고 선 왼쪽에 떨어지는 돈은 자기 것으로 합시다.
이 말에 신부는 고개를 끄덕끄덕 하면서 말을 했다.

신부: 나도 랍비와 같은 생각입니다. 그런데 그보다는 땅에 둥근 원을 하나 그립시다. 그리고 돈을 공중으로 날려서 원 안에 떨어지는 돈은 하나님께 드리고 원밖에 떨어지는 돈은 내 것으로 합시다.
이 말에 목사가 미소를 지으면서 말을 했다.

목사: 나도 신부님과 같은 생각입니다. 그런데 그보다는 돈을 공중으로 확 던져서 위로 계속 날라 올라가는 돈은 하나님께 다 드리고 땅으

로 떨어지는 돈은 우리가 다 합시다.

이 말에 모두가 O Key 했다.

이 모두는 하나님을 속이고 사는 사람들이다.

2. 성당 老종지기의 고백

영국 성공회의 한 신부가 30년 만에 자기가 졸업한 케임브리지 대학에 가서 설교를 했다. 설교 후에 그가 젊은 시절 학교에 다닐 때 아는 직원이 있는가 하고 주위를 살피다가 老종지기를 만났다.

신부는 물었다. "혹 저를 알아보시겠습니까? 30년 전 학생입니다." 老종지기가 기억이 난다고 하자 신부가 말을 했다. "아! 정말 감사합니다. 그런데 할아버지는 지금도 건강하시네요. 평생 이곳에 계시면서 신부님들의 좋은 설교만을 들어서 참 좋겠습니다." 이 말에 老종지기는 다음과 같은 말을 했다.

"신부님! 저는 50년동안 이곳에 근무하면서 신부님들의 많은 설교를 들었지만 설교다운 설교를 한 번도 들어 본 적이 없습니다. 그래도 아직까지 기독교 신자로 남아있다는 사실에 대해 감사하고 지금까지 건강을 주신 하나님께 감사합니다."

오늘날도 교회에 가면 교역자들이 기독교의 이름으로 자기들도 실천하지 못하는 많은 설교들을 쏟아내고 있다. 인간이 그 많은 좋은 설교대로 다 살아야 한다면 예수는 왜 이 세상에 오셨을까 하는 생각이 든다. 자기 자신도 실천하지 못하는 설교만 하지 말고 자기 자신부터 바르게 살아가는 모습을 보여 주어야 한다. 왜냐하면 오늘날 신자는 당신의 화려한 설교보다 당신이 실천하는 삶을 보기 원하는 것이다.

3. 천국에 들어간 목사
목사님이 천국에 이르자 예수님께서 벌떡 일어나서 말씀하셨다. "목사님 어서 오시오!" 그리고는 두 팔로 반갑게 포옹을 해주셨다. 이 모습을 바라본 평신도들이 물었다.

"예수님! 우리가 천국을 올 땐 앉아서 어서와, 어서와 하시더니 목사님은 왜 그렇게 일어나서 반기며 안아주세요?"

이때 예수님이 말씀하셨다. "그 동안 평신도는 수없이 천국에 많이 왔는데 목사가 천국에 오기로는 이분이 처음이다."
.................."
행함이 없는 목사님들의 삶을 폄하는 말이다.
천국에 가면 목사를 찾아보기란 하늘에 별 따기란다.
웃음 이야기라고 흘리지 말고 귀담아 들었으면 한다.

4. 굿이나 보고 떡이나 먹지
천국에서 하나님은 닉슨, 스탈린, 등소평, 김일성을 초대했다.
하나님은 말씀하셨다. "내가 여러분에게 소원을 하나씩 들어 주겠소. 부담 없이 말을 하시오."

닉슨: 미국의 모든 국민이 록펠러와 같이 잘살게 해 주세요.
스탈린: 미 제국주의를 없애 주세요.
등소평: 공산 수정주의를 비난하는 저 소련을 없애 주세요.

하나님은 조용히 있는 김일성을 보고 물었다.
"너는 무엇을 원하는가?"

김일성: 조선민주주의 인민공화국은 무엇이든지 내 마음대로 다 하면 됩니다. 하나님이 해주실 필요가 전혀 없습니다. 나는 아무 도움도 필요 없습니다. 굿이나 보고 떡이나 먹겠습니다.

담소談笑 5題 (2)

1. 핑계는 인간의 천성

인간은 타인에게 책임을 전가하는 버릇이 있다. 하나님은 아담에게 물었다.
"선악과를 왜 먹었는가?"
아담은 하와 때문이라고 핑계를 된다.
하와는 뱀 때문이라고 했다.

사람이 넘어지면 돌을 탓한다.
돌이 없으면 비탈을 탓한다.
비탈이 없으면 신을 탓한다.
자기 자신은 탓하지를 아니한다.

오늘 우리도 핑계에 살고 있다.
아이가 방에서 넘어지면 부모는 방바닥을 나무란다.
아이가 행실이 나쁘면 "친구가 나빠서"
아들이 시험에 떨어지면 "재수가 없어서"
아들이 입사에 실패하면 "운이 없어서"
축구를 하다 지면 "운명의 신이 저쪽으로 가서"

무당이 굿이 안 되면 "마당이 기울어서"
집안에 우한이 생기면 "조상 탓, 묘지 탓"
핑계는 인간의 천성이다.
선지자 요나처럼 "내 탓이요" 하고 책임지는 인간이 되었으면 한다.

2. 하늘에 쌓이는 돈
인간이 살다가 죽으면 빈손으로 가지만 이웃돕기를 한 헌금은 하늘에
쌓인다고 했다. 그래서 성서는 너희를 위하여 보물을 하늘에 쌓아 두라
고 했다.

어느 교회 장로님이 천국엘 갔다. 천국에 가서보니 교회 집사님이 탕수
육에 고급 양장피로 식사를 하고 계셨다.
그런데 의자를 꽉 잡고 계신 예수님께서 자기를 보고 말씀 하신다.
"너도 여기 앉으라." 그리고는 주방장을 보고 말씀하셨다. "자장면 하나"

장로님이 생각했다. '집사님은 저기에서 고급식사를 하고 계시는데 나
는 왜 자장면인가? 그리고 우리교회 목사님은 어디에서 무엇을 잡수시
나' 하고 주의를 살폈다.

목사님이 보이지를 아니하자 장로님은 주님께 물었다.
"예수님! 우리교회 목사님은 어디서 무엇을 잡수시나요?"
예수님이 말씀하셨다. "먹기는 무얼 먹어 자장배달 갔어!"

장로님이 깜짝 놀라 "예? 왜요?"
예수님이 말씀 하셨다.

"교회 주일헌금은 운영비로, 성도의 감사헌금은 목사님의 자율로 다 쓰고 자기 자신의 돈으로 이웃돕기 한 헌금은 단 한 푼도 없으니까."

히브리 사람들은 사람이 죽으면 자기의 행함과 이웃돕기 헌금은 천국에 가지고 간다고 한다. 목사님들 이웃돕기 강조도 중요하지만 자기 자신도 잘 해야 한다.

3. 과거의 자기가 오늘의 자기다

거지란 남의 집 문전을 찾아가거나 길에서 만나는 사람으로부터 금품이나 음식 등을 빌어먹으면서 사는 사람을 일컫는 말이다. 그런데 부지런한 새가 벌레를 잡는 것 같이 거지도 부지런하면 더운밥을 얻어먹는다는 속담이 있다.

이 말은 사람은 모름지기 부지런해야 함을 강조하는 말이다. 발로 휘젓는 암탉은 무엇인가 먹이를 얻지만 계속 웅크리고 앉아있는 암탉은 죽는다.

한 거지가 있었다. 그가 어느 날 복권을 샀다. 그가 복권을 사서 호주머니에 넣으려고 하니 호주머니에는 구멍이 나 있었다. 손에 가지고 다니자니 손에는 땀이 났다. 그는 생각다가 복권을 깡통에다 붙였다. 복권 당첨 발표를 보자 자기 복권이 당첨이 되었다. 당첨이 된 순간 그는 생각을 했다. 야!—이제 나는 팔자를 고쳤다. 나는 이제 부자가 되었다.

그래서 그는 자기가 가지고 있던 깡통을 깊은 강에다 멀리 멀리 던졌다. 던지고 보니 깡통과 함께 복권도 사라졌다.

그는 또 다시 거지의 신세가 되었다.
자기의 창피한 과거는 오늘의 자기 자신의 모습이다.
과거는 희망의 발판이었다. 버리지 말아야 했었다.

4. 필요 없는 싸움들
옛날 영국국회는 사람이 달걀을 깰 때 좁은 곳을 먼저, 넓은 곳을 먼저
하면서 싸웠다. 여자들의 신발 굽은 높은 것이 좋다, 낮은 것이 좋다
하며 서로가 싸운다. 사람들이 치약을 짤 때 위에서부터 짜야 한다, 밑
에서부터 짜야 한다 하며 싸운다.

미국에 가면 왼쪽 발 침례교회Left food Baptist church가 있다. 예수님께
서 수건을 동이시고 제자들의 발을 씻을 때 왼발이 먼저야 오른발이 먼
저야 하고 서로가 싸우다가 갈라졌다. 일치를 강조하는 기독교의 성만
찬도 화체설, 공제설, 기념설 하면서 서로가 싸우고 갈라진다.

성서는 선한 싸움을 싸우라고 했다.(딤전1:18)
믿음의 선한 싸움이란 의와 경건과 믿음과 사랑과 인내와 온유를 좇으
며 영생을 취하는 것이다.(딤전6:11~12)
싸움도 필요 없는 싸움을 싸우지 말고 싸울만한 문제를 가지고 싸워야
한다.

5. 하나님을 보고 싶어 하는 사람들
한 로마인이 랍비를 찾아가서 하나님을 보이라고 했다. 그러면 믿겠다
는 것이다.
랍비는 로마인을 데리고 밖으로 나가서 말을 했다.

"저 태양을 똑바로 쳐다 보시오."
로마인은 쳐다보다 소리치며 말을 했다.
"태양을 어떻게 봅니까?"
이때 랍비는 말을 했다.
"창조물 가운데 하나인 태양도 못 보는데 창조의 주이신 위대한 하나
님을 어떻게 눈으로 보겠소!" 이 말은 탈무드에 나오는 말이다.

신약성서에는 빌립이 예수님에게 하나님을 보여 달라고 했다.
이때 예수님은 나를 본 자는 아버지를 보았다고 했다.
옛날 웃사가 법궤를 만지다가 죽었다.(삼상13:7)
하나님을 보고 싶어 하는 사람들, 예수를 보면 하나님을 안다.
하나님을 직접 만나면 죽는다.

술의 전례와 그 성질

우리나라 TV에서 방영한 영화나 문학관을 보면 담배를 피우고 술을 마시는 장면들을 많이 본다. 친구나 지인을 만나면 "우리 술 한 잔" 하고 술집에 앉아서 술을 마시다 보면 막걸리는 한 주전자 더, 소주면 한 병 더 하다가 술에 취해 곤드레만드레 하면서 일어날 땐 식탁 위에 술병이 수두룩하다. 처음에는 잔술로 마시다가 조금 지나면 병술로 마신다.

먹을 것이 부족했던 옛날에는 술을 마시고 술의 힘으로 일을 하기도 하고 담배를 피우면서 이야기의 실마리를 찾는 긍정적인 면도 있으나 건강 면에서 보면 술은 독이고 담배는 마약이라고 하는 의사들이 많다. 술이란 참 묘해서 한 잔 술을 마시면 신사같이 되고 두 잔 술을 마시면 소리꾼이 되고 세 잔 술을 마시면 미치광이가 된다는 말이 있다.

어린 시절 우리가정이 기독교에로 귀의하기 전에는 아버지가 술을 많이 마셨다. 아버지가 잔치 집에 가시면 술을 마시고 돌아와서 어머니와 다투기를 자주 했다. 잔치 집에 가서 좋은 음식을 드시지 않고 왜 술을 많이 마시고 집에 와서는 잔소리를 하는가? 하고 어머니가 많은 불평을 했다. 이 모습을 보고 자란 나는 성장해서도 절대 술을 마시지 않기로 결심을 했다.

우리나라에는 술에 대한 다음과 같은 전설이 있다. 옛날에 한 里老가 살고 있었다. 그가 병자로 있을 때 아들이 오만 약을 다 써 보았지만 백약이 무효였다. 효심 많은 아들이 근심 중에 있을 때 한 도승道僧이 나타났다. 효심이 지극한 아들의 이야기를 들은 도승은 귓속말로 다음과 같은 말을 해주었다. 아버지의 중병을 고치려면 행인 세 사람의 간을 뽑아 먹이라는 것이다.

이 말을 들은 아들은 그 실천을 위해서 칼을 가슴에 품고 깊은 밤 고갯길에서 지나가는 행인을 기다리고 있었다. 아마도 부처님께서는 그 아들의 효심을 시험해보기 위해서 가상의 인간을 보내본 모양이다.
첫째는 신사가 지나갔다.
둘째는 소리꾼이 지나갔다.
셋째는 미치광이가 지나갔다.
아들은 이 세 사람의 간을 빼어 아버지에게 먹이고 아버지는 병이 완치가 되었다. 그리고 아버지는 그 후 건강히 살다가 세상을 떠났다.

오랜 세월이 지난 후 어느 날 아들은 아버지의 묘소를 찾았다. 묘소 앞에는 한 그루의 나무가 자랐는데 나무에는 빨간 열매가 조롱조롱 열려 있었다. 아들은 그 열매를 따가지고 집으로 와서 항아리에 담았다. 오랜 후에 열어보니 좋은 냄새와 함께 빨간 술이 되어 있었다.

그런데 사람들이 이 술을 마시면 칼에 죽어간 사람처럼
한 잔을 마시면 신사다워지고,
두 잔을 마시면 잔소리꾼이 되고,
세 잔을 마시면 미치광이처럼 되었다는 것이다.

히브리 탈무드에도 술에 대한 흥미로운 이야기가 있다.

노아가 밭에서 포도나무를 심고 있을 때 사탄이 나타나서 말을 했다.

"무엇을 하고 있습니까?"

이 질문에 노아는 말을 했다. "포도나무를 심고 있어요!"

사탄이 다시 물었다. "포도란 어떤 열매인가요?"

"포도란 신 맛을 가진 달고 맛있는 과일인데 이것으로 술을 만들면 사람들이 마시고 즐거워하지요."

이 말을 들은 사탄은 말을 했다.

"그렇다면 나도 도와 드리겠습니다." 하고, 그 후 사탄이 양과 사자와 돼지와 원숭이를 끌고 와서 죽여 그 피를 포도나무 밑에 몰래 비료로 주었다.

창세기 9장에 보면 노아가 포도주를 마시고 취하여 그 장막 안에서 벌거벗고 있었다. 아들 함이 아버지의 하체를 보고 두 형제에게 알렸다. 형제들은 옷을 가지고 뒷걸음쳐 들어가서 아버지의 하체를 덮었다고 했다.

술이란 참 묘해서 한 잔을 마시면 양과 같이 순하고, 두 잔을 마시면 사자 같이 강하고, 석 잔을 마시면 돼지같이 더러워지고, 넉 잔을 마시면 원숭이처럼 떠들고 다닌다. 의인이라고 하는 노아까지도 술을 마시다가 이런 상태가 된 모습을 보면서 우리가 술을 마시면 어떻게 되겠는가 하는 생각을 하게 된다.

옛날 소돔과 고모라성이 불탈 때 롯이 소알 성으로 갔다. 소알 성에 거주하기를 두려워한 그는 두 딸과 같이 산의 깊은 동굴로 들어갔다. 후손을 걱정한 두 딸이 아버지에게 술을 진탕 마시게 하고 잠자리를 같이 했다.(창19장)

큰 딸은 아들을 낳아 그 이름을 모압이라 하여 오늘날 모압의 조상이 되었고 작은 딸은 아들을 낳아 그 이름을 벤암미라 하여 오늘날 암몬 자손의 조상이 되었다. 예나 지금이나 술이 과하면 생각지도 못했던 이상한 짓들을 한다.

기독교가 우리나라에 처음 들어왔을 때 한국 사람들이 술을 지나치게 마시고 줄담배를 피우는 모습을 본 선교사들이 국민건강과 계몽운동의 하나로 우리에게 금주 금연을 강조했다. 당시 찬송가를 보면 다음과 같은 금주 찬송이 있다.

금수강산 내 동포여 술을 입에 대지마라
건강지력 손상하니 천치 될까 늘 두렵다
아! 마시지 말라 그 술, 아! 보지도 말라 그 술
우리나라 복 받기는 금주함에 있느니라.

많은 사람들이 성서에는 술을 마시지 말라고 한 말씀이 없다고들 하는데 그것은 잘못 알고 하는 말이다. 금주에 관한 성경구절은 얼마든지 있다. 술을 보지도 말라 했고,(잠23:31) 술에 취하지 말라고 했다.(롬13:13) 다만 율법(계명)에 기록된 말씀은 없다. 그리고 술 취하지 말고 성령의 충만을 받으라고 했다.(엡5:18)

술의 성질과 전례에 대한 일언이다.

칭찬받는 견공들

옛날 이스라엘에서 한 남자가 버스를 탔는데 미국인 부인이 강아지를 의자에 앉혔다. 강아지가 좌석을 차지하자 부인을 향하여 자리를 비워 달라고 했다. 그러나 이차 삼차 불응하자 남자는 화가 나서 강아지를 창밖으로 던졌다. 이때 옆에 있던 한 남자가 말을 했다. "나쁜 쪽은 강아지가 아니고 이 부인이 아니요!……" 이 말은 잘못은 사람이지 강아지가 아니라는 말이다.

개는 포유류 갯과에 속하는 가축이다. 개는 영리하고 사람을 잘 따른다. 냄새도 잘 맡고 귀가 밝아서 사람들의 많은 사랑을 받아왔다. 그리고 이 개라고 하는 말이 성질이 나쁘고, 행실이 좋지 않은 사람을 욕하는 말로도 쓰이고 권력자나 부정한 사람의 앞잡이를 비유적으로 이르는 말로도 쓰인다. 개의 종류는 전 세계에 걸쳐 200종이 넘는 많은 품종이 있다고 전해진다. 오늘 우리는 "사람보다 낫다"고 하는 견공犬公들을 본다.

제일은 충견이다: 우리나라 고려 시대의 문인 최자崔滋가 1230년에 쓴 『보한집』補閑集을 보면 오수獒樹—에 대한 이야기가 전해지고 있다. 전라북도 임실군 지사면 영천리에 살던 김개인金蓋仁이라고 하는 사람이

충직하고 총명한 개 한 마리를 기르고 있었다. 그런데 어느 날 동네잔치를 다녀오다 술에 취해 풀밭에서 잠들었는데 어디서 불이 번져왔다는 것이다. 이때 그가 기르는 개가 근처 개울에 뛰어가서 몸에 물을 적셔 와서 뒹굴며 불을 끄다가 지쳐서 그 개는 죽고 주인 김개인은 살았다는 것이다.

김개인이 잠에서 깨어났을 때 개가 자신을 구하기 위해서 목숨을 바쳤음을 알았다. 그는 몹시 슬퍼하면서 그 개를 땅에다 묻어주고 자신의 지팡이를 그곳에 꽂았다. 그런데 그 후에 그 지팡이에서 싹이 나고 나무로 자라났다. 훗날 사람들이 그 개獒와 나무樹를 합하여 이 고장의 이름을 오수獒樹라고 했다는 것이다. 지금도 이곳에 가면 세워놓은 개의 조형물을 볼 수가 있다. 이런 개를 우리는 충견이라고 부른다.

제이는 맹인견이다: 요즘 시내를 걷다보면 간혹 시각 장애인이 개의 줄을 잡고 가는 모습을 볼 수 있다. 시각장애인이 안전하게 보행할 수 있도록 잘 훈련된 맹인견이다. 이런 개를 볼 때마다 개의 지능과 그 우수성에 우리는 놀라기도 한다.

제삼은 수색견이다: 이 수색견은 발달된 후각으로 실종된 사람이나 잃어버린 물건이나 마약을 찾는다. 이리저리 더듬어 살피며 찾는 이 개는 군에서나 경찰 또는 공항에서 이용하고 인간의 힘이 미치지 못하는 물건을 찾아내는 데 사용을 한다.

제사는 사냥견이다: 사냥을 업으로 하는 사람들이 산이나 들에서 짐승을 잡을 때 심부름을 시키는 개다. 심부름을 시키기 위해서 훈련을 받

은 이 개는 짐승을 잡기도 하고 사람의 심부름을 잘하는 영리한 개를 말한다.

제오는 목자견이다: 이 목자견을 양몰이 견이라고도 한다. 몰이라고 하는 말은 짐승이나 물고기를 빠져나갈 수 없는 곳으로 몰아넣는 일을 말한다. 호주에 가면 수천마리의 양 떼를 치는 사람들이 많이 있는데 그 많은 양을 관리하는 자는 한 명의 사람과 개 두 마리가 전부다.

이 개들이 양 몰이를 하는 것이다. 한 마리가 앞에서 인도하면 다른 한 마리는 이탈하는 양을 막는다. 이렇게 훈련받은 개의 값은 수천만 원에 이르고 그 개의 이름을 우리는 셰퍼트 도그Shepherd dog 또는 쉽 도그 Sheep dog라고 부른다. 셰퍼트Shepherd란 양치기, 목양자, 목사, 전도자 란 말이기도 하고 더The 라고 하는 관사가 붙으면 선한 목자 예수 그리 스도를 칭하기도 한다.(요10:11)

개는 동물가운데서도 특별히 사람을 잘 알아보고 잘 따른다. 사람들이 반려동물로 많이들 기르고 있다. 개는 사람을 배반하는 일도 없다. 비록 미친개라 할지라도 주인만은 물지 않는 것으로 알려져 있다.

그런데 얼마 전 한 뉴스에서 풍산개를 키우던 60대 남성이 새끼 강아 지가 보는 앞에서 몽둥이로 개를 때려죽였다는 것이다. 경찰에 붙잡혀 온 그는 키우던 개에게 사료를 주면 물려고 하고 자신에게 너무나 사납 게 굴기에 화가 나서 죽였다고 진술을 했다.

그런데 개는 자기를 먹여주고 배설물을 치워주고 데리고 다니며 놀기도 하고 같이 나들이도 해 주기 때문에 좋아하는데 왜 그 개가 주인을 물었는지를 알 수가 없다. 다만 주인이 도적놈 같이 보였거나 인간답지 않게 개를 괴롭혔는지 모른다. 개는 사람이 개보다 못한 놈으로 보이지 않은 한 개는 절대로 주인을 물지 않는다고 알려져 있다.

정말 사람은 개를 배신해도 개는 사람을 배신하지 아니한다.
미친개라 할지라도 주인은 물지 않는다.
인간이 개 같이만 살아도 칭찬을 받는다.

왜 개가 주인을 물었을까?
개가 주인을 물었다면
반성해야 할 쪽은 개가 아니고 그 개의 주인이다.

알렉산더와 디오게네스

알렉산더는 기원전 334년에 그리스의 도시국가의 대표자들이 선출한 마케도니아의 왕이고 아시아 출정군의 최고사령관이다. 그는 그리스, 페르시아, 인도에 이르는 대제국을 건설하였으며, 그 정복지에는 다수의 도시를 건설하여 동서 교통과 경제 발전에 기여하고, 그리스 문화와 오리엔트 문화를 융합한 헬레니즘 문화를 이룩한 왕이다. 헬레니즘이란 알렉산더 대왕 이후 약 300년동안 헬라문화를 지칭하는 말이다.

디오게네스는 고대 그리스의 철학자이다. 견유학파犬儒學派의 한 사람으로, 자족과 무치無恥가 행복에 필요하다고 말하고, 반문화적이고 자유로운 생활을 실천하였다. 키니코스학파의 창시자이기도 한 이 디오게네스는 일관된 사고체계보다는 인격적 본보기를 보임으로써 견유학파의 철학을 전파한 사람이 되었다.

헬라의 대왕 알렉산더와 철인 디오게네스 이 두 사람은 누가 더 행복할까? 알렉산더 대왕은 인도 정벌을 가는 도중에 디오게네스를 만나고 싶었다. 이 디오게네스를 보고 싶어서 자기에게 오라고 불렀지만 오지를 아니하자 몸소 그를 찾아갔다. 디오게네스가 좀 특이한 인간이라 생각하면서 찾아가면서도 그러나 너는 거지이고 나는 대제국의 왕 아닌가 생각하면서 술통 속에 기대어 일광욕을 즐기고 있는 디오게네스를 찾아갔다.

알렉산더 대왕이 "내가 알렉산더 대왕이다."라고 하자
디오게네스는 "나는 개犬인 디오게네스요."라고 했다.
알렉산더가 왜 네가 너를 개라고 하는가? 라고 묻자
디오게네스는 무언가를 주는 사람들에게는 꼬리를 치고, 아무것도 주지 않는 사람에게는 짖으며, 악한 자들은 물어뜯기 때문이라고 했다.

누군가가 디오게네스에게 고기를 던져주자 그는 그 고기에다 오줌을 쌌다고 했다. 모르긴 해도 자기에게 고기를 주는 자세가 사람에게 대하는 태도가 아니고 자기를 무시하는 행동이기에 비록 자기가 자기 자신을 개犬라고 해도 남들이 자기를 개 취급을 하는 것은 싫다는 것이다.

알렉산더 대왕이 디오게네스에게 물었다. "당신이 원하는 것이 있으면 무엇인가?"
디오게네스는 "햇빛이나 가리지 말고 좀 비켜요!"라고 했다.
이 말을 들은 알렉산더 대왕은 무안해하면서 뒷걸음을 쳤다. 디오게네스는 비록 자기가 거지같이 살아도 황제라고 뻐기는 당신에게는 도움을 사양하겠다는 것이다. 디오게네스의 이 같은 태도에 대하여 알렉산더대왕은 그를 더욱 존경하게 되었고 내가 알렉산더대왕이 아니면 디오게네스가 되었으면 한다고 했다.

먼 훗날 이들은 공교롭게도 같은 날 죽어서 저승으로 가는 길에 또 만났다는 것이다. 이때 디오게네스는 알렉산더대왕을 보고 말했다. "이

어리석은 자여, 그대는 허망한 꿈을 이루지 못하고 죽었구나."
알렉산더대왕은 얼굴을 붉히면서 말을 했다. "저승이란 정말 불공평한 곳이로다. 황제인 내가 어찌 저 거지와 같은 대접을 받을 수가 있는 가?"

이때 디오게네스가 웃으면서 또 말을 했다. "착각하지 마시오. 억울해야 할 사람은 바로 나요. 당신은 평생 세계를 떠돌아다니며 구걸하며 살았지만 나는 내 고향에서 평생 황제처럼 대접받고 살았다오."

이 디오게네스를 사람들은 독설과 말놀이를 즐기며 반사회적 행동을 일삼는 냉소주의자라고 많은 비판을 한다. 그러나 디오게네스는 자신의 관점에서 사람 같지 않은 사람을 싫어하고 그런 사람들을 늘 비판하면서 살았다. 자기가 개犬라고 하는 비판을 받으면서도 외톨이로 살았고, 부를 싫어하고 평생을 방랑생활에 거지처럼 통나무 속에 살면서도 89세를 누렸다. 그런데 알렉산더대왕은 B.C. 323년 열병으로 33세에 급작스럽게 사망을 했다.

알렉산더 대왕은 정복자요 권력자로서 자기는 늘 황제로 살았다.
알렉산더 대왕은 그리스, 페르시아, 인도에 이르는 정복자였다.
알렉산더 대왕은 디오게네스를 술통의 거지로 본다.
알렉산더 대왕은 정복하면서 빼앗으며 다녔다.
알렉산더 대왕은 모든 것을 가지고 살았다.
알렉산더 대왕은 인도원정에서 33세의 단명에 죽었다.
알렉산더 대왕은 많이 가지고도 갈망渴望에 살았다.

디오게네스는 철학자로서 고향에서 살면서 거지로 살았다.

디오게네스는 시노페출신으로 견유학파였다.

디오게네스는 알렉산더 대왕을 세계를 떠돌아다니는 거지로 보았다.

디오게네스는 버리고 다니며 술통에서 살았다.

디오게네스는 가진 것이 없는 데도 풍요로움을 누리고 살았다.

디오게네스는 고향에서 82세의 천수를 누리며 살았다.

디오게네스는 없으면서도 만족에 살아갔다.

누가 더 행복하고 누가 더 불행하며 누구의 인생이 우리에게 주는 교훈이 더 큰가는 독자들의 생각이다.

생각해보는 알렉산더와 디오게네스의 이야기다.

오스나 총독과 죄수

옛날이나 지금이나 사람들은 자기 자식에 대한 관심들이 많다. 어린이들의 돌잔치를 가보면 상위에다 여러 가지 물건을 놓아두고 자기 어린이가 무엇을 집나 하고 호기심으로 바라보는 풍습들이 있다. 그 이유는 그 아이가 어떤 물건을 집는가에 따라서 그 아이의 달란트를 알 수 있다고 생각하기 때문이다.

누군가가 돌잔치에 초대되어 가 보았다. 이날도 어김없이 어린아이 앞에 여러 가지 물건을 두고 어린이가 무엇을 집는가하고 모두가 지켜보고 있었다. 그런데 그 아이는 사과를 입에 물고 한손에는 돈을 쥐고 또 한손으로는 성경을 들었다.

이런 경우에는 이 아이의 달란트가 무엇인가를 해석하기가 참 힘이 드는가 보다. 돈을 들면 은행원, 성경을 들면 목사, 사과를 들면 원예사 일을 하려나 보다 하지만 이 어린이가 세 가지를 다 가지다 보니 이 아이의 달란트는 무엇일까?

모든 사람이 다 궁금해 하면서 아무 말 없이 조용히 있는데 한 사람이 말을 했다. "아마도 이 아이는 자라서 장차 국회의원이 될 소지가 많은 것 같습니다." 이 말에 모두들 의아해하고 깜짝 놀라서 "왜요?" 하고 물었다.

우리나라 국회의원은 하루살이부터 약대까지 먹을 것 다 먹고, 가질 것 다 가지고 그러고도 목사님의 유창한 설교처럼 자기변명을 잘도 한다는 것이다. 그 말이 그 어린이에게 축하의 말이 될지 저주의 말이 될지는 몰라도 오늘날 우리나라 국회의원들의 수준을 말하는 것 같아서 씁쓸한 생각이 들었다.

다는 아니라 해도 우리나라의 많은 국회의원들과 장관들은 어디에서 언제 어떻게 그 많은 돈을 벌고 땅을 사고 대궐 같은 집을 샀는지를 알 길이 없다. 조사를 해보면 모두가 불법으로 모은 재산이라고 하는데 본인들은 유창한 말로 절대 아니라는 것이다. 몇 천만 원의 불법 정치자금을 받았다가 양심의 가책을 받아서 자결하는 국회의원들도 있는데 이들은 그래도 양심이 살아있는 의원의 행동이다.

옛날 이탈리아 나폴리에 오스나라고 하는 지혜로운 총독이 있었다. 어느 날 하루 죄수들을 가득 실은 수인선을 순시하면서 쇠사슬에 발목을 묶인 채 일을 하고 있는 죄수를 만났다. 여기에서 주고받는 이야기를 우리나라 국회의원은 경청해서 들어야 한다.

총독 오스나는 죄수를 향해서 친절히 질문을 했다. "너는 무슨 죄를 짓고 이곳에 왔는가?" 이 질문에 죄수는 말을 했다. "총독 각하! 저는 아무런 죄도 짓지 않았습니다. 모함에 빠져 억울하게 이곳에 잡혀왔습니다." 오스나 총독은 또 다른 죄수를 향해서 말을 했다. "너는 무슨 죄를 짓고 이곳에 왔는가?" 죄수는 말을 했다. "각하님! 저는 이웃집에서 새끼토막 하나를 가지고온 죄로 중형을 받았습니다." 이 말에 총독은 간수장看守長을 불러서 물었다. "이 사람의 죄명이 무엇인가?" 간수장은 죄인의 죄명이 기록된 책을 보고 말을 했다. "소도둑입니다." 총독이 죄인을 향해 또 물었다. "너는 새끼토막을 훔친 것이 아니고 소도둑이 아닌가?" 이 질문에 죄인은 말을 했다. "각하님, 제가 고삐를 들고 왔는데 소가 따라온 것입니다."

총독은 다른 죄수를 향해서 질문을 바꾸었다. "너도 죄 없이 감옥에 왔겠지?" 이 질문에 죄인은 말했다. "아닙니다. 각하님, 저는 죄인입니다. 총독 각하님 저를 용서해 주십시오!" 총독이 말을 했다. "그래? 나는 이 감옥에 죄인이 있는 줄 알고 왔는데 와서 보니 모두가 다 죄가 없다고 한다. 그런데 너는 죄가 있다고 하니 죄가 없다고 말하는 저 사람들과 같이 이곳에 있지 말고 나와 같이 세상으로 나가자." 하면서 총독은 그를 데리고 나왔다는 것이다.

만약 오늘 오스나 총독이 이 나라 국회를 찾아서 "당신은 왜 소를 훔쳤소?" 하고 묻는다면 모르긴 해도 모두가 "오스나 총독 각하님, 내가 소를 훔친 도둑이 아니고 소고삐를 들고 왔더니 소가 따라 왔습니다." 하면서 변명은 해도 자기가 죄인이라고 고백하는 사람은 아무도 없을 것 같다.

이제 우리 모두는 마음을 비우고 인간본연의 자세로 돌아가서 국민으로부터 존경받는 정직한 국회가 되었으면 하는 마음이 간절해진다.

성어成語 4題(1)

고사성어故事成語나 사자성어四字成語는 옛날부터 유래되어온 관용적인 뜻으로 널리 쓰이는 말이다. 이 성어가 촌철살인의 언어로 내려오면서 오늘 우리에게도 많은 사고를 주고, 인간 삶의 깊이와 방향을 제시해 주기도 한다.

성어에서 배운다.

1. 빈자일등貧者一燈
가난한 사람의 등불 하나라는 뜻으로 불교「현우경」에 나오는 말이다. 비록 가난하지만 자기의 정성을 다하여 부처님께 드린 작은 등불 하나가 부자가 드린 만 개의 등불보다 공덕이 더 크다는 일화에서 나온 말이다.

성경에는 가난한 과부의 헌금에 대한 기록이 있다. 예수께서 눈을 들어 부자들이 헌금함에 헌금 넣는 것을 보았다. 또 가난한 과부가 헌금함에 두 렙돈(헬라에서 제일 작은 동전) 넣는 것을 보았다. 그리고 말씀하시기를 내가 참으로 너희에게 말하노니 이 가난한 과부가 다른 모든 사람보다 더 많은 돈을 넣었다고 했다.

그 이유는 저들은 그 풍족한 중에서 약간의 헌금을 넣었지만 이 과부는 가난한 중에서 자기가 가지고 있는 생활비 전부를 넣었다는 것이다. 충성과 헌신, 드림과 돕기, 고통의 분담은 내가 높아지고 부해진 다음에 하는 것이 아니고 지금의 자기처지에서 최선을 다하는 것이다.

빈자성의貧者誠意가 부자보시富者布施보다 가치 있음을 말하는 것이다.

2. 공명지조共命之鳥

한 몸에 두 개의 머리를 가진 새로써 불교의 여러 경전에 등장 하는 말이다. 이 새는 하나의 머리가 낮에 일어나면 다른 하나의 머리는 밤에 일어난다. 한 머리는 몸을 위해서 항상 좋은 열매만을 챙겨 먹는데, 한 머리는 질투심에서 독이 든 나쁜 열매를 몰래 먹는다. 그래서 결국 그 새는 죽게 되었다는 이야기이다.

예수님의 제자 사도 요한은 기독교 공동체를 향해서 말했다. 사랑하는 자들아 우리가 서로 사랑하자 사랑은 하나님께 속한 것이니 사랑하는 자마다 하나님으로부터 나서 하나님을 알고 사랑하지 아니하는 자는 하나님을 알지 못하나니 이는 하나님은 사랑이심이라고 했다.

많은 사람들이 어느 한쪽이 사라지면 자신만이 살 수 있을 것이라고 생각하지만 공명지조는 결국 공멸하게 된다는 '운명공동체'의 의미를 주고 있다. 사도 바울도 갈라디아 교회를 향해서 너희가 만일 서로 물고 먹으면 피차 멸망할까 조심하라고 했다.

공명지조는 분열된 인간사회는 망한다는 교훈을 준다. 정치에서도 야당이 죽으면 여당도 죽고, 국민이 갈라지면 모두가 죽는다는 사실을 알아야 한다. 흩어지면 죽고 뭉치면 상생하는 것이다. 비익조比翼鳥와 연리지連理枝 정신에 살아야 한다.

3. 칠전팔기七顚八起
인간이 실패를 해도 좌절하지 아니하고 꾸준히 분투하는 정신을 말한다. 일곱 번 넘어져도 여덟 번 일어난다는 뜻이다.

옛날 스코틀랜드에 로버트 부라우스라는 왕이 있었다. 영국이 자기 나라를 침공하고 자기를 추방하려하자 그는 영국과 싸움을 했다. 그런데 싸울 때마다 모두 패배의 쓴잔을 마셨다. 이 때 왕은 절망감에 빠져서 깊은 산속으로 도망하여 숲속에 숨어 지냈다.

그때 그는 자기의 머리 위에서 거미 한 마리가 실을 뽑아 집을 짓는 모습을 보았다. 거미가 몸에서 실을 뽑으며 나무 이 가지에서 저 가지로 옮겨 다니면서 집을 짓는데 여러 번 실패를 하면서도 결국 실을 연결하여 자기 집을 완성하는 모습을 보았다. 이때 그는 자기도 다시 도전해야겠다고 생각하고 용감한 군인들을 소집하여 여덟 번째 도전에서 이겼다는 사실에서 유래된 말이다.

구약성서에는 요셉의 이야기가 잘 기록되어 있다. 그는 야곱의 열한째 아들로 태어났다. 어린 시절 자기의 꿈 때문에 형들의 미움을 받고 애굽으로 팔려가서 노예 생활을 했다. 여러 가지 유혹에 시달리다 억울하게 감옥생활까지 했지만 그는 칠전팔기하는 신앙으로 애굽의 국무총리가 되었다.

우리말에 실패는 성공의 어머니라고 했는데, 우리도 어떤 일에 좌절하지 말고 늘 희망에 살아갔으면 한다. 지혜의 왕 솔로몬은 인간이 희망을 잃으면 마음에 병이 생긴다고 했다.(잠13:12)

4. 창해일속滄海一粟

지극히 미미하고 하찮은 것이라는 뜻으로 송나라의 소식蘇軾이 지은 적벽부에 나오는 말이다. 푸른 바다 속에 있는 좁쌀 한 알과 같다는 뜻이다. 이 말은 자기 자신을 비우는 낮아짐과 겸손의 뜻으로 쓰였다.

성경 요한복음에는 예수가 그 영광을 버리고 사람이 되셨다는 도성인신의 기록이 있다. 이 말은 신이 인간이 되었다는 말이다. 낮아짐의 극치가 도성인신이다. 예수님의 제자가 된 사도 바울의 겸손을 보면
그는 처음에 자기 자신을 사도라고 했다.
다음에는 사도 중에 지극히 작은 자라고 했다.
다음에는 지극히 작은 자 보다 더 작은 자라고 했다.
다음에는 죄인이라고 했다.
다음에는 죄인 중에 괴수라고 했다.
다음에는 만물의 찌꺼기라고 했다.

인간에게 있어서 교만이란 자기 자신의 실존보다 자기를 더 크게 보이려고 자기를 부풀리는 것이다. 개구리가 뱀을 만나면 크게 보이려고 몸에 바람을 넣어 자기를 부풀린다. 하지만 뱀은 결코 포기하지 아니하고 그 개구리를 잡아먹는다.

겸손은 바람을 뺀다는 뜻이고 자기를 낮춘다는 뜻이다. 교만은 실존의

자기보다 자기를 더 크게 보이려고 많은 사람들이 자기 이름 앞에 많은
형용사를 붙인다. 그러나 그것 때문에 결코 자기가 높아지지 아니한다.

그래서 현자는 지혜를 자랑하지 말고
용사는 힘을 자랑하지 말고
부자는 돈을 자랑하지 말라고 했다.

사랑과 법과 정의를 세상에 펴는 일을 하면서
자기 자신을 비우는 겸손 창해일속의 정신에 살아갔으면 한다.

성어成語 4題(2)

1. 군맹평상群盲評象

이 말은 장님들이 코끼리를 논평한다는 말로써 불교 열반경涅槃經에 나오는 말이다. 사람들이 사물을 전적으로 이해하지 못하고 일부분에만 집착하면서 이것이 옳다, 저것이 옳다 하고 자기주장만을 하는 사람들을 평하여 이르는 말이다.

한 나라의 임금이 대신들을 명하여 맹인들에게 코끼리를 만지게 한 후에 왕은 맹인들에게 자기가 만져본 코끼리에 대하여 느낀 소감을 말해보라고 했다.

상아를 만진 자는 긴 무

머리를 만진 자는 큰 돌

다리를 만진 자는 기둥

꼬리를 만진 자는 밧줄

코를 만진 자는 긴 뱀

귀를 만진 자는 부채

배를 만진 자는 천정이라고 주장을 했다.

그런데 이야기를 하면서 모두가 자기의 주장과 다르면 상대를 향해서 무식한 자라고 멸시를 하는 것이다.

여기에서 말하는 코끼리는 불교의 진리를 상징적으로 이르는 말이다. 그래서 이 우화는 불교의 진리를 부분적으로 이해를 하고 있음에도 그것이 불교진리의 전부인 양 자기가 옳다고 주장하는 어리석은 사람들을 두고 하는 말이다.

기독교에서도 많은 학자들이 전지, 전능, 무소부재하신 하나님을 설명하면서 이러쿵저러쿵 많은 설명들을 한다. 하지만 인간이 하나님을 설명하기란 얼마나 어려운지 인간이 좁쌀만한 공간에 들어가 살기보다도 더 어렵다는 사실을 알아야 한다. 제 아무리 설명을 해보아도 군맹평상이다.

2. 공수래공수거空手來空手去
인간이 이 세상에 태어날 때 손에 가지고 온 것이 아무것도 없고, 또 인간이 죽을 때에도 손에 가지고 가는 것이 아무것도 없다는 뜻이다.

구약 욥기서를 보면 옛날 우스 땅에 욥이라고 이름 하는 사람이 살고 있었다. 그에게는 아들 일곱과 딸 셋이 있었고 소유물도 많이 있고 종도 많이 두어서 이 사람을 모두가 동방사람 중에 가장 큰 자라고 했다.

그런데 하루는 사환이 욥에게 와서 욥의 자녀들이 맏아들의 집에서 음식을 먹을 때에 스바 사람이 와서 종들을 다 죽였다고 했다.
잠시 후에 사람이 와서 불이 하늘에서 떨어져 양과 종들을 다 살라버렸다고 했다.
잠시 후에 갈대아 사람이 와서 그들이 낙타 떼를 빼앗고 종들을 칼로 다 죽였다고 했다.

잠시 후에 사람이 와서 형제들이 맏형의 집에서 음식과 포도주를 먹고 마시다가 모두가 죽었다고 했다.

이 말을 들은 욥은 일어나 겉옷을 찢고 머리털을 밀고 땅에 엎드려 예배하며 말했다.
내가 모태에서 알몸으로 나왔으니 내가 또한 알몸으로 돌아가리라.
이 말이 인간이 빈으로 세상에 왔으매 빈으로 떠난다는 것이다.
공수래공수거, 빈손으로 왔다가 빈손으로 간다.

3. 길흉화복吉凶禍福

좋은 일과 나쁜 일, 행복한 일과 불행한 일을 아울러 이르는 말이다. 이 모두는 인간의 모든 삶은 내일 일을 예측할 수가 없다는 말이다.

구약성서에는 복 있는 사람과 악인에 대한 이야기가 잘 기록되어 있다.
복 있는 사람은 악인들의 꾀를 따르지 아니하며
죄인의 길에 서지도 아니하며
오만한 자들의 자리에 앉지도 아니하고
오직 여호와의 율법을 즐거워하여 그의 율법을 주야로 묵상하는 사람이라 했다.

악한 사람은 오직 바람에 나는 겨와 같고
심판을 견디지 못하며 의인들의 모임에 들지도 못하고
하는 일이 불행해진다고 했다.
좋은 일, 행복한 일은 여호와의 말씀을 주야로 묵상하는 데 있고
나쁜 일, 불행한 일은 여호와의 말씀을 묵상하지 아니하는 데 있다는

것이다.

시편기자 다윗은 허물의 사함을 받고 자신의 죄가 가려진 자는 복이 있다 하였고 마음에 간사함이 없고 여호와께 정죄를 당하지 아니하는 자는 복이 있다고 했다.

4. 새옹지마塞翁之馬

새옹이라는 말은 옛날 중국의 북방 변새邊塞에 살았다는 한 노인을 칭하는 말이고, 인생의 길흉화복은 변화가 많아서 인간이 예측하기 어렵다는 뜻이다.

변방에 사는 한 노인이 자기가 기르던 말이 어느 날 도망을 갔다.
이때 모두들 이 노인을 보고 흉조라고 했다.
그런데 얼마 후에 그 말이 다른 준마駿馬을 데리고 돌아왔다.
이때 모두들 노인을 보고 길조라고 했다.

후에 주인 아들이 그 말을 타다가 떨어져 절름발이가 되었다.
이때 모두들 주인을 향해서 흉조라고 했다.
어느 날 나라에 전쟁이 나자 마을의 청년들이 모두가 전쟁에서 죽었다.
하지만 다리를 저는 주인의 아들은 징병徵兵을 면했다.
이때 모두들 주인을 향해서 길조라고 했다.
한때의 이익이 장래의 손해가 되기도 하고
한때의 화가 장래에 복을 가져오기도 한다는 말이다.

신약성서에서 야고보 선생은 너희는 내일 일을 알지 못한다고 했다. 마태는 너희는 내일 일을 위하여 염려하지 말라 내일 일은 내일이 염려할 것이요 한 날의 괴로움은 그 날로 족하다고 했다. 그리고 바울은 네 은혜가 네게 족하다고 했다.

이래도 저래도 인간은 감사함으로 인생을 살아야한다는 교훈이다.

이상理想은 영혼의 횃불

이상이라고 하는 말의 사전적 의미는 생각할 수 있는 범위 안에서 가장 완전하다고 여겨지는 상태를 말하는 것이다. 이상이 없는 사람은 미래가 없는 사람이다. 유대인 가운데에는 삶의 정설을 뒤바꿔놓은 많은 개혁자들을 볼 수가 있다.

창세기에서 하나님이 천지와 만물을 만드시고 인생을 내시면서 인간의 손에 세계를 맡기실 때 이 세계를 보다 더 좋게 만들 책임을 지워주셨다고 유대인들은 교훈한다.

이 세계가 정의가 실현되는 세계,
평등과 평화가 충만한 세계,
이상이 실현되는 세계이다.
유대인들은 성서에서 이상을 배우고
이상은 미래가 있는 내일을 있게 한다고 한다.

구약의 요셉은 어릴 적부터 꿈을 잘 꾸고 꿈 해석을 잘 하는 인물로 유명하다. 그런데 요셉은 자기가 가진 이상理想대로 다 이루어졌다. 어린 시절 꿈 때문에 형들에게 많은 미움을 받고 멸시를 당했다. 애굽에 노예로 팔려갔지만 곡절 많은 운명을 신앙으로 극복했다. 요셉은 칠전팔기하는 신앙으로 애굽의 국무총리가 되고 7년의 기근에서 만인을 살리는 위대한 지도자가 되었다.

인간의 이상은 영혼의 횃불이다. 100여 년 전에 가난한 양치기 노인이 있었다. 그는 두 아들을 데리고 양을 치는데 하늘을 날아가는 기러기 떼를 보고 아들이 아버지에게 물었다.

아들: 아버지, 저 기러기들은 어디로 가는 가요?
아버지: 따뜻한 남쪽 나라를 향해 날아가는 것이다.
큰아들: 우리도 새처럼 하늘을 날 수가 있으면 좋겠네요?
아버지: 네가 원하기만 한다면 이상의 날개를 달고 흔들리지 아니하는 목표를 세우고 노력하면 가고 싶은 곳을 갈 수가 있는 거야.

이때부터 두 아들은 아버지의 말씀을 깊이 마음에 새기고 하늘을 난다는 꿈을 실현하기 위해서 노력하고 또 노력해서 결국 하늘을 날았다. 곧 비행기를 발명한 라이트 형제다. 라이트 형제는 세계 최초의 동력 비행기 제작자인 미국의 윌버 라이트와 오빌 라이트 형제를 가리키는 말이다. 이상의 힘은 강하다. 이상의 힘은 인류의 영혼을 밝히는 횃불이다.

윌버 라이트와 오빌 라이트 형제는 미국 연합 형제단 교회의 청빈한 목사였던 밀턴 라이트의 셋째와 넷째 아들로 태어났다. 목적이 있는 사람에게는 용기가 있다. 성공을 하기 위해서는 반드시 고통을 겪어야 한다. 산상의 나무처럼 바람의 연마를 겪으면 강해질 수 있다.

기회가 없다고 불평하면 기회가 보이지 아니한다.
기회는 준비된 사람에게만 찾아오는 것이다.
무거운 짐을 진 사람만이 비바람을 견딘다.
아무것도 바꾸지 않으면 아무것도 변하지 않는다.
용기란 성취가 아니고 계속 시도하는 것이다.

1903년 12월 17일 라이트 형제는 역사상 처음으로 무거운 물체를 하늘로 떠오르게 하였다. 한 걸음 더 나아가 마음대로 완전한 조종이 가능하게 하는데 성공을 하게 되었다고 한다. 이런 과정은 어떻게 만들어졌을까? 이상이 영혼의 햇불이다.

특히 이 시절엔 하늘을 나는 것에 대한 도전을 하는 사람들도 많았고 실제로 그렇게 하다가 갑작스런 바람에 휩쓸려서 목숨을 잃는 일도 많았다. 라이트 형제들은 주도면밀하게 이런 일을 대비해서 항상 키티호크의 모래 언덕에서 비행을 연습했었고 이로 인해서 죽거나 부상을 당하는 큰일은 면할 수 있었다고 한다. 1910년 그들은 처음으로 공개적인 첫 비행을 시작했다.

하나님이 창조하신 창조의 세계가 더 좋은 창조의 세계를 위해서 노력하고 이상은 영혼의 햇불임을 생각하면서 우리도 이상을 가지고 살았으면 한다.

풍악을 울려라 나팔을 불라

초하루와 보름과 우리의 명절에 나팔을 불지어다. 이는 이스라엘의 율
례요 야곱의 하나님의 규례로다. 나는 너를 애굽땅에서 인도하여 낸 여
호와 네 하나님이니라. 내 백성이여 들으라. 내가 네게 증언하리라. 이
스라엘이여 내게 듣기를 원하노라 너희 중에 다른 신을 두지 말며 이방
신에게 절하지 말지어다.(시81편)
이 시편을 소재로 하여 굿거리장단으로 「풍악을 울려라」는 복음송이
있다.

풍악을 울려라
풍악을 울려라 북들을 쳐라
1) 현금에 맞추어 비파소리 곱게 초승에 한 보름에
우리네 축제일에 너희는 우렁차게
아— 아. 나팔을 불라.

풍악을 울려라 북들을 쳐라
2) 이것이 이스라엘의 법이로다 야곱의 하나님의
명이시로다 이집트 땅에서 나가 실제
요셉에게 내리신 법이로다.

풍악을 울려라 북들을 쳐라
3) 전에는 모르던 말씀 나는 들었나니
등짐 지던 그의 어깨를 내가 풀어서 채롱 들던
그의 손도 풀리었도다.

풍악을 울려라 북들을 쳐라
곤경 중에 네가 부르짖을 때
나는 너를 구하여 주었노라
다른 나라 신들을 모시지 말라 뜨내기 신에게 절하지 말라
나는 주님 너의 하나님이로다.
이집트 땅에서 너를 끌어냈노라.

이 가사가 일절과 이절과 삼절이 모두가 길이와 높낮이가 다르면서 독
특성이 있다. 초승에 한 보름에 우리네 축제일에 너희는 우렁차게 나팔
을 불라 등짐 지던 그의 어깨를 내가 풀어서 채롱 들던 그의 손도 풀리
었도다. 곤경 중에 네가 부르짖을 때 나는 너를 구하여 주었노라. 참 은
혜로운 복음송이다.

나팔을 불라 나팔을 불라
초승에 한 보름에 우리네 축제일에
너희는 우렁차게 나팔을 불라

왜 오늘 우리가 나팔을 불고 풍류를 울리며 즐거워해야 하는가?
예수 그리스도 안에는 늘 기쁨이 있고 소망이 넘치기 때문이다.
데살로니가전서 4장16~17절에는 주께서 강림하실 때는 하나님의 나

팔 소리로 친히 하늘로부터 강림하시리니 그리스도 안에서 죽은 자들이 먼저 일어나고 그 후에 우리 살아남은 자들도 그들과 함께 구름 속으로 끌어 올려 공중에서 주를 영접하게 하시리니 그리하여 우리가 항상 주와 함께 있으리라고 했다.

유대인들에게는 나팔을 부는 나팔절이 있다. 또 여러 절기 때마다 나팔을 불고, 전쟁을 할 때마다 나팔을 불고, 모이고 행진을 할 때마다 나팔을 불었다. 그리고 하나님의 임재의 뜻으로도 나팔을 불었다.(민10:2~10)

나팔에는 두 종류가 있었다. 하나는 양각이고 하나는 은으로 된 곧은 악기다. 굽은 나팔은 가장 원시적인 나팔로써 숫양의 뿔을 가지고 만들었다. 나팔은 종교적인 악기로도 사용 되었으며(출19:13, 레25:9) 싸움의 호령으로도 나팔을 사용했다.(사6:34, 왕상13, 암3:6)

은으로 만든 가늘고 긴 나팔은 종교적인 행사에서 제사장들이 사용을 했고, 이스라엘 사람들이 축제를 할 때에도 이 악기들을 가지고 나팔을 불렀다. 히브리역서로 7월 초하루는 나팔절이기도 하다. 이스라엘에서는 가을이 신년이기 때문에 이날은 신년 초하루에 해당하는 축제일이다. 나팔을 불면서 이 날을 기념했기 때문에 나팔절이란 이름이 생겼다.(민29:1~6, 레23:23~25)

오늘날도 나팔은 여러 면에서 많이 사용되고 있다. 교회에서도 나팔을 사용하고 국가의 행사의식에서도 나팔을 불고 군대에서도 나팔을 많이 사용한다. 특히 군대에서는 이른 새벽에 기상나팔을 불면서 하루의 일과가 시작이 된다. 기상나팔을 불면 모두는 일어나 옷을 입고 침구를 정리한다. 점호가 끝이 나면 세면 후에 식사를 하고 군장을 갖추고 훈련에 임한다.

밤이 되면 취침나팔을 불면서 편히 쉼에 들어간다. 나팔소리가 좋게 들리는 사람들은 나팔을 불 때마다 기운찬 군대생활을 잘하지만 나팔소리가 싫은 사람들은 군 생활을 싫어한다. 우리 주변에는 한 사건에서 양면성을 보여주는 일들이 많이 있다. 음료를 마시면서 어떤 이는 한 잔을 마신 후에 벌써 반병을 마셨네 하고, 어떤 이는 아직도 반병이 남았다고 한다. 전자는 비관론자이고 후자는 낙관론자이다.

인간의 삶은 언제나 생로병사 속에서 비관론과 낙관론이 있고 빛과 어두움, 희망과 절망, 기쁠 때와 슬플 때가 있다. 이것이 마치 뫼비우스의 띠와 같이 양면성을 가지고 끊임없이 돌고 도는 사고의 구조로 되어 있다.

그러나 예수 그리스도 안에서 신앙을 가지고 살아가는 사람은 항상 도우시는 여호와 하나님이 계시기에 우리의 삶에는 나팔을 불고 풍류를 울리고 감사하는 마음으로 인생을 살아야 한다.

시편 81편에는 인도자를 따라 깃딧에 맞춘 아삽의 시가 있다.
여기에서도 초하루와 보름과 우리의 명절에 나팔을 불자고 했다.
우리의 능력이 되시는 하나님을 향하여 기쁘게 노래하며
야곱의 하나님을 향하여 즐거이 소리치자는 것이다.
시를 읊으며 소고를 치고 아름다운 수금에 비파를 아우를지어다.

초하루와 보름과 우리의 명절에 나팔을 불지어다.
이는 이스라엘의 율례요 야곱의 하나님의 규례라는 것이다.

풍악을 울려라. 북들을 쳐라. 나팔을 불라.
나는 너를 애굽땅에서 인도하여 낸
여호와 네 하나님이니라.
풍악을 울리고 나팔을 불라.

세월 따라 불러본 노래

가는 세월 오는 백발이란 격언이 있다. 세월이 가면 자연히 나이를 먹어 늙게 된다는 말이다. 시간과 조류는 사람을 기다리지 아니 한다Time and tide not wait for man고 하였는데 흐르는 세월 따라 내 나이가 80이 넘었다. 나는 자유민주주의 대한민국에 살면서 세월 따라 나라사랑하는 노래들을 불렀다.

우리나라는 1910년에 일본에게 국토를 빼앗기고 35년동안 일본의 식민지로 있었다. 압박과 설움, 가난과 굶주림 속에서 많은 고생을 했다. 두들겨 맞고 밟히고 찔리고 빼앗기고 멸시를 받으며 살았다. 그러다가 우리가 일제의 극악한 식민지 수탈로 인해서 극도로 피폐해 있을 때 심각한 문제가 대두되자 1930년에 와서는 이 나라의 많은 젊은이들이 농촌 문제에 관심을 보이기 시작했다.

1930년대에 와서는 조선일보에서 문맹퇴치 운동이 일어나고, 동아일보에서는 브나로드운동을 전개했다. 브나로드Vnarod 운동이란 1870년대 러시아에서 청년 귀족과 학생들이 농민을 대상으로 사회 개혁을 이루고자 일으킨 계몽운동을 말하는 것이다. 우리나라에서도 농촌계몽운동에 헌신하는 양심적 지식인의 모습을 감동적으로 잘 표현해주고 있는 이광수의 소설 『흙』과 심훈의 『상록수』가 있다.

1945년 8월 15일에는 일본이 항복하고, 그 통치 지역이었던 한반도는 군사적인 편의에 따라 38선을 경계로 하여 남북한은 미·소 양군에 의하여 분할 점령되었다. 나는 1939년에 태어났다. 1945년에 초등학교 1년을 마치면서 해방이 되고 1951년에 초등학교를 졸업했다. 초등학교 다닐 때에는 박태원이 작사하고 김성태가 작곡한 「독립행진곡」을 부르면서 조국이 있음에 감사했다.

독립행진곡:
어둡고 괴로워라 밤이 길더니 / 삼천리 이 강산에 먼동이 텄네
동무야 자리 차고 일어 나거라 / 동무야 발맞추어 함께 나가자
우리의 앞길이 양양 하도다.

1950년 6월 25일 새벽에는 북위 38°선 전역에 걸쳐 북한군이 불법 남침함으로써 한반도에는 전쟁이 일어났다. 3년의 전쟁에서 모두는 상처 투성이 뿐이고 1953년 7월 27일 정전협정이 체결 되었다. 나는 1954년에 중학교를 졸업했고 당시에는 6·25 노래를 부르면서 국가의 소중함을 느꼈다.

6·25 노래:
압박과 설움에서 해방된 민족 / 싸우고 싸워서 세운 이 나라
공산 오랑캐의 침략을 받아 / 공산 오랑캐의 침략을 받아
자유의 인민들 피를 흘린다 / 동포여 일어나라 나라를 위해
손잡고 백두산에 태극기 날리자.

내가 고등학교를 다닐 때나 신학교를 다닐 때에는 자유당 시절이었다. "못살겠다. 갈아보자"는 야당의 선거구호에 자유당은 질세라 "갈아봐야 별 수 없다. 구관이 명관이다"라는 구호로 맞서면서 불법선거까지 강행하여 정권을 연장했다. 그 후 1960년 4·19 민주화 운동을 가져오게 되었고, 1961년 5·16에는 군인들이 군사혁명 6개 공약을 걸고 군사혁명을 일으켰다.

군사혁명 6개 공약은 다음과 같다.
1. 반공을 국시의 제1의로 삼고
2. 유엔헌장을 준수하고 국제협약을 충실히 이행할 것이며
3. 이 나라 사회의 모든 부패와 구악을 일소하고
4. 절망과 기아선상에서 허덕이는 민생고를 시급히 해결 하고
5. 민족적 숙원인 통일을 위하여 공산주의와 대결할 수 있는 실력 배양에 전력을 집중하고
6. 이와 같은 우리의 과업이 성취되면 참신하고도 양심적인 정치인들에게 언제든지 정권을 이양하고 본연의 임무에 복귀한다는 것이다.
그러면서 1961년 군사혁명 정부는 곧 "브나로드" 운동같이 새마을 운동에 돌입하고 국민 모두는 새마을 운동에 동참했다.
이때 우리 모두는 잘살아 보세라는 노래를 감동적으로 불렀다.

잘살아 보세:
잘살아 보세 잘살아 보세 / 우리도 한번 잘살아보세
금수나 강산 어여쁜 나라 / 한마음으로 가꿔가며
알뜰한 살림 재미도 절로 / 부귀영화 우리의 것이다.

그런데 인간이 잘 산다고 하는 것은 하나님이 주신 인생의 목적에 맞게 하나님의 자녀로서 하나님의 뜻대로 살아가는 것인데 여기에서 '잘 살아보세'라고 하는 말은 경제적인 풍요를 많이 강조했다. 이러한 노래와 함께 박정희 대통령이 작사 작곡한 「새마을 노래」도 등장했다.

새마을 노래:
새벽종이 울렸네 새 아침이 밝았네
너도나도 일어나 새마을을 가꾸세
살기 좋은 내 마을 우리 힘으로 만드세

새마을이 되자면 먼저 인간자신이 새로워져야 하고, 자신이 거듭나면 새 가정이 되고, 새 가정이 되면 새마을도 되는데 하는 아쉬움을 가지고 노래를 열창하면서 우리도 한번 잘 살아 보자고 다짐했다. 이 시절에 우리 국민은 모두가 가난에 지치고, 잘 사는 것이 평생소원이기도 했다.

국가는 경제개발 5개년 계획을 세우고, 새마을운동을 일으켰으며, 산업 부흥에 전력을 쏟았다. 이 당시에는 우리 민족 국민소득 일천 불, 연간 수출 백억 불이 간절한 염원이었다. 이때 심훈의 소설 「상록수」가 영화화되면서 모두가 잘살아보고 살기 좋은 나라 만들기에 많은 노력을 했다. 이 영화에서 농촌청년들이 부른 애향가가 많은 영향력을 주었고 나도 신학교를 졸업하고 지방으로 내려가서 농촌운동에 동참하고 애향가를 불렀다.

애향가:

1. X X 만灣과 X X 산山 마르고 닳도록
   정들고 아름다운 우리 한곡漢谷 만세
후렴: 비바람이 힘궂고 물결은 사나워도
      피와 땀을 흘러가며 우리고장 지키세
2. 우리들은 가난하고 힘은 아직 약하나
   송백松柏같이 청청하고 바위처럼 버티세
3. 한 줌 흙도 움켜지고 놓치지 말아라
   이 목숨이 끊기도록 북돋우며 나가세

그 후 1963년에는 전북 무주구천동을 배경으로 하여 「쌀」이라고 하는
영화가 상영되었다. 물이 없어서 사람들이 쌀을 구경하지 못하고 밭농
사로 살아가는 이곳에 산을 뚫어 수로를 내고 논을 일구어서 산골마을
에서 쌀을 수확하는 내용의 영화다. 이 영화는 「상록수」와 같은 주인
공들이 모두 그 배우로 되어 있다.

이 「상록수」와 「쌀」이라고 하는 영화가 사회적으로 큰 파급 효과를 가
져왔고 새마을운동에도 많은 영향을 주었다. 이 영화를 보고 감동하여
모두가 농민운동을 시작하기도 하고 여기에 나오는 작품의 주인공들
처럼 살아야겠다고 거듭거듭 다짐하기도 했다.

그러면서 경제의 성장도 가져오고 나라도 점차 안정을 되찾아갔다. 그
런데 군사혁명 공약 6가지 가운데 우리의 과업이 성취되면 참신하고도
양심적인 정치인들에게 언제든지 정권을 이양하고 본연의 임무에 복
귀 한다는 6번의 공약은 끝까지 지켜지지를 아니했다.

이렇게 해서 해를 거듭하면서 우리나라는 우리가 노력한대로 부르던 노래대로 이제는 경제사정이 많이 좋아졌다. 70년대를 지나 1980년대에 와서는 2차 산업의 비중이 1차 산업을 능가하고 산업화로 접어들면서 경제는 좋아져 가면서도 나라꼴은 이상하게 되어갔다.

옛날과 같은 농촌 계몽운동은 점차 사라지고 젊은 청소년들은 도시로 모여들게 되고 쌀을 생산하는 토지는 집터로 변했고 90년대는 부동산으로 돈을 벌자는 한탕주의가 판을 치기도 했다. 민주화로 접어들면서 이 나라 국민정서는 점점 두 쪽으로 갈라지고 빈부의 격차는 점점 더 심해져 갔다. 지역 간의 갈등, 노사 간의 갈등, 계층 간의 갈등, 빈부 간의 갈등이 사회의 문제화가 되었다.

러시아의 소설가요 사상가인 톨스토이가 그의 『인생독본』에서 부자 집에는 여러 개의 방이 있어도 거지가 하룻밤을 잘 자리는 없고, 가난한 농부의 단칸방에는 낯선 나그네를 기꺼이 받아드린다고 했는데, 오늘날 우리나라 부자는 더더욱 인색해지고 가난한 자는 단칸방에서도 쫓겨나야만 한다. 지금도 우리 모두는 많은 문제에 갈등을 가지고 살아가고 있다.

죽어가고 있는 내 이웃에게는 아무런 관심도 없으면서 우리를 향해서 총칼과 탱크 미사일을 쏘아 대고 핵보유국에만 혈안이 되어있는 북한을 동족이라며 마구 퍼주는 이상한 정부가 되었다. 그런데 우리나라의 애국가를 보면 우리는 하나님이 보우해주시는 나라로 되어 있다. 하나님이 이 나라를 보호해 주시는 한 우리는 결코 망하지 않는다는 희망에 산다.

애국가:
동해물과 백두산이 마르고 닳도록 / 하느님이 보우하사 우리나라 만세
무궁화 삼천리 화려 강산 / 대한 사람 대한으로 길이 보전하세

하나님을 신앙하고 살아온 나는 이제 80의 나이를 지났다. 그 동안 격동의 시대를 살아왔다. 나에겐 서울 한복판에 송곳을 꽂을 만한 땅이 없고 가진 것이 없어도 지금 생명이 살아있음을 하나님께 감사하고 눈 감으면 나오는 내 입의 노래는 지금을 주신 하나님께 감사해서 「지금까지 지내온 것 주의 크신 은혜라」라는 이 찬송을 자주 부른다.

지금까지 지내온 것:
지금까지 지내온 것 주의 크신 은혜라
한이 없는 주의 사랑 어찌 이루 말하랴
자나 깨나 주의 손이 항상 살펴주시고
모든 일을 주안에서 형통하게 하시네.

이 찬송을 부르는 이유는 나의 모든 삶이 주님의 사랑과 은혜로 이루어져 왔음을 고백하며 앞으로도 주님께서 함께하시고 인도해주실 것을 확신하고 고백하기 때문이다. 가난한 사람을 학대하는 자는 그를 지으신 이를 멸시하는 자요 궁핍한 사람을 불쌍히 여기는 자는 주를 공경하는 자라고 했다.(잠14:31)

예수님은 사람이 만일 온 천하를 얻고도 제 목숨을 잃으면 무엇이 유익하리요 사람이 무엇을 주고 제 목숨과 바꾸겠느냐? 네 이웃을 내 몸과 같이 사랑하라는 것이다.(마16:26)

이러한 정신이 없는 물질의 풍요는 아무런 의미가 없는 것이다.

이제 우리는 물질중심에서 하나님의 말씀중심으로 돌아가는 삶의 방향을 이제라도 찾았으면 한다.
세월 따라 불러온 나라 사랑하는 노래들이다.

마무리의 중요성

구약의 사무엘은 이스라엘 역사에 있어서 사사시대가 끝이 나고 왕정 시대가 열리는 시기에 마지막 사사며, 선지자요, 제사장이다. 사무엘은 하나님 야훼의 계시에 따라 초대 왕 사울과 2대 왕 다윗을 이스라엘 왕으로 세우고 초심을 잃지 않고 끝까지 자기의 소임을 다하고 물러난 유종의 미를 잘 거둔 사람이다.

유종의 미란 시작한 일을 끝까지 잘하여 좋은 결과를 가져오는 것이고, 용두사미龍頭蛇尾란 시작은 좋으나 끝이 좋지 않음을 비유적으로 이르는 말이다. 우리가 모든 일에 용두사미가 되지 아니하려면 초심을 잃지 말아야 마무리가 잘된다.

신약성서에서 예수님의 제자 베드로는 거꾸로 십자가에서 죽을 때까지 충성을 다한 제자이고 유종의 미를 거둔 제자이다. 그런데 가룟 유다는 주의 제자로 출발해서 예수를 배반한 제자가 되고 스스로 나무에 목을 매어 죽는 제자가 되고 말았다. 전자는 유종의 미를 잘 거둔 제자이고 후자는 용두사미로 끝이 난 제자다.

미국 하버드 대학교 졸업생들은 일의 시작을 중요시하되 그 결과는 더욱 중시한다고 한다. 반쪽자리 공사는 절대 남기지 아니하고, 일의 포기는 절대 있을 수 없고 죄로 규정하는 것이다.

성서에는 인생의 집을 짓는 이야기가 잘 기록되어 있다.
반석위에 세운 집과 모래위에 세운 집의 이야기이다.
반석위에 집을 짓는 자는 지혜로운 사람이고,
모래위에 집을 짓는 자는 미련한 사람이다.

반석위에 지은 집은 바람이 불어 그 집에 부딪쳐도 무너지지 아니하지만 모래위에 지은 집은 비가 내리고 창수가 나고 바람이 불면 그 무너짐이 심하다고 했다. 우리 기독교 신자는 믿음의 반석위에다 믿음의 좋은 집을 짓는 성도가 되어야 한다.

옛날에 기술이 참 좋은 달인의 목공이 살고 있었다. 그는 유명회사의 부름을 받아 평생 동안 집을 짓는 건축 일을 해왔다. 세월이 지나서 목공이 은퇴를 하게 되자 회사 사장님은 목공에게 은퇴하기 전에 마지막으로 좋은 집 한 채를 지어달라는 부탁을 했다.

은퇴를 앞둔 목공은 이 사장님의 마지막 부탁을 마지못해 승낙을 했다. 그리고 재료도 싸구려, 기술도 적당히 하면서 낮은 수준의 부실한 집을 지었다. 그는 초심을 잃고 초지일관 하지를 못했다. 그동안 많은 집을 지을 때에는 반석위에 지은 집같이 모두 잘도 지었는데 마지막으로 잘 지어달라는 주인의 부탁은 모래위에 지은 부실한 집이 되고 말았다.

집이 다 지어지고 은퇴식을 한 다음 사상님은 은퇴하는 목공에게 인사를 하면서 그동안 우리 회사에서 참으로 수고가 많았다면서 열쇠 하나를 건네주며 말을 했다. "마지막 지은 이 집은 내가 당신에게 주는 은퇴선물입니다." 이 말에 목수는 얼굴이 붉어지고 정신이 멍해지고 부끄러움이 몰려왔다. 지금까지 많은 집을 지었지만 가장 조잡하고 질 낮은 모래위에 지은 집이었기 때문이다.

우리는 무슨 일을 하든지 일에는 마무리가 중요하다. 유종의 미를 거둬야 하는 것이다. 용두사미가 되지 말고 모든 일을 아름답게 이루어야 한다. 예수를 믿는 믿음도 유종의 미가 중요하다. 결코 용두사미가 되어서는 안 된다.

「주의 말씀 듣고서 우리 집 잘 짓세」라는 찬송을 보면 반석위의 집을 강조했다.

주의 말씀 듣고서 준행 하는 자는
반석위에 터 닦고 집을 지음 같아
비가 오고 물나며 바람 부딪쳐도
반석위에 세운 집 무너지지 않네
잘 짓고 잘 짓세 우리 집 잘 짓세
만세반석 위에다 우리 집 잘 짓세.

우리는 창수가 나고 바람이 불어 그 집에 부딪쳐도 무너지지 아니하는 신앙의 집을 잘 지어야 한다. 예수 그리스도의 말씀을 듣고 행하지 아니하는 자는 그 집을 모래 위에 짓는 어리석은 사람이 된다.

우리는 비가 내리고 창수가 나고 바람이 불어 그 집에 부딪쳐도
넘어지지 아니하는 인생의 튼튼한 집을 잘 지어야 한다.
만세반석 위에다 우리의 튼튼한 신앙의 집 마무리를 잘 하여야 한다.

부부일체 (1)

사람이 동등의 친구를 사랑하면 즐거움이 생기고, 소외층을 사랑하면 아름다움이 있고, 상사를 사랑하면 감사한 것이고, 자기를 사랑하는 사람은 행복한 사람이다. 그런데 부부의 사랑은 천생연분으로써 인간이 떼어 놓을 수 없는 꼭 맞는 부부의 사랑을 말한다.

예수님께서는 이혼에 관한 질문을 받고 답하시기를 사람을 지으신 이가 본래 남자와 여자로 지으시고 사람이 그 부모를 떠나서 아내에게 연합하여 그 둘이 한 몸이 된다는 것이다. 그리고 이제 둘이 아니요 한 몸이니 하나님이 짝지어 주신 것을 사람이 나누지 못한다는 것이다.(마 19:4~6)

그리스의 신화에는 "잃어버린 반쪽"이라는 이야기가 있다. 신이 처음 인간을 만들 때에는 양성인Androgynnos이었다. 이 말의 순수 우리말로는 '어지자지'인데 곧 남성과 여성을 한 몸에 지닌 사람을 지칭하는 말이다.

하늘의 제우스신이 인간을 처음 만들 때는 얼굴은 두 면, 팔도 넷, 다리도 넷이었는데 이 인간이 신들의 궁전을 공격할 만큼 너무 힘이 강하자 제우스신은 인간을 약골로 만들기로 했다. 곧 인간을 반으로 쪼개버리는 것이다.

제우스신은 인간을 두 쪽으로 갈라놓고 의술의 신 아폴론에게 치료를 하게 했다. 이때부터 반쪽이 된 인간은 서로가 자기의 반쪽을 목마르게 그리워하면서 리비도libido가 작용을 하면서 남성은 여성을, 여성은 남성을 찾는다는 것이다. 인류의 조상이라는 아담과 하와에서도 하나님은 아담을 흙으로 만드시고 하와는 아담의 갈비뼈로 만들었다. 그렇다면 아담과 하와도 역시 남남이 아니고 한 몸이다.

문제는 세월이 흐르면서 인간이 사는 각 나라 각 지역에서 그들이 가지고 있는 문화와 관습이 그들의 결혼을 결정했다. 그런데 잃어버린 반쪽을 찾기는 오늘날 우리가 생각하는 것처럼 그렇게 순조로운 것은 아니다. 갈라진 반쪽의 인간들이 자기의 짝을 찾아 결혼하지 아니하고 요즘은 동성애가 등장하면서 남성이 여장을, 여성이 남장을 하기도 한다.

이들이 전통적 부부관계의 카오스를 연출하고 있는 것이다. 이것은 하나님 창조의 질서에 어긋나는 행동이다. 맷돌이 위짝이 있고 아래짝이 있는데 다 같은 쪽만 있으면 그것은 그 기능을 다할 수 없어 버려야 한다.

결혼이란 무엇일까? 옛날 신라 시대 경주에 설씨라고 하는 노인이 살고 있었다. 늙은 홀아비로서 그에게는 착하고 지혜로운 딸이 하나 있었는데 그는 늙은 나이로 군대를 가야만 했다. 이에 노인의 딸은 늙은 아버지가 군대 가야 한다는 생각에 자기가 대신 가고 싶었지만 여자의 몸으로 어쩔 도리가 없었다.

그러자 같은 동네에 가실이라는 한 소년이 있었다. 그리고 이 소년은 설씨의 딸을 매우 사랑했다. 그는 생각다가 노인 대신에 자기가 군대에 가겠다고 자원을 했다. 노인과 딸은 당황하기도 했지만 무척도 반가웠다.

설씨 노인은 가실이가 자기를 대신해서 군대에 가겠다니 어떻게 그 은혜를 보답해야 할까 생각다가 자기 딸을 가실이에게 주겠다고 약속을 했다. 가실이도 원하던 바였다. 노인의 딸은 거울 하나를 꺼내서 반을 갈라 한 조각은 가실에게, 나머지 한 조각은 자기의 품에 넣고 훗날 혼인할 때의 증표로 삼았다.

그런데 3년이 지나도 가실은 돌아오지 않았다. 그래서 아버지는 딸이 다른 신랑감을 찾기를 원했다. 그러나 딸은 언약을 어기면 안 된다고 했다. 가실이는 군에서 적군과 싸우다가 적군의 포로로 잡혀가서 많은 고생을 하고 오랜 전쟁이 끝이 난 후에 자유의 몸이 되어 고향으로 돌아왔다.

그런데 가실이가 집으로 돌아왔을 때 포로에서 배고픔과 일에 지쳐서 너무나 많은 고생을 한 끝에 가실이는 전혀 딴 사람으로 변해서 알아볼 수가 없었다. 이때 설씨의 딸이 가실이에게 가지고 있는 거울을 꺼내보라고 했다. 가실이가 거울을 보이자 자신의 반쪽 거울과 가실의 거울을 맞추어 보고서 이는 내 약혼자 가실이가 분명함을 알고 혼례를 치렀다.

결혼은 갈라진 두 쪽의 거울이 합하여 하나이 된 것같이 맞아야 한다.

그래야 부부일체가 되고 천생연분이 되는 것이다.
결혼은 한 몸이니 하나님이 짝지어 주신 것을 사람이 나누지 못하는 것
이다.

생각해보는 부부일체다.

부부일체 (2)

옛날 솔로몬 왕에게는 아름다운 딸이 있었다. 왕은 미래의 사윗감이 마음에 들지 아니하자 딸을 작은 섬 외딴궁전에 가두고 둘레는 담을 높이 쌓았다. 서로가 만나지 못하게 한 것이다. 상심한 남자는 사막을 헤매다가 밤이 되어 추워지자 죽은 사자의 시체 속으로 들어갔다.

그런데 잠시 후에 큰독수리가 날아와서 모피 채로 남자를 들어 올려 공주가 머물고 있는 궁전위에 떨어뜨렸다. 그래서 둘이는 서로가 만나 사랑을 했다. 이런 것을 천생연분이라고 한다. 천생연분이란 자기의 짝을 제대로 찾은 사람을 말한다.

사람이 결혼을 하면 남자를 남편男便이라 하고, 여자는 여편女便으로 부른다. 편이라고 하는 말은 하나가 나누어진 반쪽을 이르는 말이다. 둘이 합쳐 하나를 지칭하는 말이 부부일체다. 남편 $\frac{1}{2}$ 과, 여편 $\frac{1}{2}$ 이 합하면 하나 1이 되는 것이 결혼의 신비다.

예수님께서도 사람이 그 부모를 떠나서 아내에게 연합하여 그 둘이 한 몸이 된다고 하였다. 전도서에는 두 사람이 한 사람보다 나음은 그들이 수고함으로 좋은 상을 얻을 것임이라 했다.(전4:9~12) 그들이 넘어지면 하나가 그 동무를 붙들어 일으키려니와 홀로 있어 넘어지고 붙들어 일으킬 자가 없는 자에게는 화가 있으리라는 것이다.

또 두 사람이 함께 누우면 따뜻하거니와 한 사람이면 어찌 따뜻하랴 한 사람이면 패하겠거니와 두 사람이면 맞설 수 있나니 세 겹줄은 쉽게 끊어지지 아니한다고도 했다. 이런 말은 사람이 결혼을 통해서 더 온전해진다는 것이다.

일본 신화에는 남신 이자나기와 여신 이자나미의 사랑의 이야기가 있다. 서로가 만났을 때 남신 이자나기가 여성 이자나미에게 물었다. "당신의 몸은 어떤 모양인가요?" 여신 이자나미가 대답했다. "참 잘 만들어졌습니다. 그런데 모자라는 곳이 한 곳 있습니다. 당신의 몸은 어떤 모양인가요?"

남신 이자나기가 말을 했다. "나도 참 잘 만들어졌습니다. 그런데 없어도 될 것이 하나 있습니다. 내게 더불어 있는 것으로 당신의 모자라는 것을 채웁시다." 이 요구에 여신 이자나미는 "참 좋은 생각입니다."라고 했다. 이리하여 이 둘이는 하늘의 기둥을 끼고 빙글빙글 돌다가 만나는 곳에서 결혼을 하게 되고 그 후에 일본의 많은 섬들을 낳았다는 것이다.

도끼가 있으면 자루가 있어야 하고, 칼이 있으면 칼집이 있어야 하고, 노래가 있으면 춤이 있는 것처럼 남자가 있으면 여자가 있어야 한다. 남자에 남자, 여자에 여자. 동성애자들은 결코 부부가 될 수 없다.

결혼의 의미는 가정을 이룸에 있고 가정은 역사의 흐름을 이어간다. 그래서 남과 남, 여와 여는 부부일체가 아니다. 동성애는 하나님의 창조의 역사에 역행하는 것이다.

결혼은 가정이다.
가정은 번성이다.
번성이 역사를 이룬다.
결혼은 하나님의 역사 창조에 동참하는 것이다.

그래서 하나님은 남자와 여자를 지으시고 사람이 그 부모를 떠나서 아내에게 연합하여 그 둘이 한 몸이 된다고 했다.

생각해보는 부부일체다.

바른 사고 옳은 행동

사람은 바른 사고에서 옳은 선택이 가능하다. 무엇인가 생각을 잘하면 머리가 좋다고 하고 엉뚱한 생각을 하면 속된말로 대가리가 나쁘다고 한다. 나는 어린 시절 초등학교를 다닐 때까지 아버지의 팔베개를 하고 잠을 잤다.

그러던 어느 날 밤 잠들기 전에 아버지는 시렁 위에 놓인 큰 장롱欌籠 하나를 가리키면서 나에게 질문을 했다. "너에게 만일 저만한 금덩이가 있다면 그것으로 무엇을 하겠는가?"

나는 한참을 생각다가 이렇게 대답을 했다.
"양지바른 언덕에 높고 넓은 큰 집을 짓고, 문전옥답 많이 사고, 식구들과 같이 좋은 음식을 먹으면서 편히 잘 살아가겠습니다."
이 말이 끝이 나자마자 아버지는 베개 하던 팔을 빼고는 주먹으로 내 머리에다 꿀밤을 세 번이나 주면서 말을 했다.

이놈의 자식!
이런 대가리를 가지고 뭣하겠나?
이런 대가리를 가지고 뭣하겠나?

이런 대가리를 가지고 뭣하겠나?

나는 울면서 말을 했다. "아버지 왜 때리세요?"
아버지는 말씀을 하셨다. "야! 이놈의 자식아, 그런 돈이 있으면 학교를
세워 교육을 하고, 공장을 건설하여 생산을 하고, 국민건강을 위해서
병원을 짓고 사회사업을 해 보겠다고 해야지 겨우 너만 처먹고 잘살면
되냐?" 하시고
또 머리를 쥐어박으면서
이건 머리가 아니고 대가리다!
이건 머리가 아니고 대가리다!
이건 머리가 아니고 대가리다! 라고 했다.

그 후부터 나는 돈이란 얼마까지는 내 것이 될 수 있지만 많으면 내 것
만이 아닌 우리 모두의 것이란 생각을 가지고 살았다. 구약 잠언에는
먹을 것이 없는 양반보다는 일꾼을 둔 상놈이 낫다고 했다. 사람이 살
아가면서 어느 정도 돈은 있어야 하지만 문제는 그 돈을 가지고 어떻게
사용해야 하는가가 문제이다.

예수님은 삼가 모든 탐심을 물리치라 하시고 사람의 생명이 그 소유의
넉넉한 데 있는 것이 아니라고 하면서 자기를 위하여 재물을 쌓아 두고
하나님께 대하여 부요하지 못한 자를 꾸짖었다.(눅12:15)

나는 1980년대 구라파 여행하면서 요한 웨슬레의 기념 교회와 그의 묘
지를 간 적이 있다. 기념교회 관장館長은 요한 웨슬레에 대하여 설명을
했다. 요한 웨슬레는 청교도 신앙의 가정에서 태어났고, 옥스퍼드 대학

교 크라이스트처치 대학에서 수학하고 25세 때 옥스퍼드 감독 포터로 부터 목사 안수를 받았다고 했다.

그가 설명한 요한 웨슬레의 삶의 규칙 12가지를 보면

1. 한시라도 놀지 말고 부지런히 일하라.
2. 함부로 말하거나 행동하지 마라.
3. 여자를 가까이 하지 마라.
4. 누가 사람을 나쁘다고 해도 믿지 마라.
5. 자기 생각을 함부로 남에게 하지 마라.
6. 사람의 잘못을 충고가 아니면 말하지 마라.
7. 잘난 척 하지 말고 섬기는 종의 자세를 가져라.
8. 죄짓는 일이 아니면 어떤 일도 부끄러워하지 마라.
9. 돈을 빌리지 마라.
10. 빚을 지지 마라.
11. 시간을 잘 지키라.
12. 하나님의 자녀답게 행동하라 이다.

이 요한 웨슬레의 인격과 신앙을 토대로 18세기에 메도디스트 운동이 일어났다. 이 운동이 부패하고 무력해진 정신적 파산 상태에 있는 영국을 건져 냈으며, 종교와 도덕을 혁신하고 간접적으로는 정치와 사회에도 막대한 공헌을 끼쳤다. 그리고 그 정신이 19세기말 미국에서 중생과 성결, 신유와 재림으로 번졌다. 성결의 은혜를 강조해 나가면서 전세계 각국에 전파되어 인간 내심의 변혁과 사회 개혁에 위대한 원동력이 되었다.

그런데 어느 날 이 요한 웨슬레가 부자 친구의 식사 초대를 받았다. 친구는 같이 말을 타고 자기의 농장 여기저기를 돌아다니면서 말을 했다. "내 농장의 넓이가 해 뜨는 저 산에서부터 해지는 저 강변까지이고 또 남쪽의 해변에서부터 북쪽의 넓은 들판의 끝까지가 모두가 내 땅입니다." 하며 자랑을 했다.

그리고 농장주인은 점심 식사를 하면서 친구 웨슬레에게 물었다.
"자네는 내 삶을 어떻게 생각하는가?"
이때 웨슬레는 한참을 생각다가 손가락으로 높은 하늘을 가리키면서 말했다. "자네. 저 하늘나라에는 얼마나 많은 땅이 있는가?"
이 질문에 친구가 아무런 말이 없자 웨슬레는 말을 했다.
"친구여! 이 모든 땅을 두고 떠나기가 아까워서 죽을 때 참으로 고생이 많겠네."라고 했다.

인간은 자기 소유의 양태樣態에서 벗어나 사랑을 가지고 인생을 어떻게 살아갔는가가 문제이다. 인간 삶의 문제는 소유의 넉넉한 데 있는 것이 결코 아니다. 성서는 사람이 만일 온 천하를 얻고도 제 목숨을 잃으면 무엇이 유익하리요 사람이 무엇을 주고 제 목숨과 바꾸겠느냐 라고 했다. 그리고 하늘에 양식을 쌓아두라는 것이다. 톨스토이는 돈을 벌어서 모으는 인간은 사람을 사랑할 줄을 모른다고 했다.

80이 넘은 이 나이에도 어린 시절 아버지에게 머리를 맞으면서
"이건 머리가 아니고 대가리다."
"이건 머리가 아니고 대가리다."
"이건 머리가 아니고 대가리다."

이런 말씀이 지금도 내 귓가에 쟁쟁 거린다.

사람은 바른 사고 옳은 행동을 위해서 대가리를 가지고 살지 말고 머리를 가지고 생각하며 인생을 살아가는 사람이 되어야겠다고 생각해본다.

보습犁鋒을 만드는 사람들

미국 뉴욕 시에는 UN 빌딩이 있다. 그 건물 앞에는 여러 가지 조형물이 여기저기에 서 있다. 그 중에는 커다란 권총 한 자루가 있다. 그런데 그 권총의 총신이 마치 실이나 노끈으로 매듭을 짓듯 총신이 한 바퀴 꼬여 있어서 전혀 사용할 수가 없는 권총이다. UN은 칼을 쳐서 보습을 만들자는 의미에서 이 조형물을 만들어 세웠다.

칼이란 금속의 한쪽 또는 양쪽 모서리에 날을 세워서 어떤 대상을 깎거나 베거나 썰거나 찌르는 데 쓰는 연장을 말한다. 편리하면서도 무서운 전쟁의 도구다. **보습**은 쟁기의 술바닥에 끼워 땅을 갈아 흙덩이를 일으키는 데에 쓰는 삽 모양의 쇳조각을 말한다. 땅을 경작하는 도구이기에 이는 평화의 상징으로도 쓰이는 말이다.

손에 쟁기를 잡고 밭을 가는 사람은 손에 든 칼을 버려라는 말이 있다. 그리고 파울로 코엘료는 그대의 적은 손에 칼을 들고 그대와 맞서는 사람이 아니라 등 뒤에 칼을 숨기고 그대의 곁에 서 있는 사람이라고 했다.

붓다는 손에 든 칼과 마음속의 칼을 구분했다. 『법구비유경』에는 이런 이야기가 있다. 부처님을 미워하는 이교도 바라문이 부처님을 해치려고 항상 칼을 품고 다녔다. 다니다가 어느 날 신도의 집에서 부처님과 마주칠 기회가 생겼다. 부처님은 이미 이 사실을 알고 계셨기에 문을 닫았다.

바라문이 말을 했다. "어째서 사람을 만나지 않고 문을 닫는가?"
부처님이 말을 했다. "이 문을 열게 하려거든 먼저 네 손에 든 칼을 버려라."
바라문은 문만 열리면 맨주먹으로라도 부처님을 해치려고 가지고 있던 칼을 땅에 버렸다. 그러나 문은 열리지 않았다.
바라문이 말을 했다. "칼을 버렸는데 왜 문을 열지 않는가?"
부처님이 말을 했다. "나는 네 마음속의 칼을 버리라는 것이지, 네 손에 든 칼을 버리라는 것이 아니다."

부처님의 말씀을 들은 바라문은 자신의 어리석음을 깨닫고, 부처님께 귀의하였다. 진정한 화해와 용서는 입이나 손이 아니라 마음에서 이루어져야 한다. 석가 붓다는 칼을 쳐서 보습을 만드는 사람이었다.

예수님은 칼을 쓰는 자는 칼로 망한다고 했다. 예수님께서 겟세마네동산에서 기도하고 계실 때 유다가 대제사장들이 파송한 큰 무리와 같이 칼과 몽치를 가지고 예수를 잡으려고 왔다. 이때 제자 베드로가 칼을 빼어 대제사장의 종을 쳐 그 귀를 떨어뜨렸다. 이때 예수님은 말을 했다. 네 칼을 칼집에 꽂으라. 칼을 쓰는 자는 다 칼로 망하느니라.

칼은 칼집에 꽂아야 한다.
칼과 몽둥이로 예수님을 잡아가겠다고 하는 일은 어리석은 일이다.

베드로가 칼로 예수님을 지키겠다고 하는 일도 어리석은 일이다. 칼이 문제를 해결하는 것이 아니고 예수님의 사랑이 문제를 해결하는 것이다.

이사야와 미가선지는 칼을 쳐서 보습을 만들라고 했다.(사2:1~4. 미 4:3) 인간의 역사는 정복과 지배의 역사요, 전쟁과 피 흘림의 역사다. 미가선지가 활동하던 당시에도 북이스라엘은 앗수르의 침략으로 노예 상태로 있었다. 지배계층은 앗수르에 아첨하면서 부를 축적하기에 바빴다. 힘의 논리를 앞세워 다른 사람을 억압하는 일들을 자행해 왔다.

그런데 성서는 율법은 시온에서 나오며, 주님의 말씀은 예루살렘에서 나온다고 했다. 선지자들은 때가 오면 예루살렘에서 주님께서 민족들 사이의 분쟁을 판결하시고, 원근 각처에 있는 열강 사이의 갈등을 해결해 주신다는 것이다.

그날이 오면 나라마다 칼을 쳐서 보습을 만들고, 창을 쳐서 낫을 만들 것이며, 나라와 나라가 칼을 들고, 서로를 치지 않을 것이며, 다시는 군사 훈련도 하지 않을 것이라는 것이다. 선지자 이사야와 미가는 인간 문제해결이 칼이 아니고 보습이라고 강조한다.

인도의 마하트마 간디는 폭력보다 사랑을 강조했다. 그는 영국의 식민지였던 인도의 독립 운동가이며 정치적 목적의 폭력을 거부하는 비폭력주의 운동을 주도한 사람이다. 간디가 폭력을 배제하고 사랑과 진리로 민족을 위하여 비폭력 운동을 전개할 때에 어떤 사람이 물었다.

"비폭력으로 싸움이 가능 합니까?"라는 질문에 간디는 폭력으로 얻은 승리는 폭력으로 망한다고 했다. "기독교를 어떻게 생각하는가?"라는 질문에는 예수는 좋아하지만 기독교인들은 좋아하지 않는다고 했다. 이 말은 행함이 없는 기독교인들을 꼬집는 말이다. 간디는 폭력보다 사랑을 강조했다. 폭력은 칼이고 사랑은 보습이라는 것이다.

마틴 루터 킹 목사는 증오보다 사랑을 강조했다. 마틴 루터 킹은 미국의 흑인 인권 운동가요 몽고메리 참례교회 목사다. 비폭력주의, 평화주의자로서 1964년에 노벨 평화상을 수상했다. 그는 어둠으로 어둠을 몰아낼 수 없고 오직 빛으로만 가능하다 했고 증오로 증오를 몰아낼 수는 없으며 오직 사랑만이 가능하다고 했다. 진정한 리더는 합의를 찾는 사람이 아니라 합의를 만들어 내는 사람이고 이 세상에서 가장 위험한 것은 고집스런 무지와 양심적인 우둔함이라는 것이다.

사랑은 적을 친구로 만들 수 있는 유일한 힘이며 유한한 고난은 받아들이되 무한한 희망은 잃지 말아야 한다고도 했다. 등을 굽히지 않는 한 그 누구도 등을 올라타지 못할 것이며 무엇인가를 위해 죽을 각오가 없는 인간은 오랫동안 살아남지 못한다는 것이다.

거짓말은 결코 살아남을 수가 없고 어둠 속에서만 별을 볼 수가 있다고도 했다. 그가 말하는 어둠과 증오는 칼이고, 빛과 사랑은 보습을 말한다. 그는 칼을 쳐서 보습을 만드는 사람이다.

칼과 보습의 단상이다.

완장腕章과 명함名銜

완장이란 자격이나 지위 등을 나타내기 위해서 천으로 만든 띠를 말한다. 영어로 암밴드armband라고도 하는 이 완장은 크게 눈에 띄기 때문에 멀리서도 쉽게 구별할 수가 있다. 따라서 이 완장을 차면 공개적으로 그 사람의 소속과 역할을 알 수가 있고 권력이나 권한을 가진 사람이라는 것을 쉽게 알 수가 있다.

1989년 우리나라 문화방송에서는「완장」이라고 하는 드라마를 했다. 6 · 25 전쟁 때 북한에서 남한으로 내려온 인민군이 가난하고 머슴살이하는 사람들에게 완장을 채워주고 부자들을 괴롭히기 시작했다. 이 완장의 드라마는 우연한 기회에 완장을 차게 된 한 머슴이 권력에 집착하여 부자 양반들을 괴롭히는 모습을 그렸다. 이상하게도 사람이 완장을 차면 권위의식을 가지게 되고 기고만장氣高萬丈해진다.

완장을 차는 원래 목적은 책임지고 자기역할에 충실하라는 의미인데 완장을 차고 보면 가슴이 부풀어지고 어깨가 위로 올라가고 걸음걸이가 이상해지고 말이 거칠어지면서 지배정신으로 변한다.

옛날에는 우리나라 중 · 고등학교에서도 주번이 완장을 차고 정문에

서서 복장을 위반하는 학생들을 찾아 지도한 적도 있었다. 그런데 이 완장이 오늘에 와서는 명함으로 둔갑이 되면서 이 명함이 성명 주소 직업 신분 연락처를 알리는 것이 아니고 권위의식을 가지게 되었다.

요즘 지인들로부터 명함을 받아보면 이름 석 자에 주소와 전화번호만 있으면 좋으련만 자기의 모든 이력을 다 담아서 자기를 과시하는 것이다. 종교계의 성직자들까지도 자기의 모든 이력을 명함에 담고 살아간다. 알고 보면 모두가 봉사직이고 낮아짐의 자세를 보여주어야 하는 데도 불구하고 행동하는 자세를 보면 서기관이나 바리새인들 욕할 자격도 없고 권위의식에 살아간 중세 가톨릭 성직자들을 비판할 자격도 없다. 요즘 개신교 목사는 부패한 중세교회를 그리워하는 모양이다.

성서에 나타난 예수 그리스도의 낮아짐을 보면 그는 근본 하나님의 본체시나 하나님과 동등 됨을 취할 것으로 여기지 아니하시고 오히려 자기를 비워 종의 형체를 가지사 사람들과 같이 되셨고 사람의 모양으로 나타나사 자기를 낮추시고 죽기까지 복종하셨으니 곧 십자가에 죽으심이라고 했다.(빌2:6~11)

이 낮아지심의 예수를 하나님이 지극히 높여서 모든 이름 위에 뛰어난 이름을 주사 하늘에 있는 자들과 땅에 있는 자들과 땅 아래에 있는 자들로 모든 무릎을 예수의 이름에 꿇게 하시고 모든 입으로 예수 그리스도를 주라 시인하여 하나님 아버지께 영광을 돌리게 하셨다는 것이다. 이것이 그리스도의 낮아짐이고 그리스도의 높아지심이다.

그리스도의 사도인 바울을 보면 그는 유대인으로서 길리기아 다소에서 났고, 가말리엘의 문하에서 율법의 엄한 교훈을 받았고, 하나님에 대하여 열심이 있는 자였다. 팔일 만에 할례를 받고 이스라엘 족속이요 베냐민 지파요 율법으로는 바리새인이었다.(행9:1~19, 26:12~18) 정말 높은 사람이었다.

그는 예수 믿는 자들을 결박하여 예루살렘으로 끌어다가 형벌 받게 하는 완장을 찬 사람이다. 그러던 그가 다메섹 도상에서 주 예수를 만나 예수의 사도가 된 후에는 그 완장을 벗어 버리고 자기를 비우기 시작했다.

그는 그리스도와 같이 낮아지면서 자기는 사도 중에 가장 작은 자라 했다.(딤전1:15)
그는 모든 성도 중에 지극히 작은 자라고 했다.(엡3:8)
그는 죄인 중에는 자기가 괴수라 했다.(딤전1:19)
그는 자신을 배설물이라고 했다.(빌3:8)
인간은 자기를 비울 때 더 아름다워지는 것이다.

사도 베드로는 고넬료의 집에서 설교를 했다. 이때 고넬료가 발 앞에 엎드리어 절을 할 때 베드로는 일어서라 하고 나도 사람이라고 했다.(행10장) 자기겸손에서 하는 말이다. 사도 바울은 멜리데라는 섬 주민들이 바울을 보고 신이라 했다.(행28장) 삶의 행동에서 이들은 존경을 받는 것이다. 우리는 완장을 차고 자기과시에 빠지지 말고 겸손에서 존경을 받았으면 한다.

미국에 있는 한 신학교에서 교수 채용 광고가 있었다. 한국 목사님이 자기의 학력과 이력이 가득 찬 지원서를 냈다. 며칠 후에 돌아온 서신에는 이렇게 적혀 있었다.

Your personal history is very beautiful but nothing "당신의 이력 매우 화려 합니다. 그러나 아무것도 없습니다."

이것이 오늘 우리 목회자들의 모습이다.

함께 대학에서 강의하는 한 경제학교수가 대학원 원장으로 계실 때 전국대학 원장회의에서 서울 모 신대원장님을 만났는데 그가 준 명함에는 이름 석 자에 전화번호만 있었다고 했다. 교수님은 그 순간 그에게 많은 존경심이 갔다는 것이다.

완장을 벗었기 때문이다.

히브리 잠언의 교훈 (1)

히브리인들의 잠언에는 금언들이 많이 있다. 유대인들은 수많은 경험과 체험 속에서 많은 경험과 교훈들을 얻었다. 시바여왕이 솔로몬을 찾아갔을 때 여왕은 솔로몬의 지혜에 감탄하여

복 되도다 당신의 백성들이여

복 되도다 당신의 신하들이여 하면서

항상 당신 앞에 서서 당신의 지혜를 들음이라고 했다.

지혜는 인간을 복되게 하는 것이다.

생각하는 히브리 잠언들을 열거해본다.

철학자 아리스토텔레스는 그의 니코마스코스 윤리학에서

이용가치가 있어서 사귀는 유용성의 친구

즐거움을 주기 때문에 맺어진 쾌락성의 친구

선함과 덕스러움이 나보다 좋아서 맺어진 선덕형의 친구

이 3종의 친구를 소개하면서 이런 친구는 빨리 청산하고 "또 하나의 자기"라고 하는 친구를 사귀라고 했다. 곧 생명을 줄 수 있는 예수 그리스도와 같은 친구가 아니겠는가?

사람이 친구를 위하여 목숨을 버리면 이에서 더 큰 사랑은 없기 때문이다.

히브리사람들이 말하는 친구의 종류

음식과 같아서 늘 같이 있어야 하는 식물 같은 친구
필요할 때 있어야 하는 약과 같은 친구
없어도 되고 피하면 좋은 질병 같은 친구

친구에 대한 조언의 말
친구에게 돈을 빌려주지 아니하면 친구를 잃지 아니한다.
친구의 결점을 들추어내는 자는 친구들에게 혜택을 받지 못한다.
친구인 체 하는 자는 철새와 같아서 추우면 날아가 버린다.

상황에 따라 지혜롭게 행동하기

히브리사람들이 말하는 금기 행동을 보면
모두가 다 서 있는데 앉아 있으면 안 된다.
모두가 다 앉아 있는데 서 있으면 안 된다.
모두가 웃고 있는데 울면 안 된다.
모두가 울고 있는데 웃으면 안 된다.

물어서 안 되는 것 3가지

사람이 길을 가다가 방향을 모르면 열 번을 물어보는 것이 한번 길을
잃는 것 보다 훨씬 좋다. 그런데 물어서 안 되는 것이 있다.
히브리사람들이 말하는 금기질문으로는

여자들에게 그 여자의 애인에 대하여 물어서는 안 된다.
겁쟁이에게 전쟁에 대하여 물어서는 안 된다.
장사꾼에게 에누리에 대하여 물어서는 안 된다.

존경받기 위해서 있으면 좋은 것

사람의 인격이나 사상과 행동이 높아 만인의 존경과 사랑을 받는 것을 존경이라고 한다.

히브리사람들이 말하는 존경의 조건을 보면

제일은 지성이다.

제이는 돈이다.

제삼은 아내다.

이것이 없으면 침묵을 지키고 침묵할 수 없으면 바보들 속으로 들어가라고 했다.

손님이 알아 두어야 할 일

손님이란 남의 집을 방문한 사람을 높여 이르는 말이다. 손님이 남의 집을 방문 할 때에는 다음 사실을 꼭 기억해야 한다.

히브리사람들이 말하는 손님이 알아야 할 일은

첫째 날에는 닭을 대접받는다.

둘째 날에는 달걀을 대접받는다.

셋째 날에는 콩을 대접받는다.

좋은 손님은 오자마자 반가워하고, 나쁜 손님은 가자마자 반가워한다.

가끔 오는 비는 좋으나 계속 오는 비는 장마가 된다는 말에 유의해야 한다.

히브리 잠언의 교훈 (2)

유대교에서는 모세오경 다음으로 탈무드를 떠올린다. "가르치다"라는 의미를 지닌 탈무드는 유대교의 율법과 관습과 전승들이다. 구약성서를 보완하고 지혜를 더한 히브리인의 잠언들에서 배워본다.

감사에 대한 교훈
성서에는 항상 기뻐하라, 쉬지 말고 기도하라, 범사에 감사하라고 했다. 이것이 그리스도 예수 안에서 너희를 향하신 하나님의 뜻이라는 것이다. 우리말 속담에는 나무에서 떨어져 눈알이 빠졌는데도 그만하길 다행이라고 하는 속담이 있다. 곧 죽지 않음을 감사하라는 것이다.

히브리 사람들의 감사를 보면 모든 것이 감사다.
한쪽 다리가 부러지면 두 다리가 부러지지 않은 것을 감사한다.
두 다리가 부러지면 목이 부러지지 않은 것을 감사한다.
목이 부러졌다면 그 뒤엔 걱정할 일이 없어 감사한다.

현인의 7가지 장점
우리는 현자가 되기 위해서 다음 일곱 가지를 생각한다.
현명한 사람 앞에서 침묵을 지킨다.

상대의 말을 중간에서 끊지 않는다.

대답을 침착하게 한다.

핵심을 뽑아 질문하고 조리 있게 대답한다.

먼저 해야 할 것과 나중 해야 할 것을 구분한다.

모든 것을 솔직하게 인정한다.

진실은 망설이지 아니하고 인정한다.

임금은 나라를 지배하나 현인은 임금을 지배한다는 말이 있다. 잘 짖는다고 해서 모두 좋은 개가 아니고, 말 잘한다고 해서 모두 현인이 아니다. 개에 대한 평가가 짖는 것에 달린 것이 아니듯 사람에 대한 평가도 말에 의해서만 좌우될 수 없다는 것이다.

히브리 사람들이 말하는 현인의 조건

진정한 현인은 자기보다 현명한 사람 앞에서 듣는다.

남이 말할 때 방해하지 않는다.

대답하기 전에 생각한다.

화제話題와 관계있는 질문을 하고 조리 정연한 대답을 한다.

먼저 해야 할 일과 나중해야 할 일을 안다.

아는 것은 안다고 하고, 모르는 것은 모른다고 한다.

진실을 언제나 존중을 한다.

현자를 더 현자답게 하는 것은 침묵이다.

하나님께서 가장 싫어하시는 죄

성경은 성령을 거역하면 사하심을 얻지 못한다고 했다. 성령의 역할이 예수 그리스도가 우리의 구주라고 중언하는데 성령을 거역한다 함은 곧 예수를 믿지 아니하는 죄다.

히브리인들이 말하는 하나님께 용서받을 수 없는 죄는
하나님의 이름을 모독하는 죄(망령되게 함)
같은 죄를 계속 반복하는 회개
같은 죄를 계속 되풀이하는 죄
하나님을 시험 삼아 일부러 범하는 죄이다.

살맛이 없는 인생

이 세상은 하나님의 축복의 땅이다. 그래서 성서는 항상 기뻐하라고
한다. 그런데 살맛이 없는 사람이 있다.

히브리사람들이 말하는 살맛이 없는 인생
남의 동정으로 살아가는 사람
아내에게 지배받는 사람
몸에 고통을 느끼고 사는 사람이다.

히브리 잠언의 교훈이다.

부활을 믿습니까?

부활을 믿습니까? 이 말은 부활절 오후 등산을 하며 내려오는 나에게 지인知人 목사님이 나에게 묻는 질문이다. 그는 일찍이 미국에 가서 학위도 받고 한국에 와서는 명문의대에서 원목으로 몸담고 일을 하고 계셨다. 그런데 그는 나에게 이런 질문을 했다.
"목사님은 부활을 어떻게 생각하십니까?"

이 질문의 내용은 나에게 어떤 부활을 믿느냐는 것이다. 예수의 부활에 대해서는 여러 가지 설이 있지만 목사가 목사인 나에게 왜 이런 질문을 할까 의아해하면서 침묵을 했다.
그는 혼자서 계속 말을 이어갔다.
"목사님, 사람이 죽어서 어떻게 다시 살아납니까?" 하면서 자기가 믿고 있는 부활신앙을 이야기 하는 것이다.

대학에서 교수 하시는 의사가 계시는데 그가 죽으면서 남긴 유언이 자기가 죽으면 죽은 자기의 시신을 탈골시켜 모든 뼈 하나하나를 잘 연결하여 원상복구 한 다음 유리관에 넣어서 의대생들을 위한 교육용으로 사용하라고 했다는 것이다.

그 후 그의 시신은 유언대로 하여 학교복도에 세워 두었는데 그 앞을 지나는 의대생들은 모두가 머리를 숙이고 존경을 표한다고 했다. 그리고 그는 이런 삶의 정신이 부활이라고 했다. 정신적 부활을 이야기 하는 것 같았다. 나는 이 말을 듣고 이 사람에게는 내가 아무리 예수 그리스도의 부활의 이야기를 해도 수용이 불가능함을 생각하고 침묵하고 말았다.

기독교 천국의 개념은 하나님께서 왕권을 행사하는 것이다. 하나님이 왕권과 주권을 가지고 세상을 통치하시며 재림의 예수님은 세상을 다스리며 통치하실 분으로 기록되어 있다. 하나님의 나라는 우주적이고 영원적이며 영광과 권능이 넘쳐나는 나라다.

그리고 기독교는 철저한 생명과 부활의 종교다. 예수께서 이르시되 나는 부활이요 생명이니 나를 믿는 자는 죽어도 살겠고, 무릇 살아서 나를 믿는 자는 영원히 죽지 아니하라고 했다.(요 11:25~26) 이 말은 예수님께서 죽은 나사로의 무덤에 가기 전 마르다와 마리아에게 한 말이다. 그리고 사도신경에서는 몸이 다시 사는 것과 영원히 사는 것을 믿는다고 고백한다. 우리는 이러한 고백을 늘 하면서 살아가고 있다.

예수 그리스도의 부활의 확실성을 말하는 사람들은 무덤의 인봉한 돌이 굴러지고 부활한 예수님을 만났기 때문에 가슴속에 넘치는 확신을 가지고 살았다. 그리고 무덤에서 부활한 예수 그리스도는 단 한번만 나타나 보이신 것도 아니고 여러 사람들에게 여러 번 나타나 보이셨다. 부활의 예수님은 대화도 하셨고 잡수시기도 하시고 시공에 구애를 받지도 아니하셨다. 예수의 부활은 박물관 진열장에 놓인 물건과는 전혀 달랐다.

예수 그리스도의 부활을 부정하는 목사가 있는가 하면 천국을 부정하는 목사도 있다. 하늘나라 천국이 없다는 것이다. 그런데 왜 이런 사람들이 목사가 되었을까? 하는 생각이 든다. 교회의 한 장로님이 자기 교회에서 평생을 목회하다 은퇴한 목사님이 계시는데 그 목사님이 지금은 요양병원에 계신다는 소식을 들었다. 목사님이 시무하실 때 교회도 짓고 자기가 장로안수도 받았기에 장로님은 어느 날 존경하는 그 목사님 병문안을 가기로 했다.

병원에 가서 병원 침대위에 누워계시는 목사님을 바라보니 얼굴이 수축해지고 몸은 쇠약해져 있었다. 장로님은 목사님의 생이 얼마 남지 않았구나 하는 생각이 들면서 내가 무슨 말을 가지고 위로할까 생각다가 장로님은 말을 했다.

"목사님! 우리 천국 가서 만나요!"
이 말에 목사님은 말을 했다. "장로님, 천국은 없습니다."
"목사님, 방금 뭐라고 말씀 하셨죠?" 목사님이 다시 "천국 없어요." 하자 장로님은 천국이 없으면 난 어떻게 하나? 하는 생각이 들면서 장로님은 그 자리에서 갑자기 기절을 했다는 것이다.
천국이 없다고 말하는 그 목사님이 어떻게 평생을 목회하며 살았을까? 하는 생각이 들었다.

은혜의 복음 송에 보면 이렇게 적었다.
죄 많은 이 세상은 내 집 아니네 / 내 모든 보화는 저 하늘에 있네

저 천국 문을 열고 나를 부르네 / 나는 이 세상에 정들 수 없도다
오 주님 같은 친구 없도다 / 저 천국 없으면 난 어떻게 하나
저 천국 문을 열고 나를 부르네 / 나는 이 세상에 정들 수 없도다.

예수를 믿는 우리는 이런 신앙을 가지고 살아야 하는 것이다.
또 다른 복음성가에서도 이렇게 노래했다.

이 세상의 소망 구름 같고 / 부귀와 영화도 한 꿈일세
사망의 바람에 이슬 같이 되나 / 나의 귀한 목숨 영원일세
오늘밤 나의 몸 안개같이 / 이 생명 끝나면 내일 아침
나의 귀한 영혼 어느 곳에 갈까 / 주님 가신 나라 나도 가네
주님 가신 나라 나도 가네.

이러한 신앙도 없이 기독교 인생을 산다고 하는 것은 정말로 비극이다.
부활의 소망도 없고 천국의 소망도 없으면서 예수는 왜 믿고 목사는 왜
되었을까?
저 천국의 문을 열고 부르는 예수님이 계시기에
우리는 이 세상에 정들 수가 없는 것이다.
부활을 믿습니까? 라고 묻는 목사에게 답하는 글이다.

목민심서牧民心書의 교훈

유대인들은 모세오경 다음으로 『탈무드』를 매우 중요시한다. 이 책은 유대교의 율법과 전통적 습관과 민간전승을 총 망라한 것으로 유대교의 정신적 유산을 담은 책이다. 탈무드는 일만 이천여 쪽에 엄청난 분량의 책으로 BC 500년부터 AD 500년까지 1000년동안 수많은 학자들이 수집 편찬한 것이다. 그런데 이 탈무드를 읽는 사람들은 별로 없다.

중국에는 사서삼경이 있다. 이 사서삼경은 유교에서 논어, 맹자, 중용, 대학의 사서와 시경, 서경, 주역의 삼경을 아울러 이르는 말이다. 그런데 이 좋은 책을 다 읽는 사람은 드물다.

우리나라에는 다산 정약용의 『목민심서』가 있다. 이 책은 목사牧使인 목민관牧民官이 고을을 맡아 다스림에 있어서 목민관이 지녀야할 정신적 자세와 실무 면에서 치국안민을 실현하는 구채적인 방법을 잘 제시하고 있는 책이다.

지방관들을 각성시키고 농민 생활의 안정을 이루려는 목적으로 쓴 이 책은 지방관으로서 지켜야 할 준칙을 자신의 체험과 유배 생활의 견문을 바탕으로 하여 잘 서술했다.

오늘날 교회 목사님들이 성경과 같이 이 책을 접하기는 어렵지만 그래도 불경이나 사서삼경 목민심서, 명심보감과 같은 책도 읽어야 그 속에서 성서와 같은점 다른점 유사점을 찾을 수가 있고 또 목민관의 자세에서 목사가 가져야할 자세를 배울 수가 있다.

우리는 모든 방면에서 모두가 다 전문가가 될 수는 없다. 하지만 여기 『목민심서』는 우리나라 사람의 글로써 우리가 배우고 실천해야할 덕목이 많이 있는 것이 사실이다. 그리고 목민심서의 내용을 보면 12항목에 각각 육조로 되어 있어 모두가 72조로 되어 있다. 이 책속에서 목민관이 해야 할 항목들을 보면서 오늘 목사님들이 배워야할 덕목들을 살펴본다.

부임육조에서 목사가 교회의 청빙부터 임지에 임할 때까지의 지켜야할 자세를 배울 수 있고,
율기육조에서 목자가 자신을 잘 단속하고 언행에 흐트러짐이 없는 자세를 배울 수가 있다.
봉공육조에서 나라와 사회를 위하여 힘써 일함에서 목사의 사명을 배울 수 있다.
애민육조에서 목사가 교인을 사랑하는 자세를 배울 수 있다.
이전육조에서 교회제직관리에 대한 목사가 해야 할 일을 배울 수 있다.
호전육조에서 교회재정관리를 어떻게 해야 함을 배울 수 있다.
예전육조에서 목사의 예의범절에 관한 규범을 배울 수 있다.
병전육조에서 제직임명과 소관 사무를 잘 배울 수 있다.
형전육조에서 권징의 규정을 배울 수 있다.
공전육조에서 교회 환경의 중요성을 배울 수 있다.

진황육조에서 이웃돕기를 어떻게 해야 함을 배울 수 있다.
해관육조에서 목사가 자기의 자리를 떠날 때 자세를 배울 수 있다.
한 눈에 보고 생각해보는 목민심서다

목민심서의 전체내용 줄거리는 다음과 같다.
부임육조赴任六條 : 발령서부터 관사에 임할 때까지 지켜야할 일.
제1조. 제배除拜: 관직을 수여받음.
제2조. 치장治裝: 부임길의 행장.
제3조. 사조辭朝: 조정에서의 하직인사.
제4조. 계행啓行: 타지로의 여행길.
제5조. 상관上官: 수령의 자리에 취임.
제6조. 이사莅事: 정사이다.

율기육조律己六條 : 자신을 단속하고 언행에 조심해야할 일.
제1조. 칙궁飭躬: 몸가짐을 바르게 함.
제2조. 청심淸心: 청렴한 마음가짐.
제3조. 제가齊家: 가정을 정제整齊함.
제4조. 병객屛客: 공무외의 객을 막음.
제5조. 절용節用: 관재管財를 절약함.
제6조. 낙시樂施: 즐거운 마음으로 베픎.

봉공육조奉公六條 : 나라와 사회를 위하여 힘쓰는 일.
제1조. 선화宣化: 임금의 은덕을 백성들에게 베픎.
제2조. 수법守法: 국법을 엄히 지키는 것.
제3조. 예제禮際: 예로써 사람을 대함.

제4조. 문보文報: 공문서의 작성 및 처리.

제5조. 공납貢納: 부공賦貢의 공평한 수납.

제6조. 요역徭役: 노역의 차출.

애민육조愛民六條 : 백성을 사랑하는 일.

제1조. 양로養老: 노인을 잘 봉양함.

제2조. 자유慈幼: 사랑으로 어린이를 양육.

제3조. 진궁賑窮: 불쌍한 사람을 진휼賑恤함.

제4조. 애상哀喪: 상입은 사람들을 구휼救恤함.

제5조. 관질寬疾: 병든 사람을 관대히 배려함.

제6조. 구재救災: 재난당한 사람들을 구제함.

이전육조吏典六條 : 하급관리에 대한 일.

제1조. 속리束吏: 아전(하급관리)들에 대한 단속.

제2조. 어중馭衆: 수령이 대중을 통솔함.

제3조. 용인用人: 사람을 잘 골라서 씀.

제4조. 거현擧賢: 어진 사람을 천거함.

제5조. 찰물察物: 물정을 살핌.

제6조. 고공考功: 아전들의 공적을 평가함.

호전육조戶典六條 : 가옥과 농토에 관한 일.

제1조. 전정田政: 농지행정에 관한 글.

제2조. 세법稅法: 조세의 부과 및 징수.

제3조. 곡부穀簿: 환곡의 관리.

제4조. 호적戶籍: 호수와 인구기록.

제5조. 평부平賦: 부역을 공평하게 함.
제6조. 권농勸農: 농사를 권장함.

예전육조禮典六條 : 예절에 관한 규범.
제1조. 제사祭祀: 수령이 주관해야 할 제례祭禮 의식儀式.
제2조. 빈객賓客: 공적손님에 대한 접대.
제3조. 교민敎民: 백성들의 교화敎化.
제4조. 흥학興學: 학문과 교육의 부흥.
제5조. 변등辨等: 위계질서位階秩序의 확립.
제6조. 과예課藝: 과거제도의 운용.

병전육조兵典六條 : 군사제도, 관직의 임명, 병조(兵曹)의 모든 소관 사무.
제1조. 첨정簽丁: 군역의 부과 및 징집.
제2조. 연졸練卒: 군졸들을 훈련함.
제3조. 수병修兵: 각종 병기의 관리. 병은 병기이다.
제4조. 권무勸武: 무예의 권장.
제5조. 응변應變: 변란에 대응함.
제6조. 어구禦寇: 적의 침략을 막음.

형전육조刑典六條 : 형조刑曹의 소관 사항과 규정법전.
제1조. 청송聽訟: 송사를 다룸.
제2조. 단옥斷獄: 옥사를 판단함.
제3조. 신형愼刑: 형벌을 신중히 함.
제4조. 휼수恤囚: 옥에 갇힌 죄수를 보살핌.
제5조. 금포禁暴: 세력 있는 자들의 횡포를 막음.

제6조. 제해除害: 백성들의 각종 피해를 제거함.

공전육조工典六條 : 산림행정에 관한 일
제1조. 산림山林: 조림 정책.
제2조. 천택川澤: 치수治水 정책.
제3조. 선해繕廨: 관아 건물의 수리.
제4조. 수성修城: 병란에 대비하여 성곽을 쌓음.
제6조. 장작匠作: 여러 가지 도구와 용기의 제작.

진황육조賑荒六條 : 흉년 때에 백성을 구제함
제1조. 비자備資: 물자를 비축함.
제2조. 권분勸分: 백성들에게 서로 나누어 베풀기를 권함.
제3조. 규모規模: 진휼賑恤을 합리적으로 함.
제4조. 설시設施: 진장賑場의 설치 및 진휼의 시행.
제5조. 보력補力: 흉년에 백성의 양식에 보탬이 되는 방안을 모색.
제6조. 준사竣事: 진황 정책의 끝마무리.

해관육조解官六條 : 벼슬자리를 내놓게 될 때.
제1조. 체대遞代: 수령(고을을 다스리는 지방관)의 교체.
제2조. 귀장歸裝: 체임遞任 되어 돌아가는 수령의 행장.
제3조. 원류願留: 백성들이 수령의 유임을 청원함.
제4조. 걸유乞宥: 백성들이 수령의 죄의 용서를 비는 것.
제5조. 은졸隱卒: 수령이 재임 중 사망하는 경우.
제6조. 유애遺愛: 수령이 백성들의 애모 속에 죽거나 떠나감.
목민관이 가져야 할 항목을 보면서 목사님들도 배웠으면 한다.

제2부
성서의 명상

삼인삼색의 삶과 죽음

신약시대에서 우리는 헤롯과 빌라도 그리고 예수의 삶을 본다. 예수는 유대나라 베들레헴 말구유에서 구세주로 태어난 그리스도다. 헤롯은 예수가 이 땅에 태어날 때 그를 죽이고자 하는 왕이었다. 빌라도는 예수님을 십자가에 못 박아 처형하라고 공식적 명령을 내린 총독이다. 이 세 사람의 생애와 그 죽음을 살펴본다.

헤롯은 밀림사회의 왕자다.
밀림사회는 동물의 왕국이다. 동물의 왕국은 먹느냐 먹히느냐의 살벌한 투쟁의 사회다. 사자는 임팔라를 잡아먹고 표범은 멧돼지를 잡아먹고 고양이는 쥐를 잡아먹는 먹고 먹히는 살벌한 투쟁이 있다. 약육강식의 사회이고 사생결단의 사회다.

예수 강탄의 소식에 화가 난 헤롯은 칼날이 춤을 추는 사회가 되었다. 헤롯은 로마 속국으로 있었던 고대 유대 왕국을 다스린 왕이다. 예수께서 유대 베들레헴에서 나실 때 동방으로부터 박사들이 빛난 별의 인도를 따라 예루살렘에 와서 캄캄한 어둠을 비추는 밝은 빛 예수 유대인의 왕으로 나신 이가 어디 계시냐고 물었다.

이 예수의 탄생소식에 헤롯 왕은 내가 유대의 왕인데 또 어디에서 왕이 탄생했단 말인가? 하고 온 예루살렘이 소동을 쳤다. 공포에 질린 헤롯은 생각다 못하여 베들레헴 일대를 중심으로 두 살 이하의 모든 사내아이들을 모두다 죽여 버렸다.

헤롯은 친 로마정책을 펴면서 유대 왕국을 발전시킨 사람이다. 하스몬 왕가의 혈통을 단절하기 위하여 자신의 일족을 처형하였으며, 그리스도의 강림을 두려워하여 베들레헴의 많은 유아들을 살해한 것이다. 헤롯 그는 밀림사회의 왕이다.

오늘 우리사회도 이런 밀림의 사회가 있다. 엄연히 법이 있는데도 불구하고 법보다 주먹이 앞선다. 조폭의 세계가 아니고 정치판이다. 몽둥이가 판을 치고 빠루가 등장한다. 보다 못해 국민은 TV를 끈다.

우리나라 정치는 국민의 수준을 능가하지 못한다. 지도자가 국민의 수준에 미달하면 폭력이 춤을 춘다. 대통령은 자기가 만들어놓은 법을 지키지 아니한다. 그래서 국회에서 시정 연설을 하면 야당은 야유를 한다.

밀림사회의 동물들을 보면 저 강자 사자는 언제 무엇에게 죽어지나 하고보면 사자는 쇠파리 떼에 피가 빨려 힘없이 죽어가는 모습을 본다. 칼을 휘두른 헤롯왕도 그렇게 70세의 나이로 악창에 시달리다 힘없이 죽어갔다.

빌라도는 스포츠 사회의 부정한 심판자이다.

스포츠 사회는 법과 질서와 정의에 의한 투쟁의 사회이기 때문에 정당한 심판이 있어야 한다. 그런데 빌라도는 인간 삶의 경기장에서 정당한 심판을 하지 못하고 자기의 정권연장을 위해서 유대인들의 강경한 요구에 정의를 상실하고 스포츠의 부정한 심판자가 되고 말았다.

기원후 26~36년경 티베리오 황제 치세 때 유다를 다스린 로마 총독이다. 빌라도는 신약 성경에서는 예수 그리스도의 수난과 죽음에 관계되어 있다. 그는 예수님을 십자가에 못 박아 처형하라고 공식적으로 명령을 내린 장본인이다.

바리새인들의 고발에 빌라도는 예수를 심문한 다음 대제사장들과 관리들과 백성을 불러 모으고 말을 했다. 유대인의 유월절이면 죄수 하나를 놓아주는 전례에서 아무런 죄도 찾지 못하고 죽일 일이 전혀 없는 그리스도 예수는 십자가에 못 박으라 하고, 도적이요 강도며 예루살렘에서 소동을 일으킨 살인자 바라바 예수를 놓아주었다. 그는 스포츠 사회의 부정한 심판자가 되고 말았다.

빌라도는 완고하고 가혹한 성격에 유대인들의 미움을 샀다. 희생물을 드리던 갈라디아사람들을 학살하기도 하고, 예수 그리스도의 무죄를 인정하면서도 유대인들의 강경한 요구에 굴복하고 말았다.(막15:15, 눅23:24) 황제의 기분을 상할까 염려하여 예수 그리스도를 십자가에 달도록 유대인들에게 넘겨준 오명을 사도신경에 영원히 간직한 사람이 되었다.

빌라도는 인간 삶의 경기장에서 부정한 심판관이 되었다. 총독은 경기의 심판자같이 인간사회에서 총독으로서 규칙을 지키며 정정당당한 심판을 해야 하는데 공정한 심판을 하지 못했다. 스포츠 경기에 있어서는 심판자가 공정해야 승자는 만세를 부르고 패자는 박수를 친다. 만약 심판이 불공정하고 부정에 좌우되면 경기자들은 져도 승복을 하지 아니하고 서로가 싸움이 벌어지고 난장판이 된다.

빌라도 총독은 이 불공정한 심판자로서 승자의 손을 들지 아니하고 패자의 손을 든 불공정한 지도자가 되었다. 빌라도는 결국 유대인들의 폭동으로 로마에 송환되어 그곳에서 자살을 했다. 사리사욕의 총독 빌라도는 결국 자기의 칼에 자기가 죽어가는 비운의 총독이 되었다.

예수는 코스모스사회의 지도자이다.
예수는 유대나라 베들레헴 말구유에서 태어났다. 동방의 박사들은 예수님에게 황금과 유향과 몰약을 드린 후에 천사의 지시를 받고 다른 길로 고국으로 돌아갔다. 그들이 떠난 후에 주의 사자가 요셉에게 현몽하여 헤롯이 아기를 찾아 죽이려 하니 일어나 아기와 그의 어머니를 데리고 애굽으로 가라고 했다. 헤롯이 죽기까지 예수는 애굽에서 살았다.

헤롯이 죽은 후에 예수 그리스도는 나사렛이란 동네로 왔다. 예수는 자라며 강하여지고 지혜가 충만하며 하나님의 은혜가 그의 위에 있었다. 그리고 지혜와 키가 자라가며 하나님과 사람에게 더욱 사랑스러워 갔다.

예수 그리스도는 공생애에 나타나서 외치기를 때가 찼고 하나님의 나라가 가까 왔으니 회개하고 복음을 믿으라고 했다.(막1:15) 그리고 갈릴리에서 제자들을 부르시고 천국건설에 나섰다.

굶주린 대중에게는 먹을 것을 주고

병으로 고생하는 자에게는 고침을 주었다.

잡힌 자에게는 자유를 주고,

죄인들에게는 용서를 주었다.

예수는 질서와 조화의 세계 코스모스의 세계 건설을 위해서 살았다. 그런데 예수 그리스도를 반대하던 서기관들과 바리새인들이 예수를 빌라도에게 끌고 가서 백성을 미혹하고 가이사에게 세금 바치는 것을 금하며, 자칭 왕 그리스도라 한다면서 고발을 했다.

교향악의 사회는 하모니의 사회를 강조한다. 예수 그리스도는 교향악 사회의 지휘자다. 투쟁도 없고 승자도 패자도 없는 교향악은 모든 악기가 제자리에서 자기의 소리를 제대로 낼 때 그 협동이 조화와 창조의 세계 곧 코스모스의 세계를 이룬다.

십자가상에서 숨을 거둔 예수는 무덤에 묻히고 부활을 했다. 부활하신 예수는 승천을 했다. 예수 그리스도는 손을 들어 축복하시고 하늘로 올려 가셨다. 오늘과 내일과 모레는 내가 갈 길을 가야 하리니 선지자가 예루살렘 밖에서는 죽는 법이 없다 하시고(눅13:33) 예수 그리스도는 죽어도 다시 사는 구주가 되셨다. 승천의 예수 그리스도는 언제인가 또 오신다고 했다.

밀림사회의 왕 헤롯은 칼을 휘두르다 악창으로 죽고,

인간 삶의 경기에서 부정한 심판자 빌라도 총독은 자살해서 죽고, 오케스트라의 지도자 왕 예수 그리스도는 코스모스세계를 위해서 십자가상에서 죽었다.

삼인삼색의 삶과 그 죽음을 보면서 오늘 우리의 삶을 생각해본다.

솔로몬 정치의 명암

통일 이스라엘의 셋째 임금 솔로몬은 다윗과 밧세바 사이에 태어난 아들로서 21세에 왕위에 올라 수도를 기브온에 정하고 40년간 이스라엘을 통치한 임금이다. 초기에는 하나님을 두려워하고 백성을 바르게 재판하고 옳은 정사에 힘을 썼다. 그러나 솔로몬의 인생말년에는 이방 여인들에게 자기의 신들, 곧 시돈 사람의 여신 아스다롯, 암몬 사람의 가증한 신 밀곰과 몰록, 모압 사람의 가증한 신 그모스, 이런 신들을 위하여 예루살렘 앞산에 산당을 지어 제사하게 함으로 이스라엘은 정치적 종교적 분단을 가져왔다.

솔로몬정치의 밝은 면을 보면 그는 하나님께 부귀나 장수를 구하지 아니하고 지혜를 구했다. 성전을 건축하고, 왕궁을 건설하였다. 건설비용을 충당하기 위해서 외국과의 무역을 장려했다. 군비를 충실히 하였고 유일신의 신앙고백을 철저히 한 임금이다.

솔로몬정치의 어두운 면을 보면 그는 호색가였다. 후궁이 칠백 명, 첩이 삼백 명으로 1000명의 여인들을 거느리고 살았다. 국민들은 강제노동에 지쳤다. 과다한 세금을 징수했다. 가정맹어호苛政猛於虎란 말처럼 과중한 세금부과와 강제노역이 호랑이보다 더 무서운 정치가 되었다.

그 결과로 이스라엘 왕국의 분열을 초래했다. 무지개처럼 화려했던 솔로몬의 영화가 먹구름으로 뒤덮이고 말았다. 정말 기가 차고 숨 막히는 일이고 안타까운 일이다. 이래도 되는가 하는 생각이 들고 종잡을 수가 없다.

솔로몬 이후에는 정치와 종교의 분단을 가져왔다. 솔로몬의 부하인 느밧의 아들 여로보암은 솔로몬의 가혹한 정치에 시달리는 백성들의 참상을 보고 반란을 일으켰다. 솔로몬은 여로보암을 찾아 죽이려고 하였다. 여로보암은 애굽으로 망명하여 솔로몬이 죽을 때까지 애굽에서 머물렀다. 솔로몬이 세상을 떠난 후에 귀국하여 이스라엘은 분단이 되고 말았다.

여로보암이 애굽에서 다시 돌아 왔다. 유다 지파를 제외한 온 이스라엘 사람들이 여로보암을 왕으로 추대했다. 여로보암은 북왕조의 창시자가 되었다. 여로보암은 나라가 다윗의 왕가로 넘어갈지도 모른다는 생각에서 궁리 끝에 금송아지 둘을 만들어 하나는 단에 하나는 벧엘에 두었다.

그리고 백성들에게 이렇게 선포하였다. 예루살렘에 제사하러 올라가기란 번거로운 일이다. 이스라엘 백성들아, 너희를 애굽에서 구해 주신 신이 여기에 있다고 하면서 금송아지 예배를 강조했다.

왕은 또한 언덕에 산당들을 짓고 유다에서 하고 있는 것과 같이 순례절을 제 팔월 십오일로 정하고 자기가 세운 베델의 산당에서 금송아지에게 제물을 드리기 위하여 레위 지파가 아닌 일반백성 가운데서 사제를 임명하였다.

왕은 자기의 마음대로 정한 제 팔월 십오일이 되면 자기가 세운 베델의 제단에 올라갔다. 그는 이스라엘 백성들이 지킬 순례절을 이렇게 제정하고 친히 그 제단에 분향제를 드리러 올라갔던 것이다. 그런데 이 일이 죄가 되었다. 백성들은 금송아지를 예배하러 베델과 단에 갔다. 이것이 이스라엘을 죄로 빠지게 하는 행위가 되었다.

북쪽이스라엘 왕국의 흐름은 여로보암부터 호세아까지 이어지면서
내란의 시기,
부유와 번영의 시기,
급격한 몰락의 시기를 지나
결국 앗수르에게 멸망을 당하고 말았다.

르호보암은 유다 가문과 베냐민 지파에 동원령을 내렸다. 그는 정병 십팔만을 뽑아 이스라엘 가문을 무찌르고 솔로몬의 국권을 되찾으려고 하였다. 그런데 야훼의 말씀이 하나님의 사람 스마야에게 내렸다. 이렇게 된 것은 다 나의 뜻이니 너희는 동족인 이스라엘 성을 치러 올라가지 말고 각자 집으로 돌아가거라. 그래서 그들은 야훼의 말씀을 좇아 모두들 순종하는 마음으로 돌아갔다.

르호보암은 유다 왕위에 올라 예루살렘에서 십칠 년동안 다스리면서 여호와 보시기에 악을 행하여 그 범한 죄로 여호와를 노엽게 하였으니 곧 산 위에와 모든 푸른 나무 아래에 산당과 우상과 아세라 상을 세웠기 때문이라고 했다.

남쪽유다 왕국의 흐름은 르호보암부터 시드기야까지 이어지면서
내란의 시기,
바알숭배의 시기,
몰락의 시기,
개혁의 시기,
멸망의 시기를 지나
결국 바벨론에게 멸망을 당하고 말았다.

분열왕국은 이렇게 해서 멸망을 당하고 말았다. 분열왕국은 망하는 것
이다. 하나님을 섬기며 축복 속에서 성전을 건축한 솔로몬의 영광과 그
의 지혜는 다 어디로 갔을까 하는 생각이 든다. 그러나 그가 죽기 전에
우리에게 주는 인생의 글에서 우리는 큰 위로를 받는다.

너는 청년의 때 곧 곤고한 날이 이르기 전, 나는 아무 낙이 없다고 할
해가 가깝기 전에 너의 창조자를 기억하라.
이 말이 솔로몬이 우리에게 주는 금언이다.

생산적 달란트

하나님은 인간에게 각각 그 재능대로 달란트를 주었다고 했다. 한 사람에게는 금 다섯 달란트를, 한 사람에게는 두 달란트를, 한 사람에게는 한 달란트를 주었다. 달란트를 받은 자들은 바로 가서 장사를 했다.(마 25:15) 장사를 한 후에 이들의 결산을 보면 다음과 같다.

다섯 달란트를 받은 자는 다섯 달란트를 남겼다. 5+5=10
두 달란트를 받은 자는 두 달란트를 남겼다. 2+2=4
한 달란트를 받은 자는 소득 없이 그대로 가져왔다. 1+0=1

그런데 위 사실을 가감승제加減乘除로 풀어볼 때 받은 달란트를 분모로 하고 남긴 달란트를 **분자**로 하면 그 셈의 결과는 완전히 달라진다.
다섯 달란트를 받은 자는 다섯 달란트를 남겼다. $\frac{5}{5}$ = 1이다.
두 달란트를 받은 자는 두 달란트를 남겼다. $\frac{2}{2}$ = 1이다.
한 달란트를 받은 자는 남긴 것이 없이 그대로 가져 왔다. $\frac{0}{1}$ = 0이 된다.

인간이란 이것저것 무엇인가 일을 하면서 살아야 하는데 엄벙덤벙 놀기만 하면 되는 것이 아무것도 없다. 다섯 달란트, 두 달란트 받은 자는 이익을 남겼으나 한 달란트 받은 자는 결국 전부 낭비만 했다는 뜻이다. 그래서 결산을 할 때 한 달란트 받은 자가 무익한 종이라고 바깥 어두운 데로 내쫓겨서 슬피 울며 이를 가는 이유가 여기에 있다.

인간은 이 세상에 태어날 때 저마다 자기의 달란트를 가지고 태어난다. 그런데 자기의 달란트를 남과 비교하는 버릇이 있다. 비교를 하다보면 자기의 감정에 시달리기가 쉽다. 열등감이 생기면 질투와 시기심이 생기고 우월감이 생기면 우쭐대고 사람을 무시한다. 비교는 자기의 재능과 능력을 파괴하고 겸손과 대인관계를 허물어뜨린다.

인간은 자기 자신의 달란트에서 생산적이어야 한다.
인간은 자기 자신의 달란트에 만족해야 하고 감사해야 한다.
인간이 자기 자신의 달란트에 만족하지 못하면 불행해진다.
키가 크다고 자랑할 것도 없고 키가 작다고 불행할 것도 없다.

옛날 중화인민공화국 중앙 군사위원회의 주석인 등소평은 키가 작은 사람이다. 그러나 그는 키가 작다고 해서 한 번도 불평을 한 적이 없다. 1970년대 말과 1980년대에 중국을 이끌어간 가장 강력한 지도자이다. 그는 많은 정통 공산주의 이론을 포기하고 검은 고양이든 흰 고양이든 쥐만 잘 잡으면 된다면서 중국 경제에 자유기업의 요소를 혼합시켜 과감히 수정주의를 감행했다.

유엔에 참석하고 미국을 시찰할 땐 끝없는 켈리포니아주의 들판을 지나다가 차에서 내려 일하는 농부의 배를 두드리면서 "이것이 미국"이라는 말을 했다. 미국의 부를 간접적으로 칭찬하는 것이다. 기자가 당신의 키가 매우 작다며 자기의 신경을 건드릴 때는 웃으면서 하늘이 무너지면 키가 큰 당신은 낑낑대지만 나는 자유하다고 했다. 그는 키가 작다고 열등의식을 가진 적도 없고 좌절한 적도 없다. 늘 자신감을 가지고 92세의 인생을 살아갔다.

영국의 스티븐 호킹박사는 루게릭병으로 전신마비가 되었다. 그러나 그는 자기의 주어진 처지를 약진의 발판으로 삼아 자기의 달란트로 20세기를 대표하는 최고의 물리학자가 되었다. 긍정적인 생각을 하는 사람은 시련을 희망의 편에 서서 해석하고 노력한다. 달란트를 사용하지 아니하고 생산적이 되지 아니하면 지탄의 대상이 된다.

하나님은 우리 모든 사람들에게 달란트를 주셨다.
자기의 달란트를 발견하지 못하는 자는 어리석은 사람이다.
자기의 달란트를 사용하지 아니하는 자는 미련한 사람이다.
자기의 달란트에 충실하지 못하는 자는 우둔한 사람이다.
자기의 달란트를 발견하고 사용하고 단련하고 생산적인 자는 지혜로운 사람이다.

하나님이 주신 달란트를 우리는 소중히 여겨야 한다.
하나님이 주신 달란트를 감사하고 노력하고 도리를 다하면 된다.
하나님은 주신 달란트를 셈할 때 생산적이면 착하고 충성된 종이라고 칭한다. 하나님은 적은 일에 충성하였으매 많은 것을 맡긴다.
그리고 주인의 즐거움에 참여하는 것이다.
인간은 자기재능에 살아간다.

성령의 정체성

성령은 창조자이신 하나님의 영으로 기독교 신관에 의하면 제3의 신격이다. 거룩한 하나님의 영은 생명의 활력소로써 창조의 원동력이 되고(창1:2) 하나님의 임재를 의미하기도 한다.(사63:10) 처음에는 소박한 현상으로 목숨의 입김 또는 바람 같은 영의 역사로 시작이 되었다. 그런데 에스겔 시대에 와서는 그 내용과 의미가 점점 깊어져서 하나님의 영으로서 윤리적인 내용을 갖기에 이르렀다.

에스겔 골짜기에 마른 뼈들이 성령의 힘으로 부활을 하게 되고(겔37장) 그리고 국민 속에서 여호와의 요구하시는 대로 신생명이 초자연적으로 창조될 것을 희망하고 그것을 새로운 영이라고 불렀다.

신약시대에 와서는 예수님께서 계실 때 성령이 역사하셨다.(막1:10~12) 예수 그리스도의 부활 승천 후에 현저하게 나타났다. 곧 오순절 날의 성령강림이다.(행2장) 하나님의 영과 그리스도의 영이 같이 기록되어 있고(롬8:9, 고후3:17) 세례의 선언과 축도에서는 하나님, 예수, 성령이 독립적인 인격을 지었다.(마28:19, 고후13:13) 요한복음서는 성령에 대한 언급이 제일 많은 책이다.

성서에 나타난 성령의 이름과 양태와 하시는 일을 살펴보면 다음과
같다.

성령을 칭하는 이름 7
1. 예수 그리스도의 성령(빌1:19)
2. 아버지의 성령(마10:20)
3. 진리의 성령(요6:13)
4. 생명의 생기(겔37:8 — 10)
5. 대언자(롬8:26)
6. 보혜사(요14:16)
7. 지혜와 묵시의 영(엡1:17)이라고 하였다.

성령의 양태樣態 7
1. 비둘기: 순하고 정하심의 표현이다.(마3:16, 눅3:22)
2. 물: 성결케 하심의 의미이다.(요7:38~39)
3. 바람: 힘과 능력의 표현이다.(행2:2)
4. 불: 연단의 의미이다.(행2:3)
5. 기름: 부드러움과 윤택의 의미이다.(행4:27, 히1:9, 약5:14)
6. 인印: 증거의 표시이다.(엡1:13, 4:30)
7. 기氣: 살아나게 하심의 뜻이다.(욥33:4)

성령의 하시는 일 10
1. 예수 그리스도를 구세주로 증거한다.(요1:32~33, 16:13~15)
2. 죄악의 세상을 징계하신다.(요16:8~11, 행7:51, 히3:7~8)
3. 죄인을 거듭나게 하신다.(요3:5~7)

4. 새 생명을 주신다.(요6:63, 롬8장, 고후3:6)
5. 성도의 심령 안에 머무신다.(요4:14, 롬8:9, 고전3:16, 고후6:16)
6. 성도를 돕는다.(요14:16~17, 롬8:26)
7. 성도를 교육한다.(요14:26, 고전2:13, 요일2:27)
8. 성도를 인도 하신다.(롬8:14, 갈5:18)
9. 신자로 인치신다.(딤후2:19, 엡4:30, 엡1:13)
10. 하나님의 아들 됨을 증거 하신다.(롬8:16, 갈4:6, 요일4:14)

오직 성령이 너희에게 임하시면 너희가 권능을 받고 예루살렘과 온 유대와 사마리아와 땅 끝까지 이르러 내 증인이 되리라 하시니라고 했다.(행1:8)

오순절 날이 이미 이르매 그들이 다 같이 한 곳에 모였더니 홀연히 하늘로부터 급하고 강한 바람 같은 소리가 있어 그들이 앉은 온 집에 가득하며 마치 불의 혀처럼 갈라지는 것들이 그들에게 보여 각 사람 위에 하나씩 임하여 있더니 그들이 다 성령의 충만함을 받고 성령이 말하게 하심을 따라 다른 언어들로 말하기를 시작 하니라.(행2:1~4)

예수께서 말씀하셨다. 하늘과 땅의 모든 권세를 내게 준다.
너희는 가서 모든 민족을 제자로 삼아라.
아버지와 아들과 성령의 이름으로 세례를 베풀라.
내가 너희에게 분부한 모든 것을 가르쳐 지키게 하라.
내가 세상 끝 날까지 너희와 항상 함께 있으리라.(마28:18~20)

성령의 정체성이다.

성례전 상식

성례는 라틴어의 서약, 신성한 사물, 신비에서 파생된 종교적 술어이다. 그 의미는 하나님의 은총에 참예하기 위한 수단으로 생기는 신비적인 의식을 가리키는 말이다. 신구약성서에는 다음과 같은 성례전의 기록을 본다.

구약성서에는 두 가지 성례가 있다.
할례: 할례는 아브라함 시대에 제정 되었다.(창17:9~14)
유월절: 유월절은 모세 당시에 시작되었다.(출12:1~27)
위의 두 예식은 유혈성례로 되어 있다.

신약성서에는 두 가지 성례가 있다.
세례: 세례는 씻는다, 거듭난다, 장례 또는 매장의 뜻을 가지고 있다.
성찬: 성찬은 그리스도의 희생을 뜻하는 떡과 잔으로 한다.
위의 두 예식은 무혈성례로 되어 있다.

가톨릭교회에서는 성례의 수를 일곱 성사로 확대했다.
세례성사(영세) : 초자연적 생명을 얻지 못한 미 신자에게 행하는 성사다.
경진성사(세례) : 성령을 주고 세속과 싸울 수 있는 힘을 주는 성사다.

성체성사(성찬) : 영적 양식으로 빵과 포도주를 합하여 주는 성사다.
고백성사(고해) : 죄인의 잃은 생명과 은총 회복을 위한 성사다.
병자성사(안수례) : 병자와 죽음이 임박한 사람을 위해서 하는 성사다.
신품성사(도유식) : 성직자로 임명식을 받을 때 하는 성사다.
혼인성사(혼례) : 성스러운 가정을 꾸미고 자녀의 양육을 위해서 하는
성사다.

개신교회는 두 가지 성례만을 실시한다.
세례: 일회적으로 끝이 난다.
성찬: 반복적으로 계속 된다.

세례의 제도는 예수 그리스도께서 부활하신 후에 세례식을 명하셨다.
(마28:19, 막16:16) 개신교는 현재 공인된 목사에 의하여 삼위일체 하
나님의 이름으로 시행되는 세례를 합법적 세례로 간주한다. 가톨릭교
회는 세례를 구원의 절대적 필수로 간주함으로써 위기가 닥치면 신부
이외에 타인에 의한 세례를 권장한다.

바울은 우리 조상들이 다 구름 아래에 있고 바다 가운데로 지나며 모세
에게 속하여 다 구름과 바다에서 세례를 받았고 다 같은 신령한 음식을
먹으며 다 같은 신령한 음료를 마셨으니 이는 그들을 따르는 신령한 반
석으로부터 마셨으매 그 반석은 곧 그리스도시라고 했다. 이는 이스라
엘백성의 출애굽을 세례로 보는 것이다.(고전10:2)

세례의 양식으로는 침례교회는 침례 양식만을 주장한다. 침례교회는
세례의 근본적 의미가 그리스도의 죽음과 부활이라 주장하며 침례에

의해서만 가능하다고 주장한다. 그러나 세례에 대한 성경의 본 뜻은 씻어 깨끗하게 한다는 뜻으로 성결의 의미가 있다.(요3:25~26, 행22:16, 히10:22, 벧전3:21)

세례에는 침례도 있지만 뿌리거나 붓는 형식도 있다.(레14:7, 민8:7, 히9:19~22) 세례의 대상으로는 성인세례와 유아세례로 구분한다. 신약성서에 기록된 세례는 대개 성인들이었다. 전 가족이 세례를 받았다고 할 때 그 속에 어린이가 배제될 수가 없다.(행16장, 고전1장)

성찬의 제정은 예수님께서 돌아가시기 전 유월절에 제정된 것이다.(마26:26~29) 마지막 만찬 때 예수께서 떡을 가지사 축복하시고 떼어 제자들에게 주시며 이르시되 받으라 이것은 내 몸이니라 하시고 또 잔을 가지사 감사기도 하시고 그들에게 주시니 다 이를 마시매 이르시되 이것은 많은 사람을 위하여 흘리는 나의 피 곧 언약의 피라고 했다.(마26:26~30) 그래서 떡과 포도주는 주님의 살과 피를 상징하는 것이다.

세례는 예수님의 명령이다. 너희는 가서 모든 민족을 제자로 삼아 아버지와 아들과 성령의 이름으로 세례를 베풀고 지키게 하라고 했다.(마28:19~20) 그리고 세례를 받는 사람은 구원을 얻을 것이요 믿지 않는 사람은 정죄를 받으리라고 했다.(막16:16) 세례는 예수 그리스도의 명령이고 세례의 효과는 구원이다.

세례는 교회마다 그 형식과 의식이 다양하지만, 안수 받은 목사가 집행하고 언제나 물을 사용하고, 성부와 성자와 성령의 이름으로 세례를 주고 삼위일체의 임재를 기원한다. 세례는 1세기의 그리스도교 공동체에서 중요한 위치를 차지했으나, 세례를 받아야 거듭나고 하나님 나라의 자녀가 된다고 보았는지 아니면 단지 내적인 거듭남의 외적 징표나 상징으로 보았는지에 관해서는 신학자들의 의견이 다양하다.

유아세례는 교회에서 교회 구성원으로 받아들이는 일반적인 의식이고 종교개혁에서도 이 태도를 받아들였다. 오늘날 유아세례보다 성인세례를 시행하는 그리스도교 교단도 있다. 세례는 죄를 용서받고 교회의 일원이 됨과 동시에 교회생활에 참여할 수 있는 자격을 부여하는 기독교 의례다

성찬의 의미는 예수 그리스도가 십자가에 못 박히던 전날 밤 열두 제자에게 그의 살과 피를 상징하는 **빵과 포도주**를 나누어준 것을 기념하기 위하여 행하는 의식이다. 예수는 이 십자가의 제사를 영속시키기 위하여 십자가에 못 박히기 전날 저녁에 제자들과 함께 최후의 만찬을 베풀고 빵을 들어 감사의 기도를 올린 다음 그것을 떼어 제자들에게 주면서 "이는 너희를 위하여 내어 주는 내 몸이다. 나를 기념하여 이 예식을 행하여라."고 하시며 나누었다.

그러고는 잔을 들어 "이것은 내 피로 맺은 새로운 계약의 잔이다. 하시고 나는 너희를 위하여 이 피를 흘리는 것이다"라 하였다. 이것은 예수는 이튿날 십자가에서 자신을 제물로 삼아 하느님에게 바칠 제사를 앞당겨 빵과 포도주를 자신의 살과 피로 삼아 계속 바칠 수 있는 제물을 마련해 주고 이 예식을 거행하라고 제자들에게 명하신 것이 유례가 되었다.

이 명에 따라 가톨릭교회에서는 신자들의 집회 때 예수의 십자가상 제사를 재현하는 미사성제聖祭를 봉헌하고 개신교회에서의 성찬은 주님의 명령에서부터 시작이 된다. 성찬은 주님의 죽으심을 기념하고 예수 그리스도가 바로 우리의 '생명이요 부활'임을 그가 오실 때까지 증거 하는 데 그 목적이 있다. 개신교회에서의 성찬의 횟수는 교회가 정한다.

그리고 이 성찬은 그리스도의 공로에 의해 거룩해졌음을 시인하는 사람들이 떡과 포도주를 먹고 마심으로 그 사실을 다시 한 번 확인하는 것이다. 예수님도 내가 너희에게 이르노니 인자의 살을 먹지 아니하고 인자의 피를 마시지 아니하면 너희 속에 생명이 없다고 했다.(요6:53)

성찬은 예수 그리스도를 기념하는 것이다. 우리가 떡을 떼는 것은 예수 그리스도께서 우리를 위하여 자기 몸을 찢으신 것을 기념하는 것이다. 예수 그리스도는 하나님품속에서 나오신 생명의 떡이다. 그러므로 요한복음 6장 51절에서 예수님은 나는 하늘로서 내려온 산 떡이니 사람이 이 떡을 먹으면 영생하리라고 했다.

성찬은 그리스도의 죽으심을 전하는 것이다. 성찬은 예수께서 우리를 사랑하시되 피흘려 죽기까지 사랑하신 것을 세상 사람들에게 전하는 데 그 목적이 있다.(고전11:26) 우리가 성찬식을 거행할 때 다함께 모여 떡을 뗀다. 본래 주일은 성찬을 위하여 모이는 날이다.(행20:7) 그래서 천주교회에서는 매주일마다 미사를 시행한다.

성찬에 불신자는 참례할 수가 없다. 성찬은 영적 의미를 이해하는 신자들에게 효과가 있다. 토마스 아 켐피스의 『그리스도를 본받아』라는 책속에서 마귀는 성찬식 때마다 성도를 향해서 너 같은 죄인이 어떻게 성찬에 참례할 수 있는가하고 불참을 권한다고 했다. 우리는 성찬에 참례함으로써 나와 그리스도와의 관계를 더욱 확실히 해야 한다.

교회의 성례전 세례와 성찬의 일언이다

부활절 만우절

세계 여러 나라에서는 만우절이 있다. 이 만우절은 가벼운 거짓말로 남을 속이고 장난을 하면서 서로가 즐기는 날이다. 그런데 문제는 예수 그리스도의 부활을 의심하고 부정하는 사람들이 예수의 부활을 가사설, 도거설, 환상설, 유령설, 지진설, 거짓설을 이야기 하면서 예수의 부활에 대하여 부정이 판을 치는 이 때에 만우절까지 있어서 기독교인들을 매우 당황하게 한다.

만우절이 여러 나라에서 여러 형태로 있지만 모두 정확한 기원은 잘 알수가 없다. 3월 말에서 4월 초 사이가 춘분이라는 것에 착안해 꽃샘추위가 기승을 부리고 변덕스러운 날씨가 사람들을 '놀린다'는 의미로 만들어진 것이 아닌가하는 추측도 있다. 난처한 장난을 치거나 친구에게 거짓말로 심부름을 시키던 풍습에서 만우절이라는 이름이 붙여졌다고 한다.

부활절의 날짜는 여러 가지 설이 있었으나 AD 325년 니케아 공의회에서 춘분 이후 만월 다음 첫 주일을 부활절로 공식화했다. 그러다보니 3월말쯤 아니면 4월초가 된다. 이 부활절은 기독교에 있어서 최대의 명절이다.

만우절의 날짜는 4월 1일이다. 만우절의 유래는 다양하지만 프랑스 신년 축제에서 시작됐다는 기원이 가장 유력하다. 프랑스에서는 1564년 샤를 9세가 그레고리력을 채용하면서 3월 25일을 신년 1월 1일로 고쳤다.

그러나 이런 사실이 모든 사람에게 잘 알려지지 않아서 더러는 4월 1일이 신년이라고 여기는 사람이 많았다. 이때 사람들이 4월 1일에 옛 신년을 숨기고 신년이 바뀐 지도 모르는 사람을 놀리는 것에서 만우절이 유래되었다는 것이다.

십계명의 제9계명은 거짓증거 하지 말라고 되어 있다. 거짓말의 의미는 사실이 아닌 것을 사실처럼 꾸며서 말하는 것이다. 옛날 제우스신은 인간들의 삶이 너무 고지식하고 딱딱하니까 헤르메스신에게 거짓말하는 약을 인간에게 조금씩 나눠 주라고 했다.

가벼운 거짓말은 삶에 활력소가 되는 모양이다. 그런데 오늘날에는 사람들이 낮마다 밤마다 거짓말을 밥 먹듯 하다 보니 만우절이 필요 없게 되었다. 만우절이 사람을 피곤하게 한다. 하루에도 소방차가 여러 번을 출동한다.

십계명의 10번째 계명은 탐내지 말라로 되어 있다. 탐심이 거짓말을 하게 된다. 거짓말을 하면 도둑질을 하게 된다. 도둑질을 하는 사람은 사창가에 숨어들어 간음을 한다. 간음을 하는 사람은 살인을 한다. 살인을 하는 사람은 부모공경이 없다. 불효를 하면 주일을 멀리 한다. 신앙생활이 멀어지면 여호와의 이름을 망령되게 한다. 여호와 신앙을 떠나면 우상을 섬긴다. 우상을 섬기면 하나님이 멀어진다.

곧 십계명은 마지막 하나 탐내지 말라가 허물어지면 모두가 거짓말을
하게 되고 그러면 10계명 모두가 허물어진다.
우리는 만우절에 살지 말고, 부활절에 살아야 한다.

부활절 만우절에 대한 단상이다.

사해와 갈릴리

이스라엘의 지도를 그릴 때에는 해안선 먼저 그린 후 북쪽에 있는 메롬 호수를 그린다. 그 밑에 갈릴리바다가 있고 서편해안엔 갈멜산이 있다. 북쪽에서 흐르는 요단강은 갈릴리를 지나 사해로 흐르고 이 땅 서편 바다는 지중해의 푸른 물이다. 이스라엘에는 두 개의 큰 호수가 있다. 하나는 갈릴리바다이고 하나는 사해다. 이 두 개의 바다가 우리에게 많은 교훈을 준다.

사해는 죽은 바다다.
사해는 우리가 소금의 바다 염해라고 부른다.
사해는 모든 것을 받아 드려서 자기 것으로 삼는다.
사해는 모든 것을 자기 것으로 만들어 버리기 때문에 생물이 죽는다.
사해는 주는 것을 모른다.
사해는 아무것도 살지 못한다.
사해는 그 주변에 나무도 없고 새도 없다.
사해는 그 주변에 온통 사막으로 이루어져 있다.
사해는 호면이 해면보다 392m 가량 낮아서 지구에서 가장 낮은 수역으로 알려져 있다.
사해는 사막 한가운데 있어 강우량이 적고 불규칙하며, 많은 염분을 함유하고 있다.
사해는 고농도 염분 때문에 어떤 생물도 살지 못하는 바다이다.
사해는 하나님의 진노를 사서 멸망을 당한 소돔과 고모라성이 있다.
사해는 지금도 소금 기둥이 서 있다.
사해는 받기만 하는 바다다.
사해는 죽음의 바다다.

갈릴리 해는 살아있는 바다다.
갈릴리 해는 경치가 좋고 어업이 성한 바다다.
갈릴리 해는 받아서 다시 주는 호수다.
갈릴리 해는 메름호수의 물을 받아들이고 요단강을 통해 사해로 보낸다.
갈릴리 해는 받아서 내 보내기 때문에 언제나 맑고 생기가 넘친다.
갈릴리 해는 민물이기 때문에 많은 물고기들이 산다.
갈릴리 해는 아름다운 바다요 신성함이 넘친다.
갈릴리 해는 신약시대의 호칭이고 옛날에는 디베랴바다라고 불렀다.
갈릴리 해는 예수가 살아 있는 동안 많은 일화를 남긴 바다다.
갈릴리 해는 축복의 땅이다.
갈릴리 해는 생명의 바다다.

예수는 갈릴리 나사렛에서 나온 선지자이다.(마21:11)
예수는 갈릴리로부터 요단강에 이르러 요한에게 세례를 받았다.(마3:13)
예수는 열두 제자 가운데 유다 외에는 모두가 갈릴리 출신을 택했다.
예수는 갈릴리를 다니시며 회당에서 가르치고 천국 복음을 전파했다.
예수는 백성들의 모든 병과 약한 것을 갈릴리에서 고치셨다.(마4:23)
예수는 갈릴리 바다에서 고기를 낚았다.

예수는 부활 후에 먼저 갈릴리로 가셨다.(마26:32)
예수는 갈릴리에서 제자들에게 하늘과 땅의 모든 권세를 주셨다.
예수는 승천하실 때 갈릴리 사람들에게 하늘로 가심을 본 그대로 오시
리라 하였다.

이 두 바다가 우리에게 주는 교훈은 사람은 주면서 인생을 살아야 한다
는 교훈을 준다.
인간이 받기만 하면 죽는다.
인간이 모든 것을 자기 것으로 만들려고 해서는 안 된다.
인간이 모든 것을 자기 것으로 만드는 자는 죽고 공유하는 자는 산다.
인간이 갈릴리 해와 같이 주면서 살면 생기가 넘친다.
인간이 사해와 같이 받기만 하면 죽음의 바다가 된다.
인간의 신앙생활이 사해 같다면 죽고 갈릴리 바다와 같이 주면 산다는
교훈을 준다.
갈릴리 바다처럼 우리도 나눠 주어야 한다.
갈릴리 바다와 같이 주는 사람이 되어야 한다.

사해와 갈릴리 바다의 일언이다.

산상의 사건 텐(10)

성경에는 산상에서 일어난 사건들이 많이 기록되어 있다. 산상은 인간이 어떤 문제를 가지고 하나님을 만나서 해결하는 장소다. 성서에 기록된 산상의 사건 텐에서 배운다.

제일은 아라랏산이다. 이 산은 노아의 방주가 정착한 산이다.(창8:4) 바사의 사람들은 이 산을 노아의 산이라고 부른다. 하나님으로부터 의인의 칭호를 받는 노아는 방주를 만들라는 하나님의 명령을 따라서 방주를 만들어 대홍수에서 그와 그 식구들이 구원함을 받았다.

이 방주는 1만5천 톤 급의 큰 배로써 단지 뜨기만 하는 일종의 방수함이다.(창6:9~8:19) 노아는 하나님의 분부를 믿음으로 받은 증거로 방주를 지었다.(히11:7) 아담 이후 모든 사람은 노아의 여덟 식구 외에는 모두가 물에서 죽었고, 노아의 식구는 제2의 인간탄생의 기원이 되었다. 홍수 후에 이 방주는 아라랏산에 정착했다.

제이는 모리아산이다. 이 산은 아브라함이 아들 이삭을 하나님께 번제로 드린 산이다. 이 산의 정확한 위치는 잘 알 수 없으나 사마리아인들은 이 산을 그리심산이라 하고 유대인들은 이 산을 예루살렘성전이 서

있는 언덕 위라고 한다.(대하3:1) 하나님의 명령에 순종하여 아들을 번제로 드리다 아들 이삭에게 손을 대지 말라는 하나님의 음성을 듣고 양으로 대신 드린 산이다. 그는 그것을 실천하여 믿음의 조상이라고 하는 위대한 칭호를 받은 사람이 되었다.

그 후에 솔로몬이 모리아산에다 여호와의 전 건축하기를 시작했으며 이 곳은 전에 여호와께서 그의 아버지 다윗에게 나타나신 곳이라고 했다.(대하3:1) 아브라함이 아들 이삭을 드린 산, 예루살렘 성전이 서있는 언덕, 이곳이 믿음의 조상 아브라함을 탄생시킨 산이다.

제삼은 시내산이다. 이 산은 홍해북편에 자리 잡고 있는 모세가 십계명을 받은 산이다. 이 산은 호렙산과 동일한 산으로 모세가 불타는 가시덤불속에서 환상을 보고 하나님의 음성을 듣기도 한 산이다.(왕상19:8) 모세가 이곳에서 하나님께로부터 십계명의 두 돌판을 수여받아 그것으로 이스라엘 백성의 국민윤리로 선포하고 삶의 지침서로 삼았다.(출20장)

이 법이 모체가 되어서 민법으로는 가정과 혼인과 이혼과 노비에 관한 법, 형법으로는 사형법, 태형법, 과실치사와 상해법, 간음에 대한 처벌, 절도와 유실죄, 대차貸借의 유실죄에 관한 법, 사회도덕법으로는 자기 자신에 대한 도덕, 남에게 대한 도덕, 동물에 관한 도덕, 상법, 농법이 생기면서 법치국가의 시작이 되었다.

제사는 느보산이다. 이 산은 모세가 죽음을 맞이한 산이다. 사해 동북편에 자리 잡고 있는 이 산은 모세가 멀리 가나안을 바라 본 산이다. 모세는 죽음을 앞두고 이 산꼭대기에 올라서 약속의 땅 가나안을 바라보았다. 이 느보산을 비스가 산이라고도 하는데 비스가는 산이고 느보산은 산봉우리라고 생각된다. 이 산에서 모세가 희망의 땅 저 멀리 가나안을 바라보며 숨을 거두었다.(신34:1~8)

제오는 갈멜산이다. 이 산은 지중해연안에 위치한 산이다. 엘리야선지와 바알선지와 대결한 이 산은 엘리야가 이적을 행한 곳이다.(왕상18:19) 이 산은 이스라엘의 위대한 예언자 엘리야가 바알숭배자들과 영적인 치열한 싸움에 성공하고 바알 선지자들을 멸했다. 그리고 3년6개월 동안 비가 내리지 않은 메마른 이스라엘 땅에 비를 내린 산이다.

제육은 시온산이다. 이 산은 예루살렘 성중에 있는 산이고 다윗왕이 성을 쌓은 곳이다.(삼하5:7) 헤르몬산을 남쪽에서 바라본 봉우리를 말한다. 이 산은 헤르몬산의 별명이다. 시온의 딸들이라고 하는 말은 예루살렘 시민의 시적인 표현이고(사3:16) 또 하나님께서 하늘에 계신 도성의 이름으로도 이 시온산의 이름을 사용했다.(히12:22)

제칠은 헤르몬산이다. 이 산은 팔레스타인 북부에 자리 잡은 산이다. 이 산은 예수 그리스도의 변화산상이다.(마17:1) 팔레스타인 전토를 내려다 볼 수 있는 이 산은 사시사철 눈 덮인 산으로써 이 산에서 내려오는 물이 요강을 이루고 요단강이 백성들의 수원이 되었다.

헤르몬산은 3개의 산들이 모여 있는 산이기 때문에 헤르몬 산들이라고 해야 한다. 산봉우리의 낮은 온도가 대기 중의 수분을 급격히 냉각시켰기 때문에 밤에는 비처럼 많은 이슬이 내려 이 이슬이 하나님이 내리시는 은혜로 여겼다.(시133:3) 예수께서 새벽에 일어나 나가 한적한 곳으로 가서 기도하셨다는 곳이 여기다.(막1:3) 주께서 기도하신 이 산을 우리는 헤르몬산으로 생각한다.

제팔은 팔복의 산이다. 이 산은 예수가 팔복의 교훈을 준 산이다. 이 산은 가버나움 남방에 위치한 산이라고 추측한다. 정확한 산의 명칭은 알 수가 없다. 예수 그리스도가 피땀 흘려 기도하신 동산과 승천 하신 곳이 겟세마네 동산인데 이곳이 감람산이라고 추측한다.(행1:17) 팔복을 선언한 예수 그리스도의 가르침의 산이다.

산상수훈(마5:1~12), 소금과 빛의 교훈(마5:13~16), 예수와 율법(마5:17~20), 노하지 말라(마5:21－26), 간음하지 말라(마5:27~32), 맹세하지 말라(마5:33~37), 악한 자를 대적하지 말라(마5:38－42), 원수를 사랑하라(마5:43~48)고 교훈한 산이다.

제구는 갈보리산이다. 이 산은 예수가 십자가에 달린 산이다. 이 갈보리산은 예루살렘 교외의 언덕 이름이기도 하다. 이 산은 그 모양이 사람의 두개골과 비슷하다고 하여 골고다라고도 한다.(눅23:33) 유대인들의 사형 집행 장소로 전해진다. 이 골고다에서 예수 그리스도가 십자가에 달려 죽었다.(마27:33)

십자가에 달린 강도가 예수 그리스도를 향하여 당신의 나라에 임하실 때에 나를 기억하소서 할 때 예수님은 내가 진실로 네게 이르노니 오늘 네가 나와 함께 낙원에 있으리라고 했다.(눅23:43) 이 산에서는 예수 그리스도가 피땀 흘려 기도했고, 인간의 속죄를 위해서 십자가에 높이 달려 엘리 엘리 라마 사박다니 하시며 인류의 구원을 완성한 산이다.

제십은 감람산이다. 이 산은 예수승천의 산이다. 이 감람산은 예루살렘 동편에 위치한 산으로써 이 동산 서쪽에는 예수 그리스도가 피땀 흘려 기도하신 겟세마네 동산이다.(행1:17) 성서에 나타난 외딴 곳 높은 산 상의 사건들을 보면 모두가 전능하신 하나님의 임재를 나타내는 곳으로 되어 있다. 영적 전쟁이 치열하게 벌어지는 장소가 산이다. 말하자면 높은 산은 하나님을 분명하게 대면하는 곳이다.

산상의 사건 텐을 생각해본다.

자기 본분 다하기

탈무드에 보면 뱀의 대가리와 꼬리가 싸우는 이야기가 있다. 머리는 앞으로 가야 하고 꼬리는 따라가는 것이 순리인데 꼬리는 항상 머리를 보고 불평을 한다. "야! 이 대가리야. 너는 왜 항상 네가 먼저 앞장을 서느냐?" 이때 대가리가 말을 했다. "내가 앞장을 서야 눈으로 보고 코로 냄새도 맡고 입으로 먹지 않는가? 그래서 내가 앞장을 선다."

이 말에 화가 난 꼬리는 자기 꼬랑댕이를 나무에 챙 감고 말을 했다. "네 마음대로 해봐라." 대가리가 앞으로 갈 수가 없어서 "그럼 네 마음대로 한번 해보아라." 이 말에 신이 난 꼬리는 잘 됐다 하면서 자기 마음대로 뒤로 갔다. 꼬리가 앞장서 가다가 뱀은 결국 불타는 장작불로 들어가 불타 죽고 말았다. 이 우화는 순리를 잊고 자기 본분을 상실하면 결국 죽는다는 교훈을 준다.

감리교 운동을 주도한 잉글랜드의 신학자이며 찬송가 작사자이기도 한 찰스 웨슬리는 성도들에게 자기 직무를 다하라는 뜻에서 다음과 같은 찬송을 불렀다.

나 맡은 본분은 / 구주를 높이고

뭇 영혼 구원 얻도록 / 잘 인도함이라
부르심 받들어 / 내 형제 섬기며
구주의 뜻을 따라서 / 내 정성 다하라

오늘날 예수를 믿는 많은 성도들은 나 맡은 본분이 무엇인지를 잘 알아야 한다. 바울은 성도의 은사와 직분에 관한 설명을 잘 했다. 은사는 여러 가지나 성령은 같고 직분은 여러 가지나 주는 같으며 사역은 여러 가지나 모든 것을 모든 사람 가운데서 이루시는 하나님은 같다는 것이다.

각각의 사람에게 주신 하나님의 은사를 보면
어떤 사람에게는 지혜의 말씀을,
어떤 사람에게는 지식의 말씀을,
다른 사람에게는 믿음을,
어떤 사람에게는 병 고치는 은사를,
어떤 사람에게는 능력 행함을,
어떤 사람에게는 예언함을,
어떤 사람에게는 영들 분별함을,
다른 사람에게는 각종 방언 말함을,
어떤 사람에게는 방언 통역함을 주셨는데
이 모든 달란트를 주는 이유는 구주를 높이고 뭇 영혼 구원 얻도록 잘 인도하는 데 있다.
성령이 그의 뜻대로 각 사람에게 나누어 주셨다는 것이다.

이것은 그리스도의 교회라는 하나의 공동체 속에 주어진 많은 지체를 말한다. 바울은 교회의 머리는 예수 그리스도요, 우리는 그리스도의 몸이요 지체의 각 부분이라고 했다. 하나님이 교회 중에 세운 직분을 보면 첫째는 사도요, 둘째는 선지자요, 셋째는 교사요, 다음은 능력을 행하는 자요, 다음은 병 고치는 은사요, 또 서로 돕는 것과 다스리는 것과 각종 방언을 말하는 것으로 되어 있다.

그리고 이렇게 묻는다.
다 사도이겠느냐?
다 선지자이겠느냐?
다 교사이겠느냐?
다 능력을 행하는 자이겠느냐?
다 병 고치는 은사를 가진 자이겠느냐?
다 방언을 말하는 자이겠느냐?
다 통역하는 자이겠느냐? 하시고
너희는 더욱더 큰 은사를 사모하라 하시며 사랑을 역설했다.
사랑에 대해서는 방언과 천사의 말을 할지라도 산을 옮길 만한 모든 믿음이 있을지라도 내 몸을 불사르게 내줄지라도 사랑이 없으면 내게 아무 유익이 없다는 것이다.

오늘날 교회 직분 자들이 걸핏하면 다투고 싸우고 편 가르기를 잘한다. 서로가 싸우다가 결론이 없으면 세상 법정으로 가서 싸운다. 교회가 이 지경에 이르면 선교에 앞서 우리는 먼저 회개하고 반성해야 한다. 그리고 교회에서 직분을 세울 때에는 신중을 기해야 한다.

반짝인다고 다 금이 아니다. *All is not gold that glitters.* 우리말 속담에는 빛 좋은 개살구, 뚝배기보고 장맛이란 말이 있다. 전자는 겉모습은 좋으나 실속이 없다는 말이고 후자는 겉모습은 흉해도 실속이 있다는 말이다. 그래서 교회가 일꾼을 뽑는 데는 신중을 기해야 한다. 물이 깊을수록 소리가 없는 것 같이 신앙도 깊을수록 겸손하고 소리가 없는 것이다.

송강 정철과 함께 시가에 쌍벽을 이루고 있는 조선 후기의 문인이요 화가인 윤두서는 인간들의 자기 수양을 위한 좋은 시조를 썼다.

옥에 흙이 묻어 길가에 버렸으니
오는 이 가는 이 다 흙이라 하는 고야
두어라 알 이 있을 것이니 흙인 듯이 있거라.

이런 사람들이 교회의 직분자들이 되었으면 한다. 교회의 직분자들은 순리를 따라 살아야 한다. 천리, 지리, 물리, 사리, 도리를 좇아서 구주 예수를 높이 받들고 자기의 자리를 지키면서 찬송하며 기뻐하고, 기운차게 일하고, 모든 일에 감사하고, 사랑을 가지고 정성을 다해야 한다.

야훼 하나님은 송아지나 양이나 몸에서 난 우리의 자식 드리는 것을 좋아하는 하나님이 아니다. 하나님이 좋아하시는 것은 정의를 실천하는 것, 은덕에 보답하는 것, 조심스레 하나님과 살아가는 길이라고 미가 선지는 강조하고 하나님의 이름을 어려워하며 사는 자에게는 앞길이 열린다고 강조했다.

하나님이 싫어하는 것은
남을 등치고 치부하는 자,

거짓말을 내뱉는 자들,
부정축재 하는 자들,
엉터리 추를 사용하는 자들이라고 강조하고
이런 자들은 먹어도 배부르지 아니하고
살아보려고 버둥거려도 빠져 나갈 길 없고
빠져 나가도 칼에 맞아 죽는다고 했다.

그리고 아모스 선지는 이스라엘의 죄상을
공평을 뒤엎어 소태같이 쓰게 하고,
정의를 땅에 떨어뜨리고,
바른길 가는 사람 미워하고,
바른말 하는 사람 싫어하고,
힘없는 자 짓밟으며,
그들의 곡식을 거둬가는 자라고 하면서
살고 싶으면 베델을 찾지 말고,
길갈로도 가지 말고,
브엘세바로도 가지 말고,
야훼 하나님을 찾아오라고 강조했다.

정말 오늘 우리가 사는 길은 겸손히 하나님께 나아가고,
예수를 구주로 믿고, 정의에 살아가는 것이다.
당신의 신앙생활이 알곡인지 쭉정이인지는 예수님 오시면 알게 되고
자기의 본분을 다하면 성도는 천성을 가는 것이다.

무덤에서 보는 생명

안식 후 첫날 새벽 미명에 막달라 마리아는 무덤 문 앞에서 예수를 만났다.(막16:9~11) 갈릴리 호수가의 창녀출신 마리아는 무덤 앞에서 부활의 주님을 제일 먼저 만나는 행운의 여인이 되었다. 그런데 예수의 수제자 베드로는 무덤에서 예수를 만나지 못하고 힘없이 집으로 돌아갔다.(요20:6~10)

베드로는 빈 무덤을 보고 실망한 나머지 어촌 갈릴리로 내려가서 자기의 본업이었던 고기 잡는 어부의 생활로 돌아갔다. 부활의 아침에 같은 무덤에서 한 사람 막달라 마리아는 생명의 예수를 만나고 한 사람 베드로는 빈 무덤을 본다.

소원所願의 사전적 의미는 바라고 원함이다. 희망의 뜻처럼 앞일에 대하여 좋은 결과를 기대하고 이루어지기를 바라는 것이다. 모든 사람에게는 소원들이 있다. 이 소원은 사람과 사람, 그리고 사람의 연령에 따라 그 종류와 성질이 다양하다.
전쟁을 하는 나라에서는 평화가 소원이고,
가난한 민족의 소원은 경제의 부흥이고,
우리 민족의 소원은 남북의 통일이다.

그리고 사람 사람마다 그들에게는 그들이 원하는 소원들이 있다.

교회의 목사님들은 성도의 가정 심방을 한다. 서로가 이야기를 하면서 교우로부터 여러 가지 이야기들을 듣는다. 그리고 문제를 파악하면 목사님은 예수의 이름으로 간절한 기도를 한 후에 축복의 기원을 하고서 돌아온다.

어느 날 교회 목사님이 요양병원에 계시는 노老 권사님을 방문했다. 서로가 한참 이야기를 나눈 다음 목사님은 권사님에게 질문을 했다. "권사님, 권사님의 간절한 소원은 무엇입니까?" 이 질문에 권사님은 말을 했다. "목사님, 지금 제 나이가 80이 넘었는데 이 나이에 무슨 소망이 있겠습니까? 소망이 있다면 그저 잠자는 듯 눈감고 무덤에 들어가는 것이지요!"

이 말에 목사님이 깜짝 놀라하면서 말을 했다. "권사님, 왜 하필 잠자는 듯 무덤 속에 들어가는 것을 소원하십니까? 이왕이면 잠에서 활짝 깨듯 무덤에서 부활하여 천국에 가서 사는 것을 소원하셔야지요!"
....
사람은 자기가 무엇을 소원 하는가에 따라서 그 삶이 달라진다.

히브리 잠언에 보면 무덤을 두고 생각하는 이야기가 있다. 아버지와 아들이 아라비아 여행을 하다가 여행 중 사막에서 길을 잃었다. 먹을 것도 없고 마실 물도 없어서 지치고 피곤한 몸으로 사경을 헤매다가 아버지가 무덤을 발견하고 아들을 보면서 고함을 쳤다.

"야! 아들아, 저기에 무덤이 보인다."
이 말을 듣고 아들이 아버지에게 말을 한다.
"아버지, 이제 우리도 저 무덤 속 사람들처럼 죽어야 하는군요?"
이 말에 아버지가 말을 한다. "아니다! 아니다! 무덤이 있으면 이 근처에 사람이 사는 마을이 있다."
이제 우리는 살 수가 있다.

우리 인간은 한 사건 속에서 비관론자와 낙관론자를 본다. 다 같은 무덤을 보면서 한 사람은 죽은 자의 무덤에서 죽음을 생각하고 한 사람은 죽은 자의 무덤에서 삶을 생각하는 것이다. 무덤을 보면서 사망을 생각하기도 하고 무덤을 보면서 생명을 생각하기도 한다.

안식 후 첫날 새벽에 예수의 무덤을 찾아간 막달라 마리아와 베드로를 보면 베드로는 안식 후 첫날 새벽에 부활의 소식을 듣고 무덤으로 달려가서 무덤 속에서 세마포는 보았으나 예수님을 만나지를 못했다. 그리고 실망한 베드로는 일찍이 자기 고향 갈릴리로 내려갔다.

예수님의 부름을 받고 수제자가 되어 주는 그리스도시오 살아계신 하나님의 아들이라고 하는 신앙고백으로 반석이라고 하는 별명을 받은 베드로는 매사에 신앙고백도 잘하고 장담도 잘했지만 예수님은 그를 사탄이라고도 하고 장애물이라고도 했다. 순종도 배신도 잘한 그는 예수 그리스도의 빈 무덤을 보고 실망한 나머지 어촌 갈릴리로 내려가서 자기의 본업이었던 고기 잡는 어부의 생활로 돌아갔다.

어느 날 부활의 예수님이 갈릴리 바다에 나타나셔서 "너희에게 고기가 있느냐?" 하셨다. 베드로는 찾아오신 예수를 어색하게 만난다. 그리고 그는 "나는 죄인이로소이다." 하고 고백을 한다.

그런데 막달라 마리아는 무덤에 들어가서 예수의 시체가 없자 계속 대성통곡을 하다가 무덤 안에서 흰옷 입은 두 천사를 만난다. 슬피 울면서 없어진 예수의 시체를 요구한다. 이 전투적인 정신이 예수 그리스도를 만난다. 곧 이 막달라 마리아 등 뒤에서 예수님이 "마리아야" 하고 불렀다. 이 막달라 마리아는 무덤 속에서 부활의 주님을 제일 먼저 만나는 행운의 여인이 되었다.

막달라 마리아는 갈릴리 호수가의 막달라촌 창녀출신이다. 일곱 귀신이 들려 고생하다가 예수님께 고침을 받기도 하고, 십자가상의 예수를 최후로 목도하기도 하고, 예수의 시체에다 향유를 바르기도 했다. 이 막달라 마리아가 부활의 예수를 제일 처음 만나고 부활의 소식을 제자들에게 제일 먼저 전해주는 복음의 전달자가 되었다.

이 예수의 무덤에서 막달라 마리아는 예수님을 제일 먼저 만나는 축복의 사람이 되고, 수제자 베드로는 무덤에서 예수를 만나지 못하고 고향으로 돌아가 갈릴리 바다에서 고기를 잡다 예수를 어색하게 만나는 불행한 제자가 되었다.

다 같은 무덤에서 부활의 예수님을 만나는 자가 있고 만나지 못하는 자가 있다. 소원은 늘 희망을 가지고 끝까지 기다리며 사생결단을 하는 자만이 이루는 열매이다.

막달라 마리아와 같은 당신의 자세에서 부활의 예수님을 만나고 싶어
하는 당신의 소원이 이루어졌으면 하는 마음이 간절하다.
당신의 소원은 무엇인가? 당신의 희망이 당신의 소원을 성취한다.

무덤에서도 생명을 보는 것이다.

닮은 삶의 생애들 (1)

아브라함과 **이삭**과 **예수 그리스도**의 생애를 보면 그들이 살아가는 삶의 형편과 방도가 서로가 본보기가 된 것 같이 이상할 정도로 닮고 그대로 좇아 행동하는 것 같다. 아브라함과 이삭과 예수 그리스도의 삶을 반추해본다.

아브라함의 생애는 노아의 후손 셈의 10대 손이요, 갈대아국 우르에서 데라의 아들로 태어났다.(창11:10~28)
아브라함은 하란의 딸 사래와 결혼을 했다.(창11:29, 20:12)
벧엘에 살면서 흉년이 심해 애굽으로 내려갔다.(창12:7 ~10)
애굽에 내려가서 자기아내 사래를 누이라 하여 바로가 아내로 삼으려다가 다시 돌려받았다.(창12:11~20)
사래는 아브라함의 이복 누이동생이었다.(창20:12)
애굽에서 애굽왕은 아브라함을 잘 대접해 주었다.(창12:11~20)
애굽에서 벧엘로 올라와서 잘못을 회개하고 헤브론으로 갔다.(창12:1)
아브라함은 모리아산에서 아들 이삭을 번제로 드렸다.(창22:1 ~19)
아브라함이 175세를 누리고 죽어서 막벨라굴에 장사 되었다.(창25:7~10)
아브라함은 여호와 하나님에 대한 절대적 신앙을 가지고 살았다.
아브라함은 아들로 이삭과 이스마엘을 두었다.

아브라함은 아버지 하나님의 말씀을 순종하였다.

이삭의 생애는 노아의 후손 셈의 11대 손으로 아브라함의 아들로 태어 났다.(창17:16~22)
이삭은 메소보타미아에서 데리고 온 리브가와 결혼을 했다.(창24:67)
벧엘에 살면서 흉년이 심해 아비멜렉이 사는 그랄로 내려갔다.(창26:1)
그랄에 내려가서 자기아내 리브가를 누이라고 하여 블레셋왕 아비멜 렉에게 책망을 받았다.(창26:7)
리브가는 브두엘의 아들 라반의 누이로서 이삭의 친척 누이동생이었 다.(창22:23)
그랄에서 블레셋왕 아비멜렉은 이삭을 잘 영접했다.(창26:11~29)
그랄에서 브엘세바로 올라가 그곳에서 천막을 쳤다.(창26:23)
이삭은 아버지가 자기를 번제로 드릴 때 순종을 했다.(창22:1~19)
이삭은 180세를 누리고 죽어서 막벨라굴에 장사 되었다.(창35:28)
이삭은 여호와 하나님에 대한 절대적 신앙을 가지고 살았다.
이삭은 아들로 야곱과 에서를 두었다.
이삭은 아버지 아브라함의 말씀을 순종하였다.

예수의 생애는 아브라함부터 42대로써 구주로 태어났다.
예수는 언약으로 말미암아 세상에 탄생을 했다.(갈4:4)
예수는 하나님의 거룩한 독생자이다.(요1:14)
예수는 인류속죄의 십자가를 지셨다.(요19:17)
예수는 십자가를 지고 갈보리산으로 갔다.(요19:17)
예수는 십자가에서 죽기까지 하나님의 말씀에 복종을 했다.(빌2:8)
예수는 죽음에서 부활을 하셨다.(눅24:7)

신앙은 외형적인 모습의 닮음이 아니고 삶의 질과 행동이 그대로 좇아
가는 것이다.
우리도 아브라함의 절대 신앙과
이삭의 절대 순종과
십자가를 지신 구속의 주 예수 그리스도를 닮아가는
거룩한 성도가 되었으면 한다.

닮은 삶의 생애들 (2)

이스라엘 지중해 연안에 있는 갈멜산에 오르면 엘리야 수도원이 있고, 엘리야가 바알 선지자의 목을 밟고 칼을 들어 내리치는 엘리야의 큰 동상을 볼 수가 있다. **엘리야** 선지와 그의 제자 **엘리사** 선지의 생애를 알아본다.

이스라엘 초기 선지자 엘리야
BC 876∼853년 길르앗의 디셉 사람으로 그 이름의 뜻은 "하나님은 여호와"라는 뜻이다. 성실하고 강하며 언제나 남에게 아첨하거나 용서를 구하지 아니하며 털옷에 가죽 띠를 하고 살았기에 많은 사람들은 그를 신약의 세례요한과 많은 비교를 한다.

엘리야는 이스라엘 7대왕 아합이 두로와 결탁하여 이세벨을 왕후로 데려오고 이방신 바알을 숭배했기에 아합왕에게 반기를 들고 국가적인 형벌을 선언한 선지자이다. 그리고 아합이 궁전 가까이에 있는 나봇의 포도원을 율법적 살인으로 강제로 빼앗아 자기의 나물 밭을 만들고 악을 행할 때 그는 왕을 과감하게 책망하기도 했다.

엘리야 선지의 이밴트 11

1. 3년 6개월 동안 비가 오지 못하도록 국가적인 형벌을 선언했다.

2. 갈멜 산에서 바알 숭배자의 850명과 대결하여 싸워서 승리를 했다.

3. 바알선지자 모두를 기손강에서 죽였다.

4. 아합왕의 미움을 사 엘리야가 거릿 강변에 숨어있을 때에 하나님은 1년 반 동안이나 까마귀로 하여금 떡과 고기를 날라주어 먹이기도 하였다.(왕상17:1~7)

5. 가무름의 마른땅 이스라엘에 비를 내리기도 했다.

6. 사르밧 과부의 죽은 아들을 살렸다.(왕상17:17)

7. 선지학교를 세워 생도들을 교육했다.(왕하2:15~18)

8. 사밧의 아들 엘리사에게 기름을 부어 자기 후계자로 삼았다.

9. 두루마기를 쳐서 요단강을 가르기도 하고(왕하2:8)

10 불병거 휘리바람을 타고 하늘로 승천했다.

11. 변화산상에서 엘리야는 모세와 같이 선지자의 대표로서 예수님께 나타났다.(마17:1)

이 엘리야의 생애는 구주 예수 그리스도의 길잡이 선지자로서 말라기 선지 이래 신망해오던 엘리야의 재현을 세례요한에게서 그 의미를 찾는다.(말4:5, 마16:14, 17:10)

엘리야의 제자 엘리사

그는 사밧의 아들로서 그 이름의 뜻은 "하나님의 구원"이란 뜻이다.(왕상19:19) 선지자 엘리야의 부름을 받고 그의 제자가 되었다. 선지자 엘리야가 승천할 때 그 직분을 전수했다.(왕하2:9~10) 선지자 엘리야가 왕가의 핍박을 받으며 지낸 것과는 달리 엘리사는 에후에게 기름을 부어 왕으로 세웠다.

엘리사 선지의 이벤트 8

1. 선지학교를 세웠다.(왕하 6:1~2)

2. 물에 빠진 도끼를 건져 올렸다.(왕하8:1~7)

3. 두루마기로 요단강을 갈랐다.(왕하2:14)

4. 여리고에서 쓴물을 달게 했다.(왕하2:19~21)

5. 선지자의 아내 과부의 채무를 기적으로 청산했다.(왕하4:1~7)

6. 수넴 여인의 죽은 아들을 살렸다.(왕하18~37)

7. 아람의 장관 나아만장군의 문둥병을 고쳤다.(왕하5:1~14)

8. 자기의 종 게하시에게 문둥병이 들게도 했다.(왕하 5:20~25)

9. 이스라엘의 예후와 수리아의 하사엘을 선동하여 급격한 혁명을 단행했다.

엘리사 선지는 윤리적 선지자로서 엘리야보다 더 관대했다.
궁정도 서민도 다 같은 신뢰와 친근감을 가졌다.
스승 엘리야 선지가 격렬한 형벌적인 것으로부터 벗어나 은총적인 것으로의 반전을 보여주고 있는 선지자이다.

오늘 우리가 배울 점 8

1. 선지자적인 자세를 배운다.

2. 선지자는 천성이 성실하고 강하며 아첨하는 일이 없어야 한다.

3. 검소함을 배운다. 선지자들은 날마다 검소한 삶을 살았다.

4. 기도에 확신을 가져야함을 배운다. 엘리야는 바알선지와의 대결에서 제단에 불이 내려왔다.

5. 후계자를 잘 선택해야 함을 배운다. 엘리야는 엘리사를 후계자로 잘 선택했다.

6. 선지학교를 세워서 교육함을 배운다. 학교를 세우고 교육하여 선지 생도들을 배출했다.

7. 성령을 받으면 하나님의 능력 행함을 배운다. 두 선지자는 두루마기로 요단강 물을 갈랐다.

8. 예수님의 형상을 보여줌을 배운다.

말라기 선지는 두려운 날이 이르기 전에 내가 선지자 엘리야를 너희에게 보낸다고 했다.

스승보다 더 나은 제자의 생애를 본다.

느헤미야 고백의 기도

느헤미야는 팔레스틴에서 유대교의 기초를 확립하는 데 큰 공적을 남
긴 귀국의 지도자이다. 바사궁정에서 아닥사스다 1세에 시종을 들면서
관직에 있었다.(느1:1~2:1) 그는 그의 동지들과 함께 예루살렘으로 돌
아갈 수 있는 왕의 윤허를 얻었다. 유대총독에 임명되어 예루살렘 성벽
수복에 매진하면서 사마리아 사람들의 반대를 물리치고 52일 만에 공
사를 마친 사람이다.(느6:15~16)

그 후에 예루살렘에 12년동안 머문 후에 다시 바사로 돌아갔다가 다시
예루살렘을 방문했다. 포로에서 돌아온 느헤미야는 바벨론에 있는 인
텔리 유대인의 정통신앙의 대표자로서 유대교의 엄격주의를 강조하고
유대인들 사이에 횡행하는 이교주의와 투쟁을 벌였다. 이스라엘 종교
의 순수성을 보존하는데 공헌하고 헬라의 동화정책에도 과감히 싸우
면서 유대독립을 쟁취한 사람이다.

귀국의 지도자 느헤미야가 백성들과 같이 단식을 하면서 하나님께 드
리는 고백의 기도 내용은 하나님의 천지창조로부터 이스라엘의 멸망
까지를 느헤미야 9장에 담았다. 그 기도의 내용을 보면 다음과 같다.

천지 만물과 인생을 내신 하나님: 야훼여, 임께서는 홀로 하늘을 지으셨습니다. 하늘 위의 하늘과 거기에 딸린 별들을 지으셨습니다. 땅과 그 위에 있는 온갖 것, 바다와 그 안에 있는 온갖 것을 지으시고 목숨을 불어 넣으셨습니다. 하늘의 별들이 하나님께 예배드립니다.

아브라함과 약속을 지키시는 하나님: 야훼여, 아브람을 택하시어 바빌론 우르에서 이끌어 내시고 아브라함이라 이름 지어 주신 이, 바로 하나님 아니십니까? 그의 마음이 하나님께 향하여 매양 한결같음을 보시고, 가나안, 헷, 아모리, 브리즈, 여부스, 기르갓 사람의 땅을 그 후손에게 주겠노라고 약속하셨습니다. 하나님께서는 의리를 지키시어 말씀대로 이루어 주셨습니다.

출애굽의 역사를 이루시는 하나님: 우리 선조들이 에집트에서 고생하는 모양을 보시고 갈대바다에서 아우성치는 소리를 들으시고 우리 선조들을 업신여기는 파라오와 그의 신하들과 백성들에게 놀라운 일로 힘을 드러내시어 오늘날처럼 명성을 떨치셨습니다. 바다를 가르시어 바다 한가운데를 마른 땅처럼 건너게 하시고 뒤쫓는 자들을 깊은 바다에 빠뜨리시어 돌처럼 거센 물결에 잠기게 하셨습니다. 낮에는 구름기둥으로 인도하여 주시고 밤에는 불기둥으로 길을 밝혀 주셨습니다.

시내산에서 십계명을 주신 하나님: 몸소 시내산에 내려오시고 하늘에서 말씀을 내리셨습니다.
바른 관례와 어김없는 법령과 좋은 규정과 계명을 주셨습니다. 안식일은 하나님의 날, 그 날을 거룩하게 지킬 것을 가르쳐 주셨습니다. 모세의 손을 거쳐 계명과 규정과 법을 내려 주셨습니다.

광야에서 물과 양식을 주신 하나님: 굶주린다고 하늘에서 양식을 내리시고 목말라 한다고 바위에서 물을 터뜨리셨습니다. 손들어 맹세하며 주겠다하신 땅에 들어가 차지하고 살라고 일러 주셨습니다.

불순종한 이스라엘을 용서하시는 하나님: 그러나 우리 선조들은 거만해졌습니다. 고집이 세어졌습니다. 그리하여 하나님의 계명에 복종하지 않았습니다. 깜짝 놀랄 일들을 하여 주셨지만, 그런 일은 염두에도 없어 복종할 생각은커녕 고집만 세어져 종살이하던 곳, 애굽으로 되돌아가려고까지 하였습니다. 그래도 하나님께서는 버리시지 않으셨습니다. 하나님은 어떤 죄도 용서하시는 분, 애처롭고 불쌍한 꼴을 그냥 보아 넘기지 못하시고 좀처럼 화를 내지 않으시는 분, 그 사랑은 그지없으십니다.

우상을 만든 이스라엘 백성들을 용서하신 하나님: 우리 선조들은 송아지를 쇠붙이로 부어 만들고는 "이것이 우리를 애굽에서 이끌어 내신 우리의 하나님이라" 하고 외쳤습니다. 그렇듯이 무엄하고도 발칙하게 굴었지만 하나님께서는 마냥 불쌍히 보시고 사막에 버려두지 않으셨습니다. 낮에는 어김없이 구름기둥으로 앞길을 인도하여 주셨고 밤에는 불기둥으로 갈 길을 비추어 주셨습니다.

변함없이 은혜를 베푸시는 하나님: 지혜로워지라고 선한 영을 내려 주셨고 굶주릴세라 만나를 끊이지 않으셨으며 목마를세라 물을 주셨습니다. 사막에서 사십 년을 하루같이 옷이 헤질세라 발이 부르틀세라 아쉬운 일 하나 없게 돌보셨습니다.

이방 민족들과 싸워 이기게 하신 하나님: 마침내 헤스본 왕 시혼, 바산 왕 옥의 영토를 주셨습니다. 그 나라 그 민족들을 손에 붙여 주시어 그 땅을 나누어 변방으로 삼게 하셨습니다. 하늘의 별만큼이나 불어나게 하신 후손들은 선조들에게 약속해 주신 땅에 들어와 차지하게 되었습니다.

약속의 땅 가나안에 들어가 살게 하신 하나님: 그 후손들이 들어와 이 땅을 차지할 때 이 땅에 살던 가나안 사람들을 굴복시키셨습니다. 뭇 민족과 그 임금들을 손에 붙여 주시어 저희 마음대로 하고 성채들과 기름진 땅을 점령하게 하셨습니다. 온갖 보화가 그득그득한 집들과 바위를 파서 만든 물웅덩이, 과일이 지천으로 열리는 포도원, 올리브 과원을 차지하여 기막히게 맛있는 것을 기름기 돌 만큼 배불리 먹으며 흥청거렸지만 어느덧 엇나가며 반역까지 하게 되었습니다.

예언자들의 예언을 멸시한 이스라엘: 주신 법을 내버리고 하나님께 돌아오라고 타이르는 예언자들을 죽였습니다. 이렇듯이 무엄하고도 발칙하게 굴었습니다. 그래서 원수들의 손에 내맡기시어 억압을 받게 하시다가도 못 견디어 부르짖기만 하면 하늘에서 들으시고 마냥 불쌍한 생각이 드시어 원수의 손에서 건져 낼 사람을 보내 주시곤 하셨습니다.

그러나 한숨 돌릴 만하면 또 하나님께 거슬리는 일을 하였습니다. 그래서 원수의 손에 넘기시어 그 지배를 받게 되면 이 백성은 다시 부르짖었습니다. 그러면 하나님께선 하늘에서 들으시고 또 불쌍한 생각이 드시어 다시 건져 주셨습니다. 마음을 돌이켜 내 법대로 살라고 아무리 타이르셔도 막무가내였습니다. 받은 계명을 따라 살려고 하지 않았습니다. 받은 법령을 따라야 살터인데 기어이 엇나가며 못할 짓만 하였습니다. 고집만 부리며 등을 돌린 채 듣지 않았습니다.

스스로 멸망을 자초한 이스라엘: 그러나 하나님께서는 오랜 세월을 참으시며 예언자들에게 영검을 내리시어 타이르셨지만 그들은 들으려고 하지 않았습니다. 하는 수 없이 여러 나라 백성에게 넘기셨으나 또다시 불쌍한 생각이 드시어 모조리 쓸어버리지는 못하셨습니다. 애처롭고 불쌍한 모양은 그냥 보아 넘기지 못하시는 하나님이시기에 내버려 두지 못하셨습니다.
그런데 우리는 지금 이 꼴입니다.

우리 하나님, 높고 힘 있으시고 두려우신 하나님, 한번 맺은 계약은 어김없이 지키시는 하나님, 우리가 겪은 고난, 우리 임금, 대신, 사제, 예언자, 선조들이 겪은 고난, 아시리아 왕들이 쳐들어 온 날부터 이 날까지 하나님의 백성이 겪은 고난을 작다고 하지 마십시오.

느헤미야 고백의 기도: 이 모든 일을 겪었지만 우리는 하나님께 잘못이 있다고 생각하지 않습니다. 하나님께서 하신 일은 틀림이 없습니다. 죄는 저희에게 있습니다. 우리 임금, 대신, 사제, 선조들은 하나님께서 몸소 내리신 법을 지키지 않았습니다. 타이르시며 분부하신 말씀쯤은 염두에도 두지 않았습니다. 제 나라에서 넘치게 주시는 복을 누리면서도, 눈앞에 펼쳐 주신 넓고 기름진 땅에서 살면서도, 하나님을 섬기지 않았습니다. 그 악한 행실에서 발길을 돌리지 않았습니다.

보십시오. 우리는 지금 종살이를 하고 있습니다. 거기에서 나는 좋은 곡식을 먹으며 살라고 우리 선조들에게 주신 바로 그 땅에서 우리는 종살이를 하고 있습니다. 이 땅에서 나는 풍성한 소출은 우리 죄를 벌하려고 세우신 임금들의 것이 되고 맙니다. 이 몸뚱아리도 마음대로 부리고 우리 가축도 멋대로 처치합니다. 우리는 이처럼 무서운 고역을 치르고 있습니다.

느헤미야 고백의 기도를 요약하면: 천지와 만물을 창조하시고 인생을 내신 하나님께서 아브라함을 부르시고 아브라함과 약속을 지키시는 하나님을 고백한다. 출애굽의 역사를 이루시는 하나님께서 시내산에서 십계명을 주시고 광야에서 물과 양식을 주신 하나님을 고백한다.

불순종한 이스라엘을 용서하시고 우상을 만든 이스라엘 백성들을 용서하신 하나님 이방 민족들과 싸워 이기게 하신 하나님 약속의 땅 가나안에 들어가 살게 하신 하나님 변함없이 은혜를 베푸시는 하나님을 고백한다.

예언자들의 예언을 멸시한 이스라엘이 결국 망하고 말았다는 것이다. 귀국의 지도자 느헤미야가 하나님 앞에서 죄를 뉘우치는 고백의 기도이다. 이 기도를 들으면서 오늘 우리는 어제도 오늘도 변함없이 은혜를 베푸시는 하나님께 감사하며 살아가는 주의 백성이 되어야겠다고 다짐해본다.

느헤미야 고백의 기도에서 배운다.

눈알이 빠진 왕 시드기야

이스라엘 역사에 있어서 초대 왕 사울은 블레셋에 패하여 아들이 죽고 왕은 자기 칼로 자결을 했으며 마지막 왕 시드기야는 바벨론 느부갓네살 왕에게 패하여 아들이 죽고 자기는 두 눈알이 빠져 죽었다. 이들의 삶이 오늘 우리에게 많은 경각심을 준다.

초대 왕 사울은 블레셋 나라와 싸우다가 블레셋 사람들에게 밀리면서 그의 아들이 길보아 산에서 죽임을 당하고 적군의 추격을 견디다 못해 자기의 칼로 자살을 했다. 블레셋 군인들은 사울의 옷을 벗기고 그의 머리를 잘라 다곤 신전에 달았다. 성경은 사울의 죽음이 여호와께 범죄하였기 때문이라고 했다.

이스라엘 솔로몬왕이 황금시대를 이루었으나 솔로몬 말기에 가서는 나라가 달라졌다. 솔로몬왕은 천 명의 후궁을 거느린 호색가가 되었고, 국민들은 과다한 세금징수와 강제노동에 시달려야만 했다. 뿐만 아니라 솔로몬왕은 이방 여인들을 위한 산당을 짓고 그들이 가지고온 신들에게 제사를 하게 하였다.

시돈 사람의 여신 아스다롯,

암몬 사람의 가증한 신 밀곰과 몰록,
모압 사람의 가증한 신 그모스,
이런 신들을 위하여 예루살렘 앞산에 산당을 지었다.

예레미야선지는 유다의 왕들이 무기력하고 경건이 없는 어용 종교가들을 이용하여 평안이 없는 데도 평강하다, 평강하다하는 기만정책으로 백성들을 속였다고 했다.(렘6:4) 이 정치적 불안이 유다 백성으로 하여금 앗수르의 천체를 예배하는 우상숭배를 가져오고 도덕적 타락을 가져왔다고 지탄을 했다.

솔로몬 이후 개혁의 시기에서 요시아왕은 열렬한 신앙을 가지고 신명기법전에 자극되어 철저한 종교개혁을 단행하면서 나라를 살리려고 지방의 성소를 폐지하고 예배중심을 예루살렘으로 정했다.(왕하23:8)
천체숭배인 앗수르의 우상숭배를 금지하고(왕하23:11)
성전에서 남창을 금지하고(왕하23;7)
마술꾼들을 금지하고(왕하23:10)
어린이 인신희생을 금했다.(왕하23:10)
유월절을 집행 하면서 요시아 왕은 후대에까지 큰 감화를 주었고 백성들은 큰 희망을 가졌으나 그 후 멸망의 시기에 왕들은 요시아 왕의 애국정신을 받아들이지를 못했다.

유다의 마지막 왕 시드기야는 21세에 왕위에 오르면서 바벨론에 귀순할 것을 맹세함으로써 예레미야선지의 비난을 받았다. 시드기야는 바벨론이 심어 놓은 유다 꼭두각시 왕이 되었다. 그리고 시드기야는 친애굽정책을 펴면서 바벨론의 느부갓네살 왕에게 예루살렘이 함락되었다. 아들들은 자기 앞에서 죽임을 당하고 자기는 눈알이 뽑혔다.(렘 39:7) 이렇게 해서 나라는 없어지고 국민은 노예로 끌려갔다. 분열된 북쪽 왕국 이스라엘은 앗시리아에게 망하고, 남쪽 왕국 유다는 블레셋에게 망했다.

이 두 나라의 멸망원인을 살펴보면 이스라엘 백성이 모세의 출애굽 이후 하나님의 사랑과 인도함을 받아서 가나안에 들어가 살았는데 사사시대와 왕국시대를 지나 솔로몬시대에 와서는 황금시대를 이루었으나 솔로몬 말기부터 나라가 부패해졌다.

정치인들은 계속 부정과 부패와 불신에 살아갔고, 사회에는 정의를 상실했다. 국민들의 인권은 유린되고, 가난한 자들은 착취를 당하고, 부자들은 사치하며 살아가고, 백성들에게는 금송아지 우상숭배를 강요했다. 이렇게 해서 남북 유다와 이스라엘은 멸망을 하고 말았다.

초대 왕 사울은 블레셋 사람들에게 추격되어 아들이 죽고, 자기는 자결을 해서 죽었다.
마지막 왕 시드기야는 바벨론 느부갓네살 왕에게 예루살렘이 함락되면서 아들이 죽고, 자기는 포로로 잡혀가서 두 눈알이 뽑히고 죽었다.
나라를 망치면 눈알이 빠진다.

남북 이스라엘과 유다의 멸망원인을 보면서 오늘 우리 정치인들도 각성해야 한다.
하나님의 말씀을 무시하고,
지식인들의 말을 듣지 아니하고,

학자들의 예리한 안테나를 꺾고 우상을 섬기면,
우리도 적군의 침략에 포로가 되고
지도자는 눈알이 빠진다는 이 사실을 똑똑히 알아야 한다.

눈알이 뽑히고 쇠사슬에 묶여 포로로 잡혀간 시드기야 왕에게서 배
운다.

날개 잃는 매 골리앗

탈무드에는 강자를 이기는 약자들의 이야기가 있다. 약자라고 해서 무시하면 안 된다. 강자를 이기는 약자들을 보면,

제일은 모기다. 모기는 약하고 작은 미물이지만 이 모기가 사자에게는 공포의 대상이다. 밀림사회에서 사자는 왕자다. 임팔라나 물소나 돼지나 기린이나 닥치는 대로 잡아먹지만 결국 사자는 쇠파리 떼나 모기에게 피를 빨려 죽는다. 모기는 그야말로 사자에게는 공포의 대상이다.

제이는 거머리이다. 거머리는 물에서 서식하는 미물이다. 이 미물에 덩치 큰 코끼리는 쪽을 못 쓴다. 동물의 왕자 사자도 겁을 느끼는 코끼리가 거머리에 약하다. 거머리는 징그러운 존재다.

제삼은 파리이다. 사자나 코끼리는 말할 것도 없고 덩치가 큰 동물일수록 파리에게는 약하다. 광야의 전갈도 파리의 공격을 막을 수가 없다.

제사는 거미이다. 거미의 무기는 거미줄이다. 이 실 같은 거미줄이 날아다니는 곤충은 물론 날아다니는 제비도 걸리면 죽는다. 하늘의 왕자 독수리도 거미줄에는 공포를 느낀다는 것이다.

이 세상에는 어떤 강자도 항상 천적이 존재하는 것이다. 아무리 힘이 없고 보잘 것 없는 미물이라 할지라도 조건만 갖추면 강자를 이길 수 있는 것이다. 개미구멍에 큰 방축이 무너진다는 말도 작은 것을 무시하면 큰 재앙이 되는 것이다.

칼 쥔 놈 막대기 쥔 자 이길 수 없다는 속담처럼 놋 단창을 든 블레셋 거인 골리앗은 물맷돌을 든 다윗을 이길 수가 없었다. 그 이유는 다윗에게는 강하고 능한 여호와, 전쟁에 능한 여호와(시24:8) 전능의 하나님이 계셨는데 거인 골리앗은 자기 자신을 믿었다.

다윗의 전쟁 승리의 원인은
다윗이 전쟁에 임할 때 그는 여호와 하나님의 이름으로 나아갔고,
여호와의 구원하심이 칼과 창에 있지 아니함을 무리에게 알렸다.
다윗은 전쟁은 여호와께 속한 것임을 확신했다.
다윗은 골리앗을 향해서 너는 칼과 창과 단창을 가지고 내게 나오지만
나는 만군의 여호와 이스라엘 군대의 이름으로 네게 나아가노라고 했다.
이스라엘의 목동 다윗에게는 만군의 여호와 하나님이 계셨다.

골리앗의 전쟁 실패의 원인은 자기 자신을 과신했다.
그는 전쟁에 임하면서 머리에는 놋 투구를 썼다.
몸에는 놋 오천 세겔이나 되는 비늘 갑옷을 입었다.
다리에는 놋 각반을 쳤고,
어깨 사이에는 놋 단창을 메었다.
그가 쥐고 있는 창 자루는 베틀 채 같았고,
창날은 철 육백 세겔이나 되었다.

그래서 골리앗은 전쟁에 임하면서 자기 자신을 믿었다.

이 싸움에서 다윗의 물맷돌이 놋 단창을 든 블레셋 대장 골리앗을 쳐
이겼다. 거인용사 골리앗은 목동소년 다윗에게 죽었다.
하나님이 없는 골리앗은
날개를 잃은 매鷹,
줄 없는 거문고,
꽃 없는 나비,
물 없는 사막,
임자 없는 용마龍馬,
날개 없는 봉황鳳凰,
짝을 잃은 원앙鴛鴦이다.
이런 말들은 보람이 없고 쓸데없게 된 자기 처지를 가리키는 말로써 골
리앗과 같은 모든 사람을 두고 하는 말이다.

시편에 기록된 하나님을 향한 다윗의 고백을 보면 주께서 나를 전쟁하
게 하려고 능력으로 내게 띠를 띠우사 일어나 나를 치는 자들이 내게
굴복하게 하셨나이다.(시18:39)
군대가 나를 대적하여 진 칠지라도 내 마음이 두렵지 아니하며 전쟁이
일어나 나를 치려할지라도 나는 여전히 태연하리로다.(시27:3)
영광의 왕이 누구시냐 강하고 능한 여호와시요 전쟁에 능한 여호와시
로다(시24:8)라고 했다.

오늘날 교회 목사님들은 날개 잃은 매 골리앗 같은 설교를 삼가고 하나
님의 이름으로 물매를 든 다윗을 따라야 한다. 블레셋 군인 대장 골리

앗처럼 화려한 의상에 멋있는 제스처를 하면서 유창한 설교를 하지만 알맹이가 없고 실탄이 없는 총과 같아서 매우 아쉽다.

설교 후에 집으로 돌아가는 성도와 인사를 나누는 한 성도가 목사님을 향하여 말을 했다. "목사님! 오늘 목사님의 설교가 참으로 유창했습니다. 그런데 **십자가**란 말 한마디가 없어서 매우 실망입니다." 이런 설교가 날개 잃은 매 골리앗과 같고 비 없는 구름이요, 사막의 신기류다.

한 시간 동안 설교를 듣고 집으로 돌아온 아내에게 남편이 오늘 목사님의 설교 내용이 무엇이었나 하고 물으면 아내가 하는 말이 듣기는 했는데 무슨 말을 하는지 아무 기억이 없다고 한다면 그 설교에는 많은 문제가 있다.

오늘의 성도들은 블레셋 군인 대장 골리앗 같은 당신의 설교를 원하는 것이 아니고 다윗의 돌팔매 같은 촌철살인寸鐵殺人의 설교 듣기를 좋아한다.

놋 창과 물맷돌.
블레셋 대장 골리앗과 이스라엘의 목동 다윗의 이야기
우리 모두 귀담아 들어야 한다.

광야의 불뱀과 놋뱀

모세의 인도로 출애굽하여 가나안 땅으로 가는 이스라엘 백성들의 노
정을 보면 그들은 늘 하나님의 은총과 사랑을 독차지하고 살아간 민족
같이 보인다. 그럼에도 불구하고 그들은 하나님을 원망하고 영도자 모
세를 불평했다. 불평하는 이스라엘 백성들에게 하나님은 불뱀을 보내
서 물어 죽게 하는 형벌을 내렸다. 모세보다 더 훌륭한 지도자가 이 세
상에 또 어디에 있겠는가?

그런데도 그들은 불평을 했다.

이스라엘 백성의 영도자 모세 출애굽 이벤트 텐을 보면 우리는 그의 위
대성을 잘 알 수가 있다.

모세는 미디안 광야에서 하나님으로부터 출애굽의 사명을 받은 사람
이다.(출3:1)

애굽땅에 10가지 재앙을 내렸다.(출4:11)

홍해 바다를 육지같이 건너게 했다.(출14장)

광야에 구름기둥 불기둥이 나타났다.(출13장)

백성들에게 만나와 메추라기를 먹게 했다.(출16장)

반석을 쳐서 수정 같은 물을 나오게 했다.(출17장)

쓴 물이 변하여 단물이 되게 했다.(출15장)
여러 전쟁에서 승전을 했다.(출17장)
십 · 백 · 천 부장제도를 두어 지방자치제도를 실시했다.(출17장)
십계명을 수여받아 이스라엘 백성의 국민윤리로 삼았다.(출20장)

이러한 능력의 모세를 지도자로 삶고 하나님의 사랑과 은혜를 독차지
하면서도 이스라엘 백성들은 얼핏 하면 하나님을 거역하고 모세를 불
평했다. 시내산에 올라간 모세가 소식이 없자 백성들은 하나님을 저버
리고 아론에게 우리를 인도할 다른 신을 달라고 했다.

이 요구에 아론은 백성들이 가지고 있는 귀고리, 금 고리를 모아서 송
아지 신상을 만들고 이것이 애굽 땅에서 우리를 인도하여 낸 신이라고
하면서 춤을 추며 광란을 했다. 시내산에서 내려와 이 광경을 본 모세
는 이 백성이 큰 죄를 범하였나이다 하면서 하나님께 용서를 구했다.
(출32:31)

이스라엘 백성들이 애굽을 떠나 가나안을 갈 때 술 광야를 지나 블레셋
나라로 바로가면 500리길로 4일이면 된다. 하지만 블레셋을 지나다가
해를 당할까 두려워하여 광야 길로 가다보니 40년의 긴 세월을 보내야
만 했다.

이 길 문제로 이스라엘 백성들이 마음이 상하자 하나님과 모세를 향하
여 원망을 했다. 애굽에서 우리를 인도해 내어 이 광야에서 죽게 하는
가? 이 곳에는 먹을 것도 없고 마실 물도 없다. 이 하찮은 음식 메추라
기와 만나를 우리는 싫어한다면서 많은 불평을 했다.(민21:6~9)

만군의 여호와 하나님은 수리처럼 하늘을 날면서 이스라엘 백성들을 지켜 주고 건져 주고 아껴 주고 구원해 주었건만 이스라엘의 백성들은 먹고 배부르면 헤헤, 주리고 목마르면 원망, 좋을 땐 내 덕, 어려우면 하나님을 배신하고 금송아지를 섬긴다.

그래서 하나님은 불평하는 이스라엘 백성들에게 불뱀을 보냈다.

광야에 나타난 이 불뱀,

배은망덕한 자는 무조건 물어 죽이는 뱀이다.

지금까지 은혜 중에 사랑과 기적을 보이시던 여호와께서 불평하는 이스라엘 백성들에게 불뱀을 보내어 물게 하시므로 이스라엘 백성들이 많이 죽었다. 이때 백성들이 모세에게 말을 했다. 우리가 여호와와 당신을 향하여 원망함으로 범죄 하였사오니 여호와께 기도하여 이 뱀들을 우리에게서 떠나게 하소서.

이 간절한 요구에 모세는 백성을 위하여 여호와 하나님께 기도를 드렸다. 하나님은 모세에게 명했다. **놋뱀**을 만들어 장대 위에 매달아라 그것을 보는 자는 살리라(민21:6~9)고 했다. 하나님의 사랑과 은총 속에서 가나안에 가는 길 하나님 인도 따라가면 되련만 이스라엘 백성은 너무나 불평이 심했다.

그런데 이 장대위에 달린 놋뱀은 무엇을 상징하는 것일까?

이 놋뱀은 예수 그리스도의 예표였다.(요3:14~15).

예수 그리스도는 광야에서 40일 동안 금식하시고 마귀의 시험에서 승리를 했다.

십자가에 달려 인류의 속죄를 이루셨다. 십자가에 달린 예수 믿기만 하면 구원을 얻는다.
곧 죄에서 자유 함을 받는 것이다.

광야의 놋뱀은 예수 그리스도를 상징하는 것으로 신약에서 직접 설명해 주셨다. 모세가 광야에서 뱀을 든 것 같이 인자도 들려야 하리니(요 3:14) 십자가에 달린 예수 믿는 자는 산다는 것이다. 예수님께서는 자신을 장대 위에 달렸던 놋뱀에 비유하셨다. 이 놋뱀을 쳐다보는 자는 생명을 얻었던 것처럼 십자가의 달린 예수 믿기만 하면 오늘 우리도 구원을 받는 것이다.

모세가 놋뱀을 만들어 장대 위에 달고 난 후에 하나님의 말씀에 순종하여 그것을 쳐다본 자는 누구든지 생명을 건질 수가 있었다.(민21:4~9) 예수는 이 놋뱀의 표상을 자신에게 적용하심으로써 구원의 의미를 잘 말씀하셨다. 갈보리 산상의 십자가에서 달린 예수를 믿는 자는 영생을 얻게 되는 것이다.(요3:14~15)

이스라엘 백성들은 위대한 영도자 모세와 구원의 하나님을 두고도 불평을 한다.
불평은 죽음을 초래하는 것이다.
이스라엘 백성들의 원망, 내 원망이 되지 말아야 한다.
이스라엘 백성들 놋뱀을 쳐다보면 치유가 되듯
오늘 우리는 십자가상에 달린 예수 믿으면 산다.
예수를 믿고 사는 오늘 우리가 이스라엘 백성처럼 배은망덕하면 죽는다.
예수를 믿고 사는 오늘 우리는 죽어도 은혜를 잊지 않은 결초보은에 살아가야 한다.

광야의 불뱀, 불평하는 자를 물고 물리면 죽는다.
광야의 놋뱀, 순종하고 쳐다보는 자는 치유가 된다.
십자가에 달린 예수 불신하면 죽는다.
십자가에 달린 예수 믿으면 구원을 받는다.

광야의 불뱀과 놋뱀이 오늘 우리에게 주는 교훈이다.

신유집회의 단상

성경에는 병 고침을 받는 신유의 은사에 대한 이야기가 많이 있다. 요즘 교회에서도 자주 신유집회를 하는 모습들을 본다. 집회에 참석해보면 환자를 위해서 간절히 기도하고 하나님의 자비를 기다리면 좋으련만 강사들은 예수님 따라 제자들 따라 자기 자신이 나사렛 예수의 이름으로 건강할 지어다 하고 외친다. 그런데 환자 자신에게는 아무런 필링도 없는데 강사는 나았다고 하면서 가라고 한다. 사진도 찍고 매스컴에 선전도 한다.

이런 모습들을 보면서 우리는 기도는 하되 자기가 예수인양 일어나 걸어가라고 외치지 말고 간절한 기도 후에는 병이 나았다고 자기가 선언하지도 말고 그 결과는 하나님께 맡겨야만 하는 것이다.

얼마 전 시내 모 교회에서 신유의 집회를 한다기에 참석해 보았다. 예배 후에 몸이 불편한 사람들을 다 나오게 했다. 강사는 불편한 곳을 묻고는 방언을 한다면서 주주 더더 디디 다다 하다가 할렐루야! 예수의 이름으로 명한다면서 "나을지어다"라고 했다. 환자에게는 아무런 변화도 없다는데 목사는 나았다고 선포한다. 우리주변에는 아직도 이런 목사들이 많이 있다.

예수님께서는 십자가의 길을 앞에 두고 감람산에서 기도를 했다. 아버지여 만일 아버지의 뜻이거든 이 잔을 내게서 옮겨 주소서. 그러나 내 원대로 마시옵고 아버지의 원대로 되기를 원하나이다. 우리도 기도를 할 때 간절한 기도를 드린 후에는 내 뜻대로 마옵시고 아버지 하나님의 원대로 되기를 원한다고 하는 한마디가 있었으면 하는데 능력의 종이 라면서 자기의 고집에만 집착을 한다.

오래전 서울에 사는 한 장로님은 병원에서 간암의 진단을 받았다. 죽음에 대한 공포가 엄습해오자 두려운 나머지 신유의 은사로 유명 난 대형 교회 목사님을 모시고 안수를 받고 싶었다. 어렵게 초청된 그 목사님은 안수기도를 한 후에 말을 했다. "장로님 간암이 안전하게 치유되었습니다. 걱정하지 마십시오."

이 말에 장로님은 감사하는 마음으로 거액의 헌금을 목사님께 드렸다. 그런데 나았으면 얼마나 좋았을까? 하지만 그 장로님은 며칠 후에 세상을 떠나고 말았다. 장로님의 사망소식을 들은 목사님은 감사로 받아 간 돈을 다시 되돌려주었다는 것이다.

성서에는 신유의 은사가 기록된 사건이 많이 있다. 그런데 치유의 선언은 환자 자신이 하는 것이지 목사님이 선언해서는 안 된다. 자기 자신이 예수님이나 된 것같이 "일어나 걸어가라" 외치고 다 나았다고 선언하지 말고 그 결과는 하나님께 맡겨야 하고 기다려야 하는 것이다.

군목으로 사역하던 시절 친구 목사님의 간증이 참 인상적이었다. 그는 젊은 고교시절에 불타는 신앙의 열정을 가지고 있었다. 전도를 하며 다니다가 어느 날 길에서 한 앉은뱅이를 만났다. 그를 보고 측은히 여긴 그는 앉은뱅이를 부둥켜안고 하나님께 간절히 기도를 드렸다.

땀 흘려 기도한 후에 베드로와 요한같이 자기가 앉은뱅이의 손을 잡고 "나사렛 예수의 이름으로 일어나 걸어라" 하고 외쳤다. 그런데 일어났으면 좋으련만 아무런 변화가 없었다. 그때 그는 자기 얼굴이 붉어지고 몸에 열이 나고 부끄러워지면서 많은 실망을 했다. 신앙을 포기할까하는 마음도 들었다고 했다. 그런데 그가 며칠을 두고두고 생각다가 다음과 같은 생각을 했다는 것이다.

만약 이 앉은뱅이가 일어났다면 아마도 내가 나의 신앙의 교만에 빠져서 "I am Jesus, 내가 예수다"라고 했을 것인데 일어나지 아니하자 나는 아직도 내 신앙의 그릇이 부족하다고 생각하고 자기를 반성하며 자기 성장에 더욱 노력하기로 했다는 것이다. 그 후 그는 신유의 기도를 할 때에는 그 결과는 늘 하나님께 맡긴다는 것이다. 나는 그의 이야기를 들으면서 참 인간적이고 신앙적인 사람이라고 생각을 했다.

인생만사 살아가는 삶이 모두가 다 기적인데 기적 아닌 것이 어디에 있는가?
기적이 없는 것이 아니고 신유의 은사에 있어서 좀 더 목사님들이 신중을 기했으면 하는 것이다.
일어나 걸으라. 달리다굼 일어나라.
신유의 집회에 대한 단상이다.

신행信行의 삶 5題

성서는 영혼 없는 몸이 죽은 것 같이 행함이 없는 믿음은 죽은 것이라고 했다.(약2:26) 당신의 작은 행동이 역사를 이룬다. 행동하지 아니하는 신앙은 박물관에 진열된 칼이다. 천리 길도 한 걸음부터라는 말도 작은 행동이 역사를 이룬다는 말이다.

인간은 눈에 눈물을 흘리기 보다는 이마에 땀을 흘려야 한다. 땀 흘려일을 하는 당신의 등 뒤에 도움의 하나님이 계신다. 신행信行의 삶이 역사를 이루는 이야기를 생각해 본다.

1. 태산도 노력하면 옮길 수가 있다.

우공이 산을 옮긴다는 사자성어 우공이산愚公移山은 열자 탕문편湯問篇에 나오는 말이다. 옛날 중국에 우공이라는 里老가 살고 있었다. 그가사는 집 앞에는 두 산이 있었는데 그 산이 자기의 집을 가로막고 있어서 출입이 매우 불편했다.

그는 생각다가 식구들과 같이 그 산을 옮기기로 결심을 했다. 그리고식구들과 같이 산의 흙을 파서 삼태기에 담아 저 멀리 발해 땅에 가서버리기를 시작했다. 한번을 다녀오는 데 일 년이 걸리자 이 모습을 바라본 마을의 많은 사람들은 모두가 그 산을 옮기는 일은 어리석은 일이라고 비웃었다.

하지만 우공은 태연히 말을 한다. 내가 하다 죽으면 아들이, 아들이 하다 죽으면 손자가, 손자가 하다가 죽으면 그 다음 사람이 계속하면 언젠가는 평평해질 것이라고 했다. 우공의 진심에 감동한 하늘의 옥황상제가 힘의 신神 두 아들에게 이 산을 옮기도록 명했다. 그 후에 이 태산이 사라졌다는 것이다.

예수님은 만일 너희에게 믿음이 겨자씨 한 알 만큼만 있어도 이 산을 명하여 여기서 저기로 옮겨지라 하면 옮겨질 것이요 또 너희가 못할 것이 없으리라(마17:20)고 하셨다. 실천이 있으면 일이 성취되고 실천이 없는 신앙은 무의미 하다는 말이다. 문제는 의지와 신념이고, 신앙하고 행동하는 것이다. 당신의 행동하는 신앙이 자기 자신과 이 세상을 바꾼다는 교훈을 준다.

2. 짐수레도 끌면 고갯길을 넘는다.
1950~60년대에 미국 흑인의 인권운동을 이끌었던 마틴 루터 킹 Martin Luther King 목사는 "나에게는 꿈이 있다."고 했다. 그런데 그 꿈은 어떻게 해서 이루어지는 것일까? 사람은 자기가 스스로 노력하지 아니하면 아무도 도와주지 않는다.

"킹 목사와 수레"에 관한 이야기가 있다. 킹 목사가 젊은 시절 무거운 짐수레를 끌고 가고 있었다. 그가 가는 길에는 높고 경사진 고갯길이 있었다. 그래서 그는 수레를 멈추고 서서 잠시 주위를 살피다가 지나가는 사람들에게 도움을 청했다. 그러나 어느 누구도 수레를 밀어 주는 사람은 없었다.

하는 수 없이 킹 목사는 자기혼자서 수레를 끌고 낑낑거리며 씩씩거리며 구슬땀을 흘리면서 조금씩, 조금씩 고갯길을 올라가기 시작했다. 혼신의 노력을 다하며 고갯길을 올라가는데 올라갈수록 수레가 점점 더 가벼워짐을 느꼈다. 이상하다고 생각한 킹 목사가 고개정상에서 수레를 잠시 멈추고 뒤를 돌아보았다. 수레 뒤에서는 많은 사람들이 밀어주고 있었다.

수레를 끌지 아니하고 세워둔 채 서서 도와 달라고 할 땐 아무도 도와주지 아니했다. 그러나 비탈의 고갯길을 낑낑거리며 땀 흘리고 애써 올라갈 때 말없이 많은 사람들이 수레를 밀어 주었다. 사람들은 끄는 수레를 밀어주지 서있는 수레는 밀어주지 아니한다. 끄는 수레가 고갯길을 넘는다.

3. 실반지도 빼면 큰일을 이룬다.
군목에서 예편하고 지방에서 목회하는 목사님이 계셨다. 그는 작은 미자립교회 담임 목사로 갔다. 교회재정이 워낙 약해서 교역자의 후생비는 서울에 있는 대형교회 여전도회에서 매월 조금씩 보내주는 선교비로 충당을 했다.

그러던 어느 날 목사님은 교회를 짓고 자립을 하기로 결심했다. 새벽기도회에서 하나님께 작정기도를 드린 후 집으로 돌아왔을 때 부인은 결혼식 때 받아 손가락에 끼웠던 작은 실반지 하나를 빼주면서 이것을 팔아 교회 건축비에 사용하라고 했다.

이것이 이벤트가 되어서 역사가 일어나기 시작했다. 목사님은 예편할 때 받았던 소액의 퇴직금 전부를 교회 건축비에 사용키로 했다. 고등학교 교장 집사님은 평소에 조금씩 모아둔 저금통장을 내 놓았다. 장로님은 시골에 있는 자기의 땅을 팔아서 건축헌금으로 바치겠다는 약속을 했다. 소수의 모든 교인도 건축헌금에 동참을 했다. 미국 남 장로교회에서 오신 선교사는 이 사실을 본국에 연락하여 도움을 주었다. 매월 선교비를 보내준 서울 여전도회에서도 특별헌금을 해 주었다. 믿음의 기업 화장품 쥬라아에서도 도움을 주었다

이렇게 해서 200평의 대지위에 붉은 연화벽돌로 78평의 아담한 교회가 지어지고 부활절에 교회 헌당식을 가졌다. 믿음은 바라는 것들의 실상이요 보이지 않는 것들의 증거니 선진들이 이로써 증거를 받았다고 했다.(히11:1~2) 작은 실반지도 손가락에서 빼면 큰일을 이룬다.

4. 일어나 걸으면 새 힘을 주신다.

디모데후서 4장17절, 주께서 내 곁에 서서 나에게 힘을 주신다는 성서 말씀에 의거하여 작사 작곡된 "일어나 걸어라"라는 복음송이 있다. 나의 등 뒤에서 새 힘을 주시는 주님은 일어나 걸어야 새 힘을 주신다는 것이다.

나의 등 뒤에서 나를 도우시는 주 / 나의 인생길에서 지치고 곤하여
매일처럼 주저앉고 싶을 때 나를 밀어 주시네
일어나 걸어라 내가 새 힘을 주리니 / 일어나 걸어라 내 너를 도우리

나의 등 뒤에서 나를 밀어주고, 나의 등 뒤에서 나를 도우시는 주님은 매일처럼 주저앉고 싶을 때에도, 지치고 곤하여 넘어질 때도, 일어나 걸어가지 아니하면 도와주지 않는다. 일어나 걸어야 새 힘을 주시는 것이다.

일어나 걸어라!

5. 도끼도 갈면 바늘이 된다.

사자성어에 마부작침磨斧作針이라는 말이 있다. 당서唐書 문원전文苑傳에 나오는 말인데 이 말의 의미는 도저히 불가능해 보이는 일 같지만 인간이 끊임없이 행동하고 노력하면 결국에는 성취된다는 교훈을 주는 말이다.

중국 당나라 시인 이백이 젊은 시절 훌륭한 스승을 찾아 입산하여 열심히 공부를 하다가 싫증이 났다. 도중에 포기하고 산에서 내려오는데 계곡에서 한 노파가 바위에다 도끼를 갈고 있었다. 이백은 노파에게 물었다.

"거기에서 뭘 하십니까?" 노파는 도끼를 갈아서 바늘을 만든다고 했다. 이백이 다시 물었다. "도끼를 간다고 바늘이 되겠습니까?" 이 질문에 노파가 말을 했다. "포기하지 아니하고 계속 갈면 될 수 있지요!" 이 말을 들은 이백은 다시 학문을 하기 위해서 스승이 계시는 산으로 들어갔다.

그 후에 그는 당唐시대의 대표적인 낭만주의 시인이 되어 향락주의에 빠진 왕에게 환멸을 느끼고 장안을 떠나 유람생활을 하면서 천여 편의 시들을 썼다.

토마스 A. 에디슨은 천재란 자신에게 주어진 일을 하는 사람일 뿐이라고 했다. 천재란 99퍼센트 노력의 땀에 1퍼센트의 영감이 있을 뿐이다. 일은 입으로 하는 것이 아니고 손으로 하는 것이다.

신행信行의 삶이 역사를 이룬다.

염광의 신앙생활

성서에는 염광의 신앙생활이 잘 기록되어 있다.

너희는 세상의 소금이라 했다. 소금이 만일 그 맛을 잃으면 무엇으로 짜게 하리요 후에는 아무 쓸 데 없어 다만 밖에 버려져 사람에게 밟힐 뿐이니라고 했다.
여기에서 맛을 잃는다는 말은 어리석어진다는 말이다.
어리석어진다는 말은 실천을 하지 않는다는 말이다.

너희는 세상의 빛이라고 했다. 산 위에 있는 동네가 숨겨지지 못할 것이요 사람이 등불을 켜서 됫박으로 덥지 아니하고 등경 위에 두나니 이러므로 집 안 모든 사람에게 비친다고 했다.
이같이 너희 빛이 사람 앞에 비치게 하여 그들로 너희 착한 행실을 보고 하늘에 계신 너희 아버지께 영광을 돌리게 하라는 것이다.

여기에서 소금 또는 빛이라 함은 예수 그리스도의 뒤를 따르는 삶을 말하는 것이다. 예수 그리스도의 뒤를 따르는 삶은 착한 행실을 말하는 것이다. 내가 남을 위해서 목숨이나 재물, 또는 권리를 버리지 않는 한 염광의 신앙생활은 불가능한 것이다.

빛이 되어라 소금이 되어라 하는 말씀은 그리스도인의 본분이요, 마땅히 행하여야 할 의무다. 기독교인의 삶의 모습과 방향과 방법이 어떻게 해야 함을 잘 설명하고 있다. 빛과 소금이란 자기 자신을 버리면서 세상을 밝게 하고 방부제의 역할과 음식의 맛을 잘 내는 것이다.

소금에는 암염도 있지만 대개 우리가 사용하는 소금은 천일염이다. 천일염이란 일정한 공간에서 바닷물을 가두어 놓고 햇볕과 바람으로 수분을 증발시키는 방법으로 얻는 소금을 말한다. 바닷물은 2~3% 염분을 가지고 있다. 우리가 바닷물에서 소금을 얻으려면 97%의 수분을 버려야 한다.

넓은 염전에서 바닷물을 담수해서 여러 번을 이곳저곳으로 번갈아 옮겨가면서 강력한 태양빛아래서 90% 이상의 수분을 버린 나머지 소금이 되는 것이다. 그래서 오늘 우리가 그리스도의 사명 곧 소금의 역할을 다하기 위해서는 우리가 버려야할 것이 많음을 알아야 한다.

어두움을 물리치는 밝은 빛은 어디에서 오는 것일까? 그것은 무시무시한 자기희생에서 오는 것이다. 하늘의 저 붉은 태양은 그 안에서 굉장한 수소의 폭발이 일어난다. 그리고 촛불은 자기희생에서 빛이 발산하는 것이다.

기름을 채우세 내 등불에
믿음의 기름을 채워
우리주님 이 세상에 다시 오실 때
예비하고 맞아드리자 하는 것도

자기희생의 없으면 재림의 예수를 영접하는 것은 불가능한 것이기 때문이다.

자기희생이 없으면 빛이 될 수가 없다. 자기를 버리지 아니하면 소금이 되지 아니한다. 예수님께서는 내가 진실로 진실로 너희에게 이르노니 한 알의 밀이 땅에 떨어져 죽지 아니하면 한 알 그대로 있고 죽으면 많은 열매를 맺는다고 하셨다.(요12:24)

이 말씀도 자기희생을 강조하는 말이다.
무지무지한 자기희생 없이는
염광의 신앙생활은 불가능한 것이다.

예수 역설적 교훈 30

신약성서에는 예수 그리스도의 역설적 교훈 Paradoxical Teaching이 많이 기록되어 있다. 역설이라고 하는 말은 모순되거나 불합리한 것 같으면서도 바른 진리를 칭하는 말이다.
복음서에 나타난 역설적 교훈을 찾아보면

외부로부터 오는 요구적 패러독스 7:
오른뺨을 치거든 왼편도 돌려대라.
속옷을 가지고자 하는 자에게 겉옷까지 가지게 하라.
억지로 오 리를 가게 하거든 그 사람과 십 리를 동행하라.
네게 구하는 자에게 주며 네게 꾸고자 하는 자에게 거절하지 말라.
누구든지 너로 억지로 오 리를 가게 하거든 그 사람과 십 리를 동행하라.
원수를 사랑하며 너희를 박해하는 자를 위하여 기도하라.

내부로부터 나오는 실천적 패러독스 6:
원수를 사랑하라.
너는 구제할 때에 오른손이 하는 것을 왼손이 모르게 하라.
비판을 받지 아니하려거든 비판하지 말라.
형제의 눈 속에 있는 티는 보고 네 눈 속에 있는 들보는 깨닫지 못하느냐.

거룩한 것을 개에게 주지 말며 너희 진주를 돼지 앞에 던지지 말라.
너희 중에 누가 아들이 떡을 달라 하는데 돌을 주며
생선을 달라 하는데 뱀을 줄 사람이 있겠느냐

무조건 순종해야하는 패러독스 8:
심령이 가난한 자는 복이 있나니 천국이 그들의 것임이요
애통하는 자는 복이 있나니 그들이 위로를 받을 것임이요
온유한 자는 복이 있나니 그들이 땅을 기업으로 받을 것임이요
의에 주리고 목마른 자는 복이 있나니 그들이 배부를 것임이요
긍휼히 여기는 자는 복이 있나니 그들이 긍휼히 여김을 받을 것임이요
마음이 청결한 자는 복이 있나니 그들이 하나님을 볼 것임이요
화평하게 하는 자는 복이 있나니 그들이 하나님의 아들이라 일컬음을
받을 것임이요
의를 위하여 박해를 받은 자는 복이 있나니 천국이 그들의 것임이라

주님의 간절한 교훈 패러독스 9:
나는 의인을 부르러 온 것이 아니요 죄인을 부르러 왔노라.
자기 목숨을 얻는 자는 잃을 것이요 자기 목숨을 잃는 자는 얻으리라.
낙타가 바늘귀로 들어가는 것이 부자가 하나님의 나라에 들어가는 것
보다 쉽다.
나중 된 자로서 먼저 되고 먼저 된 자로서 나중 되리라.
너희 중에 누구든지 크고자 하는 자는 너희를 섬기는 자가 되라.
너희 중에 누구든지 으뜸이 되고자 하는 자는 너희의 종이 되어야 하리라.
누구든지 자기를 높이는 자는 낮아지고 자기를 낮추는 자는 높아지
리라.

좁은 문으로 들어가기를 힘쓰라. 죄인 한 사람이 회개하면 하늘에서는 회개할 것 없는 의인 아흔아홉보다 기쁘다.

예수 역설적 교훈 30을 보면 기독교는 이해하고 믿는 종교가 아니고 믿고 순종하는 종교다.

예수 족보의 단상

마태복음과 누가복음에는 예수의 족보가 소상하게 잘 기록되어 있다. 족보를 살펴보면 시궁창을 연상케 한다. 시궁창이란 더러운 물이 고여 빠지지 않고 썩어 있는 곳의 바닥을 이르는 말이다. 그리고 시궁창에서 용이 났다고 하는 말은 미천한 가정에서 훌륭한 인물이 나왔음을 비유적으로 이르는 말이다. 또 시원찮은 환경이나 변변찮은 부모에게서 빼어난 인물이 나는 경우를 이르는 말로 "개천에서 용이 났다"고 하는 말을 사용하기도 한다.

성서에는 남녀 성관계의 이야기가 비교적 소상하게 잘 기록되어 있다. 옛날 소돔과 고모라성이 불 탈 때 롯의 아내는 천사의 지시를 무시하고 뒤를 돌아본 고로 소금기둥이 되었다. 이제 세상의 사람이라고는 아버지와 두 딸만이 생존해 있다고 생각했다.

하나님이 만드신 이 창조의 세계에 누군가가 종족번식을 해야 하기에 후손을 위해서 롯의 두 딸은 아버지와 근친상간近親相姦을 택했다. 여기에서 큰딸은 모압을 낳고 작은 딸은 암몬을 낳았다. 이 두 딸의 행동에 대하여 사람들이 많은 지탄을 한다. 오늘 우리의 도덕률로써는 이해하기가 참 힘들다. 하지만 그래도 한 많은 세상을 살아가야 한다는 인간

애로 보아야 한다.

성서에 기록된 예수님의 족보는 구약 야곱의 열두 아들 중 넷째 유다의 계통으로 되어 있다. 이 유다는 한 여인과 결혼하여 살면서 엘과 오난과 셀라를 낳았다. 장자 엘이 다말과 결혼하였으나 악을 행하였기 때문에 죽었다고 했다. 율법에 따라 오난이 형수 다말과 같이 살았는데 살면서 형의 대를 잇지 아니하려고 땅에 설정泄精을 했다고 했다. 이로 인해 결국 하나님의 형벌로 오난이 죽었다. 오난의 이런 행동을 오늘 우리는 오나니즘onanism(성교중단)이라 하고 오난을 피임의 조상이라고도 부른다.

이제 다말은 유다의 셋째아들 어린 셀라를 남편으로 기다려야 했다. 그런데 셋째아들 셀라가 성장을 해도 유다는 아들 셀라가 또 죽을까 염려하여 다말에게 주지 아니하자 다말은 창녀로 변장을 하고 시아버지 유다를 유혹하게 되었다. 유다는 며느리 다말의 유혹에 넘어가 동침하여 쌍둥이 아들을 낳았다. 하나는 베레스요(터지고 파괴된다) 하나는 세라(바위)이다.(창38:24~30)

그런데 신약에서 예수님의 세계를 소개하면서 이 부끄러운 족보들을 소상하게 잘 알려준다. 유다가 며느리 다말에게서 베레스와 세라를 낳고, 살몬은 기생 라합에게서 보아스를 낳고, 다윗은 우리야 장군의 아내 바세바에게서 솔로몬을 낳았다고 했다. 그리고 예수는 처녀 마리아에게서 낳았다는 것이다.

이러한 예수의 족보는 삼강오륜三綱五倫에 오래도록 젖어온 우리의 관습에서는 부끄럽기도 하고 이해하기가 참 어렵다.

뿐만 아니라 구약에서나 신약성서에서 사람들이 부름을 받을 때
이름이 많이 바뀌는 모습을 많이 본다.
아브람은 아브라함으로,
야곱은 이스라엘로,
시몬은 베드로로,
레위는 마태로,
디두모는 도마로,
나다나엘은 바돌로메로,
사울은 바울로 등등 많은 사람들이 개명이 되어 있다.

우리나라 영화 가운데 「족보」라고 하는 영화가 있다. 일제시대 총독부
로부터 창씨개명의 명령을 받은 설씨 집안에서 종손 설진영은 완강하
게 창씨개명을 거부하고 가족들이 많은 어려움을 당한다. 하지만 설씨
가문 설진영은 성씨개명에 반대하다 결국 음독자살을 한다. 이 성씨 개
명이 성서의 개명과는 다르지만 한국인들은 돌림자형의 이름과 족보
에 대한 전통적인 관심이 많다. 그리고 우리나라에서 서자는 족보에 올
리지도 못했다.

성서에는 예수 그리스도의 존재 기원이 잘 기록되어 있다. 빌립이 나다
나엘을 찾아가서 모세가 율법에 기록하였고 여러 선지자가 기록한 그
이를 만났는데 그가 곧 요셉의 아들 나사렛 예수라고 했다. 이 말에 나
다나엘은 나사렛에서 무슨 선한 것이 날 수 있느냐고 물었다. 아마도
시궁창 같은 예수의 족보 속에서 무슨 인물이 나오며 구세주가 나오겠

느냐? 라고 생각한 모양이다.

그런데 예수님께서 나다나엘이 자기에게 오는 것을 보고 말을 했다. 보라 이는 참으로 이스라엘 사람이라 그 속에 간사한 것이 없도다 하자 나다나엘은 랍비여 당신은 참으로 하나님의 아들이시오 당신은 이스라엘의 임금입니다 라고 하는 고백을 했다. 나다나엘이 예수를 만나보니 시궁창에서 용이 났다고 생각한 모양이다. 예수 그리스도는 만나보는 자만이 예수가 세상 죄를 지고 가는 하나님의 어린양이요 우리의 구주임을 믿는다.

예수 그리스도의 탄생은 마치 개천에서 용이 난 것과 같다.
진흙 속에서 피어난 연꽃과 같다.
가시밭 속에서 피어난 백합화와 같다.
광야의 화초요 사막의 물과 같다.
예수 그리스도의 탄생은 모래 속의 금알이요 재 속의 보옥과 같다.

개천에서 용이 난다는 말이 있지만 예수 그리스도는 미꾸라지만 득실거리는 시궁창속에서 나온 용과 같다. 성서를 읽으면서 예수님의 족보가 좀 더 좋았으면 하는 생각이 들지만 그보단 그러기에 오히려 오늘 우리에게도 희망이 있음을 보여주는 것이다.

예수 그리스도의 족보 단상이다.

예수의 초청과 그 축복

오늘날 교회는 많은 집회를 하면서 사람들을 초청하고 있다. 교회에 가면 초신자들의 교육이 있다. 교회생활 전반에 대한 교육을 한다지만 주로 주일헌금이니 감사헌금이니 십일조헌금에 대한 교육이 거의 전부다. 옛날에는 부흥회며 사경회며 여러 가지 집회가 있었는데 오늘날도 교회는 많은 집회를 열고 사람들을 오라고 초청한다.

그런데 집회에 초청하면 무엇인가를 주어야 하는데 오히려 무엇인가를 받아내는 데 혈안이 되어있다. 말씀에 은혜를 받으면 그 사람에게서 변화를 가져오고 예수를 믿고 신자가 되면 신자의 의무는 신자 자신이 다하는 것이다.

그런데 오늘날 집회의 문제점은 집회 처음부터 끝까지 초청자가 변화를 주는 것도 없으면서 헌신 헌물을 강조한다.
어떤 교회 집회가 있어서 가보았다.
강사 목사님은 결단의 시간에 집회에 처음 나온 사람을 세워놓고 물었다.

"담임목사님께 옷 한 벌 해 드리시겠습니까?"

이 질문에 "저는 교회에 처음 나왔습니다." 하자
강사 목사님은 "그저 아멘 하시면 됩니다." 하면서 계속 예스를 강요했다.
그 사람은 돌아가서 결국 안티 크리스천이 되고 말았다.
요즘 교회의 담임목사님들이 옷이 없어 목회에 문제가 있는 것도 아닐 텐데 왜 옷을 그렇게도 강요하는 것일까?

마태복음 23장에서 화 있을 진저 외식하는 서기관들과 바리새인들이여 너희는 교인 한 사람을 얻기 위하여 바다와 육지를 두루 다니다가 생기면 너희보다 배나 더 지옥 자식이 되게 하는 도다(마23:15)라고 했는데 여기 외식하는 서기관과 바리새인들이 오늘날 과연 누구이겠는가?

언제인가 시내에서 두 남녀가 지나가는 택시를 세웠다. 택시가 서자 둘이는 서로가 자기가 먼저 택시를 잡았다면서 다투기를 시작했다. 결국 여자가 물러나면서 말을 했다. "목사님 바쁘신데 먼저 타고 가세요?" 이 말에 목사님이 깜짝 놀라서 "뉘세요?" 하고 물었다. 그 여자는 어젯밤에 ㅇㅇ교회에서 목사님의 부흥설교를 들었다고 했다.

오늘날 우리한국교회 신자나 목사님의 수준이다. 이 말에 반대만 하지 말고 제발 하루속히 상식선에 살아가는 목사님들이 되었으면 한다. 요즘은 신학교의 수도 많고 해마다 양산되는 목사의 수도 넘친다. 그렇다 보니 목사의 자질에도 많은 문제가 있다.

한번은 군종 예비역 목사님들의 모임이 있어서 전철을 탔다. 무엇을 보고 알았는지 몰라도 옆에 앉은 두 여인이 나를 보고 "목사님이세요?"라고 물었다, "그렇습니다."라고 했더니 자기는 강도사인데 자기 옆에 있는 사람은 목사라고 소개했다. "어디를 가세요?" 하고 물었더니 주기도 모임에 간단다.

"어느 교회 목사님이세요?" 하고 물었더니 자기들은 군소교단 목사인데 교회는 없고 서로가 돌아가면서 가정에서 예배를 드린다고 했다. 신학교육은 통신으로 하고 6개월 만에 목사가 되었다고 했다. 아마 마틴 루터가 오늘에 살아있어서 한국교회의 목사양산을 본다면 내가 왜 종교개혁을 했을까 하고 한탄을 했을지도 모른다.

성서에 기록된 예수 그리스도의 초청과 10대 축복을 보면 예수 그리스도의 초청은 남녀상하, 빈부귀천, 지역에 관계없는 초청이다. 예수 그리스도의 7대 초청과 10대 축복을 본다.

1. **죄인들을 초청했다.** 예수님은 마태를 부르셨다. 그리고 나는 의인을 부르러 온 것이 아니요 죄인을 부르러 왔노라고 했다.(마13장)

2. **짐 진 자들을 초청했다.** 수고하고 무거운 짐 진 자들아 다 내게로 오라 내가 너희를 쉬게 하리라 나는 마음이 온유하고 겸손하니 나의 멍에를 메고 내게 배우라 그리하면 너희 마음이 쉼을 얻으리니 이는 내 멍에는 쉽고 내 짐은 가벼움이라고 하셨다.(마11:28~30)

3. **목이 마른 자들을 초청했다.** 예수께서 서서 외쳐 이르시되 누구든지 목마르거든 내게로 와서 마시라 나를 믿는 자는 성경에 이름과 같이 그 배에서 생수의 강이 흘러나오리라고 하셨다.(요7:37)

4. 의논하고 변론하자고 초청했다. 여호와께서 말씀하시되 오라 우리가 서로 변론하자 너희의 죄가 주홍 같을지라도 눈과 같이 희어질 것이요 진홍 같이 붉을지라도 양털 같이 희게 되리라고 하셨다.(사1:18)

5. 준비된 잔치에 초대했다. 어떤 사람이 잔치를 베풀고 많은 사람을 청하였더니 잔치할 시각에 그 청하였던 자들에게 종을 보내어 이르되 오소서 모든 것이 준비 되었나이다 라고 했다. (마22:1~14)

6. 영생수를 원하는 자를 초대했다. 성령과 신부가 말씀하시기를 오라 하시는도다 듣는 자도 오라 할 것이요 목마른 자도 올 것이요 또 원하는 자는 값없이 생명수를 받으라고 하셨다.(계22:17)

7. 결코 배반하지 않은 초청이다. 아버지께서 내게 주시는 자는 다 내게로 올 것이요 내게 오는 자는 내가 결코 내쫓지 아니하리라 라고 했다.(요6:37)

초청에 응하는 자에게 주는 예수님의 **10대 축복**을 보면
1. 죄사하심을 받는다.(엡1:7)
2. 죄인은 의롭다 함을 얻는다.(행13:39)
3. 영생을 얻는다.(요3:16,36, 6:47, 롬6:25)
4. 구원함을 얻는다.(롬5:10)
5. 성령을 받고 생명을 얻는다.(롬8:2)
6. 택하심을 받는다.(엡1:4)
7. 능력을 받는다.(빌4:13)
8. 병 고침을 받는다.(마8:16~17)

9. 짐을 진 자 쉼을 얻는다.(마11:28)
10. 생명의 면류관을 받는다.(약1:12)

예수 그리스도는 꺼지지 않는 사랑의 불씨 마르지 않는 사랑의 샘으로
서 오늘도 우리를 초청하신다. 오늘날 교회도 이런 초청과 축복의 집회
가 되었으면 한다.

우거자寓居者의 길

우거자란 남의 집이나 타향에 임시로 사는 사람을 칭하는 말이다. 자기 고향을 떠나서 다른 곳에 임시로 머무르고 있거나 여행 중에 있는 사람 곧 나그네이다. 우리나라 유행가에도 「인생은 나그네길」이라고 하는 노래가 있다.

인생은 나그네길 어디서 왔다가 어디로 가는가
구름이 흘러가듯 떠돌다가는 길에
정情일랑 두지 말자 미련未練일랑 두지 말자
인생은 나그네길 구름이 흘러가듯 정처 없이 흘러서 간다.

성서는 인생이 우거자임을 증언한다. 야곱은 내 나그네의 세월이 백삼십 년이라 하며 험악한 세월을 살았다고 했다.(창47:9) 히브리기자는 인간이 땅에서는 외국인과 나그네임을 증언하고 모두가 본향을 찾는 자라고 했다.(히11:13~14) 하나님은 너희는 나그네를 사랑하라 너희도 애굽 땅에서 나그네 되었음이라(신10:19) 했고, 사도 베드로는 거류민과 나그네 같은 너희를 권하노니 육체의 정욕을 제어하라고 했다.(벧전2:11)

거류민居留民은 남의 나라 영토에 머물러 사는 사람을 말한다. 우거자寓居者는 남의 집이나 타향에 임시로 거처하며 사는 사람을 말한다. 그런데 나그네는 언젠가는 자기 고향으로 돌아가야 한다. 야고보 선생은 나그네 같은 인생을 잠깐 보이다가 없어지는 안개라고 했다.(약4:14)

전도서 기자는 나그네 인생의 종말을 이렇게 적었다. 다리는 벌벌 떨리고, 허리는 굽어지고, 이빨은 적어지고, 눈은 어두워지고, 귀는 안 들리고, 소리는 적어지고, 기력은 약해지고. 머리에는 살구꽃이 피고, 메뚜기도 무거워 짐이 된다고 했다.(전12장)

머리에 살구꽃이 피고, 메뚜기가 짐이 된다고 하는 말은 인간 기력의 상실을 말한다. 인간이 희어지는 머리를 막으려고 염색을 해보지만 염색으로는 이길 길이 없다. 흰머리가 보기 싫다고 족집게로 계속 뽑으면 대머리가 된다.

세계여행을 하다보면 호텔에서 유숙을 한다. 시설도 좋고 식사도 좋고 서비스도 좋다. 그런데 문제는 떠날 때는 사용하던 모든 것을 그대로 두고 나와야 한다. 호텔의 물건을 가지고 나오면 안 된다. 호텔을 나올 때는 "감사합니다." 하고 나오는 것이다. 우리가 이 세상을 떠날 때에도 우리는 빈손으로 가는 것이다.

우거자는 정착해서 오래 있지 아니한다.
짐은 간단해야 하고. 복장은 간소해야 한다.
건강해야 하고 늘 떠날 준비를 하고 있어야 한다.

시인 천상병씨는 「귀천」에서
나 하늘로 돌아가리라 새벽빛 와 닿으면 스러지는
이슬 더불어 손에 손을 잡고

나 하늘로 돌아가리라 노을빛 함께 단둘이서
기슭에서 놀다가 구름 손짓 하며는

나 하늘로 돌아가리라 아름다운 이 세상 소풍 끝나는 날
가서, 아름다웠더라고 말하리라고 했다.

우리가 이 세상 떠날 때는 가지고 가는 것 아무것도 없다.
감사함으로 이 세상을 떠나야 하는 것이다.
왜냐하면 이 세상은 내 집이 아니기 때문이다.

복음성가에 이렇게 적었다.
죄 많은 이 세상은 내 집 아니네 / 내 모든 보화는 저 하늘에 있네
저 천국 문을 열고 나를 부르네 / 나는 이 세상에 정들 수 없도다
오 주님 같은 친구 없도다 / 저 천국 없으면 난 어떻게 하나
저 천국 문을 열고 나를 부르네 / 나는 이 세상에 정들 수 없도다

이세상은 내 집이 아니고 우리는 여기에 우거하는 자요, 거류민이다.
그리고 내 모든 보화는 저 하늘에 쌓아야 한다.
이것이 우거자의 할 일이다.

유라굴로 태풍이 주는 교훈

유라굴로는 지중해 연안에 부는 사나운 바람으로 바울이 로마로 항해하는 중 만난 폭풍의 속칭이다. 사람이 생을 살아가면서 만나는 여러 가지 유라굴로가 있다. 이 유라굴로를 잘 극복할 때 축복이 가능해지는 것이다.

우리나라 사자성어에는 고진감래苦盡甘來라고 하는 말이 있다. 이 말의 의미는 쓴 것이 다하면 단 것이 온다는 뜻이고, 고생 끝에 즐거움이 있음을 이르는 말이다. 겨울의 큰 추위가 지나가면 따뜻한 봄이 오듯 어렵고 괴로운 일을 당하고 나면 좋은 결과가 있음을 말하는 것이다. 당신의 삶이 지치고 피곤해도 포기하지 말고 끝까지 버텨 이 유라굴로를 이겨야 한다.

우리 주변에는 인간에게 희망을 주는 많은 잠언들이 있다.
캄캄한 밤이 있기에 하늘의 많은 별들을 볼 수가 있다.
좋은 날씨만 계속된다면 이 세상은 사막이 된다.
겨울이 왔다면 어찌 봄이 멀었겠는가?
이런 말들은 인간이 살아가는데 있어서 당면하는 여러 가지 어려움이 있지만 그것을 극복한 후에 다가오는 축복을 말하는 것이다.

유대교 회당장 야이로의 어린 딸이 죽게 되었을 때에 야이로가 엎드리어 구원을 받아 살게 해달라는 간절한 기도에 바람과 바다를 잔잔케 하시던 예수님께서 달리다굼 하시고 소녀야 일어나라 하셨다. 소녀가 일어나서 걸으니 사람들이 놀랐다. 예수 그리스도 안에서는 결코 좌절이란 있을 수가 없다. 인간이 지치고 힘들어도 좌절해서는 안 된다.

옛날 중국에서 공부를 하고 싶어도 형편이 어려워 필기구를 살 수가 없는 한 농부가 있었다. 그는 좌절하지 아니하고 붓 대신에 숯으로, 종이 대신에 나뭇잎을 이용하여 공부를 했다. 후에 유명한 학자가 되어 제화묵매題畵墨梅라고 하는 시를 썼다.

明月孤山處士家 (명월고산처사가) 고즈넉한 산의 밝은 달은 집에 비치고
湖光寒侵玉橫斜 (호광한침옥횡사) 호숫가의 물빛은 매화가지 적신다.
似將篆籀縱橫筆 (사장전주종횡필) 전서로 쓴 글씨는 종횡무진 활달하고
鐵線圈成個個花 (철선권성개개화) 송이송이 매화꽃은 철선으로 그렸구나.
이 사람이 중국의 도종의陶宗儀이다.

나는 실로암 안과병원장 김선태 목사와 같이 미국뉴욕에서 잠시 같이 지낸 적이 있다. 그는 6·25 전쟁 때 고아가 되고 폭탄에 두 눈을 잃었다. 그래도 살아 보겠다면서 친척집을 찾았으나 박대 속에서 살 수가 없었다. 도망을 나와 얻어먹으면서도 그는 좌절하지 아니하고 고통을 인내로 극복하고 희망에 살았다. 칠전팔기七顚八起하는 정신으로 주어진 처지를 약진의 발판으로 삼았다. 그래서 그는 자기 자신을 엑소더스

시킨 사람이 되었다.

대학도 하고 신학도 하고 유학도 하고 학위도 받고 이 나라의 지도자로 우뚝 섰다. 국내외에서 유명한 상들도 많이 수상하고 교회와 병원과 복지관 요양병원을 설립하여 절망을 희망으로 바꾼 사람이 되었다.
그는 늘 가난하고 어려운 약자들과 같이 살았다. 캄캄한 밤에도 하늘의 별을 보고 살아간 사람이다. 그는 스스로 자기는 땅을 잃고 하늘을 얻는 사람이 되었다고 자부한다.

우리도 자기 자신을 엑소더스 시키기 위해서는 다음의 말에 귀를 기울였으면 한다. 파울로 코엘료는 무지개를 좋아하려면 먼저 비부터 좋아하라고 했다.
인도의 시인 타고르는 고통을 멈추게 해달라고 기도하지 말고 고통을 이길 용기를 달라고 기도하라고 했다.
넬슨 만델라는 삶의 큰 영광은 넘어지지 않은 것이 아니라 넘어져도 일어나는 것이라고 했다.
인간이 설탕물이 먹고 싶다면 녹을 때까지 기다려야 한다.
세상에 공짜 치즈는 쥐덫에만 있는 것이다.

구약의 욥은 자기가 가지고 있는 모든 재물을 다 잃었다.
소중한 자녀들도 잃었다.
욥의 몸에는 머리에서 발끝까지 악창이 생겼다.
욥은 이렇게 큰 어려움을 당하면서도 말로 하나님께 죄를 짓지 아니하고
욥은 빈 몸으로 나온 이 몸 다시 빈 몸으로 돌아가리라(욥1:21)고 했다.
욥은 인내의 사람이고 욥기는 인내의 글이고 욥의 생애는 우리에게 인

내를 교육한다.

일찍이 김선태 목사는 이렇게 인생을 살아왔다.
지치고 힘든 당신의 삶이 하늘에 빛나는 별을 본다.
지치고 힘든 당신의 삶의 사막에 아름다운 꽃이 핀다.
지치고 힘든 당신의 삶에 따듯한 봄이 찾아온다.
인간이 평편한 평지만 걸으면 산을 오를 수가 없다.
사막의 시원한 물을 마시려면 뜨거운 모래 강풍을 견뎌야 한다.
경사 길을 걸어야 산을 오르고 뒷발을 떼야 전진을 한다.

지중해 연안에 부는 태풍 유라굴로
인생에는 유라굴로의 태풍이 있다.
이 태풍에 죽어가고 있는 사람이 있는가 하면
이 태풍에 자기 성장을 하는 사람이 있다.

일어나 걸어라

"일어나 걸어라" 이 말은 성전 미문에 앉아 구걸하는 앉은뱅이를 향해서 베드로와 요한이 한 말이다. 두 제자가 성전에 올라가면서 나면서부터 걷지 못하는 앉은뱅이를 보았다. 이 앉은뱅이는 사람들이 메고 와서 성전에 들어가는 사람들에게 구걸하도록 성전 문에 둔 자였다.
베드로와 요한은 이 앉은뱅이에게 "일어나 걸어라"는 생기의 삶을 주었다.

베드로와 요한이 성전에 들어가면서 구걸하는 이 앉은뱅이를 보고 말을 했다. "우리를 보라." 이 말에 앉은뱅이는 무엇을 얻을까 하여 바라보자 베드로가 말을 했다. "은과 금은 내게 없거니와 내게 있는 것으로 네게 주노니 나사렛 예수 그리스도의 이름으로 일어나 걸으라." 그리고 오른손을 잡아 일으켰다.

이때 앉은뱅이는 발과 발목이 힘을 얻고 그들과 함께 성전으로 들어가면서 걷기도 하고 뛰기도 하며 하나님을 찬송하였다. 베드로와 요한이 예수의 이름으로 앉은뱅이를 일으킨 사건에서 많은 사람들은 놀랐다.

오늘날 교회도 성도들에게 물질을 도와주는 것도 중요하지만 앉은뱅이에게 "일어나 걸어가라"라고 하는 베드로와 요한같이 생기를 주는 영향력이 있어야 한다. 얻어먹는 것보다는 일을 하게 하는 편이 좋은 것이다.

중세시대에 로마의 한 교황이 이런 말을 했다.
"초대교회에는 금과 은이 없었습니다. 그러나 지금 교황청은 많은 은과 금이 있네요."
이때 옆에서 이 말을 듣고 있던 수도사가 말을 했다.
"교황님 그렇습니다. 그런데 교황청은 은과 금은 있으나 진정 있어야 할 것이 없습니다. 그것은 곧 나사렛 예수 그리스도입니다. 그래서 걱정이네요."라고 했다.
교회란 돈을 모으는 것이 아니고
돈으로 또 다른 교회를 세우고 학교나 병원을 세워서 일어나 걸어가게 하는 데 노력해야 한다.

영적인 빈곤과 부요는 어떻게 다른가? 영적인 부요는 금과 은이 없어도 나사렛 예수 그리스도의 이름이 있어서 앉은뱅이가 일어나는 것이고, 영적인 빈곤은 금과 은이 있어도 앉은뱅이를 걷게 할 수가 없는 것이다.

미국교회의 한 목사님은 외출을 할 때마다 구걸하는 거지에게 항상 돈을 주었다. 그러던 어느 날 하루도 돈을 달라고 손을 내미는 거지가 있었다. 돈을 주려고 호주머니에 손을 넣었더니 그날따라 가진 돈이 하나도 없었다. 그래서 목사님은 거지의 손을 잡고 말을 했다.
"형제여, 오늘은 돈이 없소"
이 말에 거지가 말을 했다. "선생님, 방금 저에게 뭐라고 하셨죠? 나에게 형제라고요! 저에게는 한 푼의 돈보다 형제여 하는 그 말씀 한마디가 돈보다 더 귀한 선물입니다." 그리고 감사하면서 감사의 눈물을 흘리더라는 것이다.

예나 지금이나 우리의 주변에는 우리를 향해서 호소하는 많은 사람들이 있다. 광야의 굶주린 대중들, 병들고 아파하는 군중들, 배우지 못한 사람들, 귀신들린 자들, 이 모두는 성전 미문에 앉아서 구걸하는 앉은뱅이처럼 당신을 쳐다보고 구걸을 한다. 우리는 이들이 달라는 은과 금이 없어도 이들에게 줄 것이 있다. 그것은 나사렛 예수 그리스도의 이름으로 주는 관심과 책임이다.

칼과 창 미사일이나 핵 같은 물리적인 힘 Physical strength이 아니다.
정치적인 권력의 힘 Authority이 아니다.
돈이나 금이나 경제의 힘 Economic strength이 아니다.
유대 땅 베들레헴 말구유에서 태어난 나사렛 예수 그리스도의 이름으로 내게 있는 것으로 네게 주노니 나사렛 예수 그리스도의 이름으로 일어나 걸어라라고 하는 삶의 생기를 주는 당신의 영향력 Influence strength이다.

일어나 걸어라!

일치의 성만찬 분열과 다툼

성만찬은 최후의 만찬 때 그리스도가 자신의 죽음을 기념하여 빵과 포도주를 나누라고 하신 것을 기념하기 위한 의식이다. 가톨릭교회에서는 미사라고 해서 하나님에게 드리는 제사이며, 성찬을 영신靈神의 양식糧食이라고 한다. 인류를 구원하기 위하여 예수 그리스도가 십자가에 못 박혀 죽음으로써 인류를 대신하여 자신을 하나님에게 제물로 바쳤다는 뜻이다.

초기 성찬예식은 초대교회 시기의 성경 말씀과 통합된 성찬으로 함께 떡과 포도주를 나누었으나 이후 말씀과 분리된 예전으로 발전하였다.

가톨릭교회에서는 신자들의 집회 때 예수의 십자가상 제사를 재현하는 미사성제聖祭를 봉헌하는 것이다. 미사라는 용어는 라틴어의 'missa'에서 유래된 것으로 중국어로 미사彌撒나 한국어도 그 발음을 딴 것이다.

그런데 문제는 그리스도안에서 일치를 지향하는 이 성례가 일치하지 못하고 성례로 인해서 분열과 다툼이 일어난 데는 문제가 있는 것이다. 성만찬에 대하여는 여러 가지 설들이 있다.

제일은 화체설이다: 가톨릭교회에서는 성찬식 때 먹는 빵과 포도주가 외형은 변하지 않지만 그리스도의 살과 피로 변화한다고 하는 화체설, 곧 성변화설聖變化設을 주장한다. 12세기에 처음 등장한 이 교리는 성찬식을 위해 사용되는 빵과 포도주에 그리스도의 살과 피가 현존한다는 그리스도의 현존에 대한 문자적 진리를 수호하기 위해 만들어졌다. 13~15세기에 스콜라 신학자들이 정립시킨 이 화체설은 트렌토 공의회(1545~1563)에서 재확인되었다.

제이는 공제설이다: 마틴 루터가 주장한 이 공재설은 언뜻 보면 화체설과 비슷한 면이 있다. 루터도 성찬식 안에서 신자의 믿음에 의해 음식 안에 예수님의 육과 피가 현현한다고 보았다. 여기에는 성육신의 의미도 내포된다고 한다. 이 공재설은 화체설처럼 물질이 변한다는 개념이 아니라 신의 현현이 생성된다는 계념이다.

제삼은 기념설이다: 츠빙글리의 성만찬 이론을 상징설이라고도 하고 기념설이라고도 했다. 이 설은 신약성서의 복음서와 바울의 편지로 1세기부터 전승되었고, 현재 개신교회 전반의 성만찬 이해이다. 기념설에 따르면 성찬은 예수 그리스도의 최후의 만찬을 상징으로서 기념하는 것일 뿐이며, 실제적이고 실체적으로 본질상 그리스도의 몸과 피로 변하지는 않는다.

제사는 영적임재설이다: 칼빈이 주장한 이 영적 임재설은 성령의 역할을 강조하는 이론이다. 예수 그리스도는 하늘에 계시지만 성령을 통하여 영적으로 실체화 된다는 입장이다. 공재설과 기념설의 중간처럼 보인다.

문제는 가톨릭교회에서 사제가 빵과 포도주를 하나님께 봉헌하는 순간 빵과 포도주의 모양 빛깔 맛이 그대로 있지만 그 실체로는 그리스도의 살과 피로 변한다는 것이다. 눈으로 보고 코로 냄새를 맡고 입으로 맛을 봐도 변함이 없는데 그 속에 보이지 않은 실체는 변한다는 것이다. 아무런 변화도 없는데 변한다는 성변화설, 불합리한 것 같지만 반대만 하지 말고 그런 정신으로 성찬에 임하는 데는 반대할 이유가 없는 것이다.

개신교에서 실시하는 성찬식 공제설, 기념설, 영적 임재설은 빵과 포도주가 예수 그리스도의 살과 피를 기억하게 하는 상징일 뿐이고 그리스도를 기념하는 것이라고 주장을 하는데 고린도전서 11장 17~34절에는 성만찬의 제정에 대한 바울의 교훈이 잘 기록되어 있다.

내가 너희에게 전한 것은 주께 받은 것이니 곧 주 예수께서 잡히시던 밤에 떡을 가지사 축사하시고 떼어 이르시되 이것은 너희를 위하는 내 몸이니 이것을 행하여 나를 기념하라 하시고 식후에 또한 그와 같이 잔을 가지시고 이르시되 이 잔은 내 피로 세운 새 언약이니 이것을 행하여 마실 때마다 나를 기념하라 하셨으니 너희가 이 떡을 먹으며 이 잔을 마실 때마다 주의 죽으심을 그가 오실 때까지 전하는 것이라고 했다.

성만찬에 참여하면 빵을 든 목사님이 "이것은 그리스도의 몸입니다." 포도주를 든 목사님은 "이것은 그리스도의 피 입니다."라고 한다. 성도들은 그때마다 아멘으로 화답하고 먹고 마신다. 그러므로 비록 빵이요 포도주라 해도 이미 성도자신이 아멘으로 화답하고 마시는 그곳에 성변화설이 있다.

베드로는 너희가 알거니와 너희 조상이 물려 준 헛된 행실에서 대속함을 받은 것은 은이나 금 같이 없어질 것으로 된 것이 아니요 오직 흠 없고 점 없는 어린 양 같은 그리스도의 보배로운 피로 된 것이라고 했다.

그래서 성찬에 참예한 성도들은 이렇게 고백의 찬송을 하는 것이다. 빵을 들 땐 이는 날 위하여 십자기 위에서 못 박히고 깨뜨리신 주님의 몸이라고 한다. 잔을 들 땐 이는 날 위하여 형벌을 받고 주가 친히 대신 흘린 주의 보혈이요 영생하는 양식이요 마시는 잔이라고 고백한다.

가톨릭교회에서 아무리 화체설을 주장해도 빵과 포도주가 예수의 살과 피로 변하는 것도 없고 개신교에서 성찬의 의미를 단순히 기념으로 생각하고 빵과 포도주를 마신다고 생각해도 아멘으로 화답하는 그 성만찬은 비록 빵이요 포도주라 할지라도 예수의 피와 살이 되는 것이다.

일치의 성만찬 서로가 자기의 주장만을 하지 말고 서로가 사랑을 가지고 하나가 되어야 한다. 자기의 주장만을 앞세우면 결국에 가서는 상대를 향해서 마귀라고 욕을 하기도 한다. 그래서 그리스도안에서 하나를 강조하는 이 성만찬이 성만찬으로 인해서 심각한 다툼과 분열이 생긴다는 데서 문제가 있는 것이다.

성만찬에서 예수 그리스도가 육체적으로 임재 하는가, 아니면 상징적으로 임재 하는가를 두고 서로가 싸우지 말고 차이극복을 위해서 간절히 기도하면서 분열 아닌 화합의 정신에 하나가 되었으면 한다.

성만찬의 일언이다.

작음이 주는 큰 교훈(1)

우리말 속담에는 지극히 작은 것을 비유로 해서 인간에게 주는 큰 교훈
들이 많이 있다.

작음이 큰 역사를 이루는 속담
한 방울 물 모여 바다 이루고, 작은 모래 모여 땅을 이룬다.
티끌모아 태산.
천리 길도 한 걸음부터.
작은 종자種子가 낙락장송落落長松이 된다.
소리 없는 벌레가 벽을 뚫는다.
하나를 보면 열을 안다.
한시를 참으면 백날이 편하다.
모기도 모이면 천둥소리가 난다.
낙수가 댓돌을 뚫는다. (처마 밑 물방울이 바위를 뚫는다)

작음을 방심하면 큰 재앙이 되는 속담
개미구멍에 큰 방축이 무너진다.
바늘구멍에 황소바람이 들어온다.
작은 도끼 계속 치면 나무를 눕힌다.

가랑비에 옷 젖는다.
바늘 도둑이 소도둑 된다.
호미로 될 일 가래로 막는다.
작은 불이 큰 것을 태운다.

성서 속 작음이 주는 큰 교훈들

1. 벼룩이다: 다윗이 엔게디 동굴에서 사울을 살려주는 이야기가 있다. 옛 속담에 말하기를 악은 악인에게서 난다 하였으니 내 손이 왕을 해하지 아니 하리이다. 이스라엘 왕이 누구를 따라 나왔으며 누구의 뒤를 쫓나이까? 죽은 개나 벼룩을 쫓음입니다. 그런즉 여호와께서 재판장이 되어 나와 왕 사이에 심판하사 나의 사정을 살펴 억울함을 풀어 주시고 나를 왕의 손에서 건지시기를 원하나이다.(삼상24장)

다윗왕의 인기에 사울이 몰리자 사울은 다윗을 죽이려고 했다. 그러나 다윗은 사울을 죽일 찬스가 있었지만 기름 부어 세운 왕을 다윗은 해칠 마음이 손톱만큼도 없음을 비유적으로 이르는 말로 벼룩이라고 하는 말을 썼다.

사울 왕이 하나님의 진노로 왕의 직권을 거부당하고 악신이 들려 정신 착란을 일으켜 다윗에게 창을 던졌지만 다윗은 사울의 정신을 진정시키기 위해 오히려 거문고를 켰다. 오늘 우리가 인생을 살아가면서 식상하는 일들이 있을지라도 남을 해칠 마음은 벼룩만큼도 없어야 한다는 교훈을 준다.

신약성서에서 주는 예수님의 교훈을 보면
미움이 쌓이면 살인이 되고,
음심이 자라면 간음이 되고,
탐심이 모이면 도둑이 된다고 했다.
우리에게 악은 **벼룩**(한국 속담으로는 손톱) 만큼도 없어야 함을 강조
하는 말이다.

2. 개미이다: 게으른 자여 너희는 개미에게 가서 그 하는 것을 보고 지혜를 얻으라. 개미는 두령도 없고 감독자도 없고 통치자도 없으되 먹을 것을 여름 동안에 예비하며 추수 때에 양식을 모은다고 했다.(잠6장) 그래서 개미에게 가서 지혜를 배우라는 것이다. 개미는 부지런하다. 부지런한 물방아는 얼 새가 없고 부지런한 농사꾼에게는 나쁜 땅이 없다고 했는데 개미는 우리에게 근면의 교훈을 준다.

개미는 벌목 개밋과에 속하는 곤충을 통틀어 이르는 말이다.
이 개미의 독특성은 질서가 있고 부지런함이 있다.
두령도 없고 감독자도 없고 통치자도 없다.
이 개미는 여왕개미 일개미 전쟁개미 등 여러 종류로 분류되어 있어서 자기의 책임을 빈틈없이 해 나아간다.
지극히 작은 동물 이 **개미**가 추수 때 양식을 부지런히 모음같이 개미를 통해서 오늘 우리에게 책임성과 근면성 그리고 연합의 정신을 강조한다.

3. 하루살이이다: 예수님은 말씀하시기를 맹인 된 인도자여 하루살이는 걸러내고 약대는 삼키는 도다 하시고, 서기관들과 바리새인들에게

잔과 대접의 겉은 깨끗이 하되 그 안에는 탐욕과 방탕으로 가득 차 있다고 했다. 그리고 눈 먼 바리새인들을 향해서 너희는 먼저 안을 깨끗이 하라 그리하면 겉도 깨끗하리라고 했다.(마23:24)

여기에 나오는 **하루살이**는 작은 날파리를 말한다. 서기관들과 바리새인들이 뇌물을 받아먹으면서 값싸고 작은 것을 가져오면 뇌물이라며 가져가라 거절하고, 값비싸고 고품의 물건이나 거액의 돈을 가져오면 슬그머니 잘도 받는 것을 비유적으로 이르는 말이다. 그래서 예수님은 하루살이 같은 작은 뇌물만 거절하지 말고 약대처럼 큰 뇌물도 받지 말라는 것이다.

인도에서는 뇌물을 상 밑으로 주는 돈이라고 한다. 우리나라에서는 뇌물을 사사로이 이용하거나 이권을 얻을 목적으로 일정한 직무에 종사하는 사람을 매수하기 위하여 넌지시 주는 부정한 돈이나 물품을 말한다. 뇌물은 하루살이같이 작아도 걸러내야 하고 약대와 같이 큰 뇌물도 걸러내야 한다.

작은 뇌물이나 큰 뇌물이나 받아서는 안 된다. 그런데 특히 우리나라 정가에서는 돈을 받으면 안 되는 줄 뻔히 알면서도 받아먹고, 이것이 세간에 알려지면 변명을 한다.
그러다가 그것이 증명이 되면 감옥을 가기도 하고 죽기도 한다.
정말 안타까운 일이다. 예수님의 이 하루살이교훈, 우리는 귀담아 들어야 한다.

벼룩, 개미, 하루살이에서 배운다.

작음이 주는 큰 교훈(2)

인간은 위대한 역사를 이룩하는 강한 힘을 가지고 있다. 미국 뉴욕에 가면 엠파이어 빌딩이 있고, 일본 도교에 가면 가스가세끼 빌딩이 있고, 우리나라 잠실에 가면 롯데 빌딩이 있다. 인간이 쇠를 녹이고 늘리고 거대한 비행기와 배를 만들면서도 작은 파리나 모기, 벌레가 옮기는 병균에 의해서 아파하기도 하고 죽기도 한다.

성서 속 작음이 주는 큰 교훈들

1. 겨자씨: 하늘나라 비유에서 하나님의 나라는 **겨자씨** 한 알과 같으니 땅에 심길 때에는 땅 위의 어떤 씨보다 작은 것이로되 심으면 싹이 나고 자라서 모든 풀보다 커지며 큰 가지가 되면 공중의 새들이 그 그늘에 깃들인다는 것이다.(막4:31~30)

씨앗 중에서 가장 작다는 이 겨자씨 그 시작은 미약하나마 후에는 창대 케 된다는 교훈이다.
천국을 겨자씨 한 알과 같다고 했다.(마13:31)
믿음을 겨자씨에 비유했다.(마17:20)
우리의 믿음이 이 겨자씨 한 알 만큼만 있어도 못할 것이 없다는 것이다.

이 말은 작은 겨자씨의 위대성을 말하는 것이다. 씨알만한 핵은 큰 군함을 움직인다.

2. 일점일획一點一劃: 천지가 없어지기 전에는 율법의 **일점일획**도 결코 없어지지 아니하고 다 이루리라고 했고, 또 누구든지 이 계명 중의 지극히 작은 것 하나라도 버리고 사람을 가르치는 자는 천국에서 지극히 작다 할 것이요 누구든지 이를 행하며 가르치는 자는 천국에서 큰 자라고 했다.(마5:8)

여기 **일점일획**이라고 하는 것은 글자에서의 한 점과 또는 한 획을 말하는 것이다. 글이나 말 따위의 아주 작은 부분을 이르는 말이다. 히브리 마소라 성경을 보면 모든 글자의 모음이 점으로 되어 있다. 만일 성경 위에다 파리가 배설을 한다면 그 내용이 완전히 달라져서 볼 수도 없고 이해할 수가 없다.

우리말에서도 작은 점이 매우 중요한 부분을 차지한다.
남(다른 사람)에서 점 하나 없어지면 님(사모하는 사람)이 된다.
자기에서 점 하나가 없어지면 지기가 된다.
그래서 일점일획이 중요하다.

예수님은 계명 중에서 지극히 작은 것 하나라도 결코 버릴 수가 없다는 것이다. 심판 날이 오면 자기가 지껄인 터무니없는 말도 낱낱이 다 해명을 해야 한다고 했다.(마12:36~37) 이는 한마디, 한마디 말의 중요성을 강조하는 말이다. 일점일획을 강조한 이유도 문자란 하나가 잘못되면 그 의미가 완전히 달라지는 것이다.

3. 밀알: 한 알의 밀이 땅에 떨어져 죽으면 많은 열매를 맺는다고 했다. (요12:24) 초대교회 집사 스데반이 은혜와 권능이 충만하여 큰 기사와 표적을 민간에 행할 때 대제사장이 사실이냐고 물었다. 스데반은 조상 아브라함부터 솔로몬에 이르기까지 400년의 긴 역사를 도장을 찍듯 설명을 했다. 이로 인해 그는 돌 탕에 맞아 죽었다.

스데반의 죽음을 마땅히 여기고 믿는 자들을 죽이려던 사울은 다메섹 도상에서 거꾸러지고 회개하고 예수 그리스도의 사도가 되어 세계선교에 임하고 오늘 우리는 크리스천이 되었다.
스데반의 죽음은 작은 **밀알**의 교훈이다.

4. 바늘귀: 영생을 갈구하는 청년이 예수님께 물었다. "선생님이여, 내가 무슨 선한 일을 하여야 영생을 얻겠습니까?" 이 질문에 예수님은 부자가 천국에 들어가기가 얼마나 어려운지 낙타가 바늘귀로 들어가는 것이 부자가 하나님의 나라에 들어가는 것보다 쉽다고 했다.(마19:16)

옛날 예루살렘 작은 성문은 짐을 실은 나귀는 들어갈 수가 없다. 예수 강탄교회를 들어가려면 낮고 작아 구부리고 움츠리지 아니하면 들어갈 수가 없다. 이 모두는 하나님의 나라는 재물로써나 자기 교만에서는 불가능함을 이르는 말이다. **바늘귀**의 교훈이다.

오늘 우리는 유창한 설교를 하고 우유기름보다도 더 매끄러운 기도를 하는 모습을 본다. 하지만 무심코 던진 평신도의 말 한마디에서도 전도의 싹이 트고 많은 열매가 있음을 알아야 한다. 작다고 무시해서는 안된다.

수억만 금의 돈도 과부의 한 렙돈으로 부터 시작이 되고, 정상의 산꼭대기도 평지의 한 걸음부터 시작이 되기 때문이다. 우리의 친절한 작은 말 한마디가 복음의 씨앗이 뿌려진다.

성서에서 작음이 우리에게 주는 큰 교훈을 보면서 우리 인간은 겸손해야 하고 성공할수록 낮아져야 한다. 작은 것의 교훈 **겨자씨, 일점일획, 밀알, 바늘귀**에서 배운다.

작음이 주는 큰 교훈들이다.

친절이 예수를 만난다

친절이란 사람을 대하는 태도가 매우 친근하고 다정함을 말한다. 세상에 사는 많은 사람들은 천사를 만나고 싶어 한다. 교회에 가면 많은 성도들이 예수님 만나기를 소원한다. 오늘 우리는 어떻게 하면 예수를 만날 수 있을까? 하고 묻는다. 히브리 잠언에 보면 낯선 사람에게 친절히 대하는 것이 천사에게 친절히 대하는 것과 같다는 말이 있다.

옛날 유럽 유대인 거리에 유명한 랍비가 살고 있었다. 그 아들도 역시 아버지를 따라 경건하고 정직하게 가르침을 잘 받고 자랐다. 그는 어느 날 아버지에게 말을 했다. "아버지, 성서에 나오는 거룩한 인물들을 만나고 싶습니다."

옛 전설에 의하면 옛날 세상을 떠난 사람들도 한해에 며칠인가는 이 땅 위에 다녀간다는 전설이 있기 때문이었다. 이 간절한 부탁에 아버지는 말을 했다.
"네가 만일 경건하고 정의롭게 산다면 만날 수 있게 해주마."
이 말에 아들은 성실하고 열심히 모든 일에 정의롭게 살았다.

그런데 한 달이 지나고 두 달이 지나고 일 년이 지나고 이 년이 지나도 거룩한 인물을 만날 수가 없었다. 아들은 아버지에게 다시 물었다. "아버지 제가 아직도 성서의 인물을 만나지 못하는 이유가 무엇입니까?"
이때 아버지가 말을 했다.
"인내력이야! 인내력을 가져요! 오늘 아침에 바른 행위를 했다고 해서 저녁에 모세를 만날 수는 없는 일이지."

이 말에 아들은 기다리고 기다렸다. 일 년이 지나고 이 년이 지나고 세월이 흘렀다. 아들은 어느 날 예배당으로 갔다. 그곳에는 누더기를 걸친 한 거지가 앉아 있었다. 그리고 하룻밤만 자고 가자고 간청을 했다. 아들은 말을 했다. "여기는 호텔도 아니고 하나님을 예배하는 거룩한 회당이다." 이때 거지는 한 끼의 식사만이라도 해달라고 애원을 했다. 이 요구도 거절하고 그 거지를 회당 밖으로 쫓아내 버리고 말았다.

그날 밤 아버지 랍비가 어느 때와 같이 아들에게 물었다.
"오늘은 만났는가?"
아들이 대답했다. "아니요, 회당에 있는 거지를 쫓아냈을 뿐입니다."
이 말을 들은 아버지가 하늘을 우러러 탄식하며 말을 했다.
"아들아! 그 사람이 바로 네가 그토록 바라던 거룩한 성서의 인물이다."

이 말을 들은 아들은 말을 했다.
"아버지! 이제 나는 평생토록 이 일에 후회하며 살아야만 합니까?"
아버지 랍비가 말을 했다.
"아니다, 또 찾아 올 것이다. 그러나 언제 어떤 모습으로 다시 만날지는 아무도 모른다."

예수 그리스도는 장사 된지 3일 만에 부활을 했다고 성서는 증언하고 있다. 이 부활의 예수 그리스도를 만나도 제자들조차도 알아볼 수가 없었다. 누군가? 누군가? 하다가 어느 순간 예수라고 믿었다. 부활의 예수는 생시와는 달랐다. 부활의 예수를 어떻게 영접할 수가 있을까?

너희를 영접하는 자는 나를 영접하는 것이요 나를 영접하는 자는 나를 보내신 이를 영접하는 것이니라 선지자의 이름으로 선지자를 영접하는 자는 선지자의 상을 받을 것이요 의인의 이름으로 의인을 영접하는 자는 의인의 상을 받을 것이요 또 누구든지 제자의 이름으로 이 작은 자 중 하나에게 냉수 한 그릇이라도 주는 자는 내가 진실로 너희에게 이르노니 그 사람이 결단코 상을 잃지 아니하리라고 했다.(마10:40)

형제 사랑하기를 계속하고 손님 대접하기를 잊지 말라 이로써 부지중에 천사들을 대접한 이들이 있었느니라.(히13:1~2) 변형의 예수 그리스도 언제 어디서 어떠한 모습으로 우리에게 나타날지는 아무도 모른다. 낮고 천한 작은 자 중 하나에게 냉수 한 그릇이라도 주는 자가 예수를 만나고 하늘나라의 상을 받을 수가 있는 것이다.

예수를 만나고 싶은 사람들 귀담아 들었으면 한다.

칭의稱義로 가는 길

칭의라 하는 말은 하나님의 은혜로 죄인이 구원을 받는다는 말이다. 의로움의 기준은 나의 도덕적 행위에 있는 것이 아니고 하나님에게 그 판단기준을 맡기는 데 있는 것이다.

성서에는 바리새인과 세리의 기도에 관한 이야기가 기록되어 있다. 바리새인의 기도는 자기가 의롭다고 주장하는 기도이고 율법을 철저히 지켰다고 주장하는 기도이다. 세리의 기도는 나는 죄인이라고 하는 기도이다.

바리새인들의 기도 기준은 자기 자신이고, 십계명을 지키는 데 영생이 있다고 생각하고 의로움의 방법이 율법을 지키는 데 있다고 생각한다. 그래서 이들은 늘 도덕성을 강조한다.

세리는 자기가 죄인이라 생각하고 겸손하게 의로움을 하나님께 맡긴다. 기준은 하나님이시고, 의로움이 십계명을 지키는 데 있는 것이 아니고 소유를 버리고 하나님의 제자가 되는 데 있다고 생각한다. 의로움의 방법이 자기 겸손에 있고, 하나님께 맡길 때 의로워진다는 것이다.

바리새인과 세리의 비유에서 두 사람이 기도하러 성전에 올라가니 하나는 바리새인이요 하나는 세리라고 했다. 바리새인과 세리의 기도에는 그 자세와 내용에 큰 차이가 있다. 기도의 자세를 보면 바리새인의 기도는 따로서서 기도하고 하늘을 응시하고 기도한다.(마6:5) 바리새인의 기도는 돋보이기를 좋아한다. 세리의 기도는 자기 자신의 불결함을 인식하고 사람으로부터 멀리서서 기도한다. 세리의 기도는 감히 하늘을 쳐다보지도 못하고 기도한다.

기도의 내용을 보면 바리새인의 기도는 자기는 다른 사람들 곧 토색, 불의, 간음을 하는 자들과 같지 아니하고 이 세리와도 같지 아니함을 감사한다고 했다. 이레에 두 번씩 금식하고 또 소득의 십일조를 드린다면서 자기의 우월성을 강조한다. 세리의 기도는 멀리 서서 감히 눈을 들어 하늘을 쳐다보지도 못하고 뉘우침의 표시로 가슴을 치면서 하나님이여 불쌍히 여기소서! 나는 죄인이로소이다 라고 한다. 죄인은 하나님의 자비를 강조한다.

예수님의 결론은 의롭다 하심을 받고 집으로 내려간 사람은 바리새인이 아니고 죄인이었다.
예수님은 무릇 자기를 높이는 자는 낮아지고 자기를 낮추는 자는 높아지리라고 했다.
하나님은 자기 자신을 하나님에게 맡기는 자에게 의로움을 인정해 주시는 것이다.

종교개혁자들은 칭의로 가는 길을 이신득의라고 했다. 이신득의以信得義란 기독교 교리에서 인간이 구원을 얻는데 있어서 행위로가 아니고

예수 그리스도를 믿음으로 말미암아 얻어지는 의를 말한다.(롬10:5∼
8) 이신득의란 율법의 행위가 아니고 믿음으로써 의롭다하심을 받는
것이다.

믿음이란 십자가 대속사역을 통한 철저한 순종을 의미한다. 우리에게
는 예수님의 믿음에 대한 믿음이 필요하다. 한 사람 아담의 불순종으로
모든 사람이 죄인이 된 것 같이 한 사람 예수님의 순종과 그를 믿음으
로 생명을 얻는다는 것이다.

의로움이란 율법의 의가 주어진 상태를 말하며 죄가 없는 상태를 말한
다. 율법의 의는 율법으로 주어지지 않고 예수를 믿음으로 주어지는 것
이다. 우리가 예수님을 믿을 때 예수님의 의를 우리에게 전가해 주신
다. 우리가 율법을 지키지 않았지만 믿음으로 예수님의 의가 우리에게
전가되어 의를 이루게 되는 것이 이신득의이다.

성서는 주 예수를 믿으면 너와 네 집이 구원을 받으리라 했고,(행16:31)
하나님이 세상을 이처럼 사랑하사 독생자를 주셨으니 누구든지 그를
믿는 자는 영생을 얻으리라고 했다.(요3:16)
칭의는 자기가 자기 자신을 구원하는 것이 아니고 예수님께로 나아가
는 것이다.

카리스마한 왕이 나라를 망친다

이솝의 우화 속에는 개구리들의 이야기가 있다. 조용한 연못 속에서 많은 개구리들이 편히 살고 있었다. 그러던 어느 날 나이 많은 개구리가 말을 했다. "여러분, 우리는 지금 카오스의 세계에 살고 있다. 코스모스의 세계를 위해서 우리에게도 임금이 있으면 좋겠다." 하면서 우리도 임금을 세우자고 했다. 이 말에 개구리들이 찬성하고 하늘의 제우스신에게 기도를 했다. "신이시여, 우리를 다스릴 임금을 주소서"

이 어처구니없는 개구리들의 요구에 제우스신은 곧 하늘에서 거대한 물뱀 하나를 연못에 떨어뜨렸다. 그 물뱀은 곧 닥치는 대로 개구리를 잡아먹기 시작했다. 이에 놀란 개구리들은 여기저기 돌 틈 구석구석으로 도망을 쳤다는 것이다.

이스라엘 민족의 역사는 아브라함과 이삭과 야곱과 요셉까지는 족장시대가 이어지고, 출애굽시대에는 영도자 모세와 여호수아 장군이 있었다. 가나안에 들어가서는 12사사들이 있어서 국민의 지도자 역할과 선지자적인 역할과 군사적 지휘자 역할을 했다. 사사들의 말기에는 이스라엘에 왕이 없으므로 사람이 각기 자기의 소견에 옳은 대로 행하였다.(삿21:25)

그 후에 사사요 선지자인 사무엘이 나타나서 적군 블레셋군대를 물리치고 이스라엘에 안정을 가져 왔고 라마에 신학교를 세워 종교와 윤리에 많은 영향력을 주었다. 그런데 세월이 지나면서 이스라엘 백성들은 사무엘 선지를 향해서 다른 나라들처럼 우리에게도 왕을 세워달라고 요구를 했다.(삼상8:5) 이들은 사랑의 하나님을 두고서 카리스마적인 왕을 요구한 것이다.

이스라엘에 왕을 세워달라는 백성들의 요구에 선지자 사무엘은 하나님께 기도하여 기스의 아들 사울을 이스라엘 나라의 초대임금이 되게 했다. 사울은 이스라엘의 초대임금이 되어 왕도를 기브아에 정하고 국가의 기초를 튼튼하게 하려고 노력했다. 그런데 말년에 블레셋과의 전쟁에서 두 아들이 죽자 비분을 참지 못하고 자기 칼에 죽었다.

그 후에 다윗왕을 지나 솔로몬이 왕이 되면서 성전을 건축하고 무역을 장려하며 군비를 충실히 하면서 나라가 잘되나 했는데 솔로몬 말기에 유일신앙은 사라지고 후궁으로 인한 우상숭배와 세금 과다징수와 강제노동에서 국가는 남북으로 분열을 가져왔다.

분열된 남쪽왕국은 바벨론에게 멸망하고 북쪽왕국은 앗시리아에게 멸망을 당했다.
남북 이스라엘의 멸망원인은 정치인들의 부정과 부패와 불신, 예언자들의 예언을 멸시, 가난한 자들을 착취, 부자들의 사치, 정의는 사라지고, 국민의 인권을 유린하고 백성들은 우상을 숭배했다.
카리스마적 왕을 원했던 이스라엘 민족은 이렇게 해서 망했다.

이스라엘 백성에게 있어서 왕은 하나님이셨다. 그런데 하나님을 두고서 인간 왕을 세워달라고 했으나 인간의 왕들은 결코 이스라엘을 지켜주지를 못했다.

숲속의 쥐들도 자치제도에 만족해야 했는데 강력한 리더십을 가진 왕을 요구하는 바람에 숲속의 조용한 넓은 낙원 연못은 상실되고 말았다.

오늘도 독재 공산주의 국가에서 민주주의 국가로 도망을 오는 사람들이 많이 있다.

자유 민주주의 국가에서 공산주의 국가로 도망가는 사람은 아무도 없다.

카리스마 한 왕을 원하는 이스라엘은 이렇게 해서 망했다.

카리스마 한 왕을 원하는 자에게 주는 교훈이다.

하늘나라 가는 병거

「하늘가는 마차」라는 흑인의 영가가 있다.

내가 탄 마차는 하늘나라 올라가네.
내가 탄 마차는 하늘나라 올라가네.
저 요단강 건너 내 집 보이네 하늘나라 올라가네.
저 천군천사 나를 부르네 하늘나라 올라가네.

내가 탄 마차는 하늘나라 올라가네.
내가 탄 마차는 하늘나라 올라가네.
저-밝은 고향 바라본다네 하늘나라 올라가네.
내 주님 내 죄 사해 주셨네 하늘나라 올라가네.

오직 여호와를 앙망하는 자는 새 힘을 얻으리니 독수리가 날개 치며 올라감 같을 것이요 달음박질하여도 곤비하지 아니하겠고 걸어가도 피곤하지 아니 한다고 했다.(사40:31) 독수리는 굶주려도 파리는 잡아먹지 아니하고, 양반은 물에 빠져도 개헤엄은 안 친다는 말도 있다. 이런 말들은 아무리 어려운 위기가 닥쳐도 체면 깎이는 일은 하지 말아야 한다는 뜻에서 나온 말이다.

오늘 우리 성도들의 삶은 어떻게 해야 할까? 하늘을 나는 독수리와 같은 신앙 모습은 무엇일까? 이 말씀에 의거하여 예수를 믿고 천성을 향하여 올라가는 신앙인을 하늘로 올라가는 독수리와 같다고 하는 찬송이 있다.

주를 앙모하는 자 올라가, 올라가 독수리 같이
길을 잃은 양 때를 두루 찾아다니며
은혜 안에 뒤놀며 천성 문을 향하여
독수리같이 올라가, 올라가 하는 것이다.

오늘 우리 신앙의 삶이 하늘을 향하여 올라가는 독수리의 모습이면 한다. 바울은 성도의 생활을 이렇게 적었다. 형제를 사랑하며 서로 우애하고 존경하기를 서로 먼저 하며 부지런하여 게으르지 말고 열심을 품고 주를 섬기라.(롬12:1~2)

낮에와 같이 단정히 행하고 방탕하거나 술 취하지 말며 음란하거나 호색하지 말며 서로 다투거나 시기하지 말고 오직 주 예수 그리스도로 옷 입고 정욕을 위하여 육신의 일을 도모하지 말라.(롬13:13~14)

성도들의 삶의 교훈으로는 사도의 가르침을 본받아 서로 교제하고 떡을 떼며 오로지 기도하기를 힘써라. 모든 물건을 서로 통용하고 재산과 소유를 팔아 각 사람의 필요를 따라 나눠 주는 것이다.(행2:42~47)
그리고 날마다 마음을 같이하여 성전에 모이기를 힘쓰고 집에서 떡을 떼며 기쁨과 순전한 마음으로 음식을 먹고 하나님을 찬미하며 또 온 백성에게 칭송을 받으니 주께서 구원 받는 사람을 날마다 더하게 하셨다는 것이다. 이런 삶이 천성을 향하여 올라가는 독수리와 같은 신앙이다.

구약성서에는 죽지 아니하고 독수리처럼 하늘로 간 믿음의 사람들이 있다. 에녹은 삼백 년을 하나님과 같이 동행하다 하나님이 데리고 가셨다.(창5:18~24) 엘리야는 휘리바람에 불 병거를 타고 하늘로 올라간 사람이다.(왕하2장) 엘리야는 구주예수의 길잡이 선지자로서 예수 그리스도가 변화산상에 계실 때 선지자들의 대표로 나타나기도 했다.

오늘 예수 그리스도를 믿고 살아가는 우리의 삶도 하나님과 동행하는 삶이 되고 삶의 종착역에서는 하나님의 병거를 타고 하늘로 올라가는 삶이 되었으면 얼마나 좋을까하고 생각해 본다. 예수님은 구름을 타고 하늘에 올라가셨다.(행1:10~11) 흰 옷 입은 두 천사는 갈릴리 사람들에게 너희 가운데서 하늘로 올라가는 이 예수는 하늘로 올라가심을 본 그대로 오시리라고 했다.

하나님을 믿고 주님을 앙모하는 자는 독수리같이 하늘을 오른다. 우리는 구주 예수를 의지하여 죄악 벗어 버리고 구주 예수를 의지하여 구원함을 얻는다. 예수 그리스도가 하늘나라 올라가는 우리의 병거다.

우리는 싸움에는 이기고, 잃은 양 때 찾으며 천성 문을 향하여 독수리와 같이 올라가, 올라가 하는 신앙을 가져야 한다.
하늘을 높이 날아가는 저 독수리 같이 말이다.

희생제물의 교훈

성서에는 인간이 하나님께 드리는 희생 제물에 관한 이야기가 있다.
하나님께 제물을 드리는 이유는
하나님께 감사하기 위해서다.
하나님의 노여움을 풀기 위해서다.
하나님으로부터 죄를 속량받기 위해서다.
하나님과 식탁을 같이하고 교제하기 위한 일종의 수단이다.
농사하는 가인은 땅의 소산으로 제물을 여호와께 드리고
양을 치는 아벨은 양으로 제물을 여호와께 드렸다.

레위기에는 이스라엘 백성들이 하나님께 희생제물을 드리는 제법이
잘 기록되어 있다.
올라간다는 뜻을 지닌 번제,
선물이라는 뜻을 지닌 소제,
화평이라는 뜻을 지닌 화목제,
죄의 뜻을 지닌 속죄제,
실수라는 뜻을 지닌 속건제이다.

그런데 이 제사에 사용된 제물과 드리는 방법이 다양했다.

희생제물을 드리는 사람의 신분에 따라서 그 제물의 종류가 달랐다.

제사장이 죄를 범하면 수송아지(레4:3~21)

족장이 죄를 범하면 숫염소(레4:22~26)

평민이 죄를 범하면 암양이나 암염소(레4:27~35)

형편이 어려운 가난한 자는 산비둘기나 집비둘기(레5:7)

더 형편이 어렵고 가난한 자는 곡류(레5:11)로 했다.

이처럼 제물에 차등을 두었던 이유는 모든 사람에게 속죄의 은혜를 베푸시는 하나님의 자비로운 배려에서였다.

제물로 번역된 히브리어의 민하아는 유혈동물과 무혈곡류로 되어 있다.(창4:3~5, 삼상2:17)

유혈제사는 세바이아라고 한다.(삼상2:29)

무혈제사는 민하아라고 한다.(삼상3:14)

그런데 왜 하나님께 드리는 제물에서 소, 양, 염소, 비둘기, 곡식은 되고 다른 동물들은 배제가 되었을까?

잘 알 길은 없지만 구약 레위기에는 금기 동물이 많이 기록되어 있다.

중동 아랍인들은 지금도 다음과 같은 동물들은 먹지를 아니한다.

진흙탕 물을 좋아하고 배설물에 잘 뒹구는 돼지,

먹었다가 토했다가 그것을 또다시 먹는 개,

모이와 모래를 같이 먹는 닭이다.

소나 양이나 염소나 비둘기같이 가축으로 길들여진 짐승은 제물이 되었고 짐승이 짐승을 잡아 먹고사는 사자나 곰, 치타나 하이에나 그리고 이리와 같이 호전적인 동물은 제물에서 배제되어 있다. 새의 종류에서는 유일하게 비둘기가 제물로 바쳐졌는데 그 이유도 알 길이 없다. 아마도 노아 홍수시대에 감람나무 잎을 물고 왔다는 기록에서 비둘기는 평화의 상징으로 되어 있다.

구약에서 속죄의 제물이 신약에 와서는 예수 그리스도가 중보제물이 되셔서 모든 희생제물의 종지부를 찍었다.(히10:5~8) 요한이 예수님을 보고 세상 죄를 지고 가는 하나님의 어린 양이라고 했다.(요1:29) 이 예수 그리스도가 우리의 죄를 속량하기 위해서 하나님께 바쳐진 희생제물이다.

바울은 오늘 그리스도인의 생활자세를 이렇게 적었다. 너희는 몸으로 산제사를 드려라 이것이 너희를 위한 영적 예배라는 것이다.(롬12:1) 영적 예배란 마음을 새롭게 하고 변화를 받아 악을 선으로 이기는 삶이다. 이것이 기독교 윤리의 바탕이다.

희생제물에서 배운다.

金 正 薫

경북 김천

배움터
장로회 신학대학교 졸업 (신학사)
한남대학교 졸업 (문학사)
연세대학교 교육대학원 졸업 (교육학석사)
미국 샌프란시스코 신학대학원 연수
풀러 신학대학원 (목회신학박사)

일터
광주보병학교 군목임관
진안제일교회 담임목사
관동대학교 교수/교목실장/상담실장
인문대학장/선교신학대학원장
미국 뉴−브룬스웍 신학대학원 교육부파견 연구교수
명예교수 추대

표창
관동대학교 30년 근속표창
관동대학교 50주년 공로표창
문교부 장관 교육 공로표창
대통령 표창 옥조근정 훈장

이야기 찬탄

김정훈 목사의 5분 칼럼

초판 1쇄 인쇄일	2022년 2월 17일
초판 1쇄 발행일	2022년 2월 24일

지은이	김정훈
펴낸이	한선희
편집/디자인	우정민 우민지 김보선
마케팅	정찬용 정구형
영업관리	한선희 최정연
책임편집	김보선
인쇄처	으뜸사
펴낸곳	국학자료원 새미 (주)
	등록일 2005 03 15 제25100 · 2005 · 000008호
	경기도 고양시 일산동구 중앙로 1261번길 79 하이베라스 405호
	Tel 442 · 4623 Fax 6499 · 3082
	www.kookhak.co.kr
	kookhak2001@hanmail.net

ISBN	979-11-6797-038-1 *03230
가격	20,000원